Helga Kraus • Karin Kraus

Schwestern über Schwestern

Aktuelle Frauenforschung

Helga Kraus
Karin Kraus

Schwestern über Schwestern

Die Kunst der Balance

ULRIKE HELMER VERLAG

CIP-Einheitsaufnahme der Deutschen Bibliothek

Kraus, Helga:
Schwestern über Schwestern : die Kunst der Balance /
Helga Kraus ; Karin Kraus. – Erstausg. – Frankfurt am Main :
Helmer, 1991
(Aktuelle Frauenforschung)
Zugl.: Frankfurt (Main), Univ., Diss., 1991
ISBN 3-927164-13-5
NE: KRAUS, Karin:

Erstausgabe

ISBN 3-927164-13-5
Satz: W. Niederland, Frankfurt am Main
Covergestaltung: Ulrike Helmer
Druck und Bindung: Prisma, Frankfurt am Main
Printed in Germany

Sie haben uns unterstützt, ermutigt, gefordert, gefördert, beraten und betreut. Sie haben mit uns diskutiert, mit uns gelitten und gefeiert.

Dafür sagen wir ihnen Dank!

Unseren Freundinnen Ulla Klos, Conny Hühn, Barbara Müller-Raemisch, Traute Schönenberg-Eißner, Brigitte Neumann, Angela Bülow-Clemenz, Birgit Voß und Lisa Müller.

Unseren Kolleginnen im Feministischen Frauengesundheitszentrum Frankfurt, die uns viele Beispiele realer und ideeller Schwesternschaft zeigten.

Unserer Verlegerin und Lektorin Ulrike Helmer.

Unserer Mutter, Irene Kraus, die unsere schwesterliche Gemeinsamkeit wertschätzte.

Unserem Vater, Karl Kraus, der unsere intellektuelle Entwicklung immer förderte.

Unseren Männern, Volker Kopriwa und Rolf Westhoff, die die Arbeit mit viel Verständnis mitgetragen haben.

Unseren Freunden Hanns-Christoph Koch, Martin Peuser und Kaj Renke sowie Prof. Dr. Egon Becker, Dr. Gerd Kaliwoda und Prof. Dr. Klaus Sochatzy.

Inhalt

Einleitung

Wir haben als leibliche Schwestern über Schwestern geschrieben. Das gab manchen Anlaß zu Irritationen. Viele glaubten, wir würden über Krankenschwestern oder Ordensschwestern schreiben. Leibliche Schwestern erschienen ihnen spontan nicht als ein erschöpfender Stoff – auf wieder andere wirkte unser Thema zu erschöpfend: wir würden uns hoffnungslos zerstreiten, unkten sie, als sie von unserem Vorhaben hörten. Wir würden wahrscheinlich bald kein Wort mehr miteinander reden und wären am Ende gar keine Schwestern mehr.

Was wir als Schwestern über Schwestern schreiben wollten, war zu alledem unsere Doktorarbeit. Und auch als wissenschaftliches Vorhaben eckte unser Anliegen an: zuviel Betroffenheit wurde bemängelt, ein geradezu obszönes Ineinanderfallen von wissenschaftlichem Subjekt und Objekt.

Bald kam es uns selbst so vor, als ob wir nicht über Schwesternpaare, sondern über ein unbekanntes, unberechenbares Wesen mit zwei Köpfen, Krakenbeinen und Giftzähnen arbeiten wollten. Dabei war es uns doch eigentlich um eine Erfahrung gegangen, die viele Frauen gemacht haben: mit einem anderen Mädchen aufgewachsen zu sein, von klein auf mit einer anderen Frau in Beziehung gestanden zu haben. Es ging uns um Schwesternschaft als eine Form von Frauenbeziehung, die sich durch Vertrautheit, Nähe und Verständnis auszeichnen kann, in der aber ebenso Kampf, Konkurrenz und Gegensätze dominieren können. Uns interessierten Schwesternbeziehungen als Ausdruck all dessen, was zwei Frauen, die sich lange und gut kennen, miteinander und auch getrennt voneinander erleben können. Schwestern müssen nicht Freundinnen sein, und auch Freundinnen können Schwestern sein. Schwesternschaft ist *ein* Verhältnis unter Frauen, und als Beziehung zwischen zwei Frauen auf eher gleicher Ebene unterscheidet sie sich von der Mutter-Tochter-Beziehung als *der* Form weiblicher Hierarchie.

»Schwestern« haben sich die Frauen der neuen Frauenbewegung genannt. Frauen suchen nach neuen Symbolen für ihre Beziehungen untereinander, in denen Differenzen nicht verleugnet, aber auch nicht festgeschrieben werden, sondern Unterschiede genutzt werden. Oft fehlen noch Worte und Bilder dafür. Die alten Muster liegen allzu nahe. Unter ihnen Schwesternbilder als unversöhnliche Gegensätze oder als miteinander verschmolzene Gleichheiten.

Leibliche Schwesternschaft wurzelt in der Natur. Deshalb legt die Auseinandersetzung mit dem Thema »Schwestern« den Verdacht nahe, das Besondere von Frauenbeziehungen sollte als naturgegeben begründet werden. Dagegen anzuschreiben war unser Interesse von Anbeginn der Arbeit. Wir sehen die Beziehung zwischen Schwestern als soziales Geschehen. Wir wollten dessen Dynamik verstehen und ergründen, wie es Schwestern gelingen kann, sich gegenseitig fördernd und verstehend zu entwickeln. Diese Frage interessiert uns für Frauenbeziehungen allgemein.

Unter welchen Bedingungen können Frauen gemeinsam produktiv werden? Frauen, die mit anderen Frauen auf der Suche nach verbindlichen, nahen und doch jeder einzelnen Raum lassenden Beziehungen sind, müssen sich mit ihren inneren Bildern von Frauenbeziehungen auseinandersetzen. Probleme der Dominanz und Unterwerfung, Identifikation und Abgrenzung gilt es zu klären.

Schwestern auf dem Weg zu gleichberechtigtem Miteinander haben dabei die Last und Lust der langen gemeinsamen Geschichte zu integrieren. Sie haben im Laufe ihrer Kindheit Bilder und Vorstellungen entwickelt, in denen die jeweils andere einen bestimmten Raum einnimmt. Dadurch wird die Schwester zu einem bedeutenden Objekt der eigenen Innenwelt. Deshalb – und nicht aufgrund biologischer Gemeinsamkeiten – sind schwesterliche Auseinandersetzungen von besonderer Brisanz.

Dies haben wir im Verlauf unseres gemeinsamen Arbeitsprozesses zum Teil schmerzhaft erlebt. Neben den Ergebnissen unserer Untersuchung von Schwesternbildern geben wir auch Einblick in die Auseinandersetzungen zwischen uns im Verlauf des

Forschungsprozesses. Dabei zeigen wir, wie wir den alten Schwestern- und Frauenbildern zu Leibe gerückt sind.

Als Schwestern am Thema Schwestern arbeitend, haben wir uns zu Beginn unserer Forschungen zunächst einmal bewußt darauf eingelassen, daß unser Thema – so schien es am Anfang –, einen großen Teil der Identität jeder einzelnen und unsere Beziehung vollständig umfaßt. Wir haben unsere Schwesternbeziehung unserem analysierenden Blick ausgesetzt und umgekehrt unsere schwesterlichen Erfahrungen als Kompetenzen genutzt. Wir haben über Schwesternpaare und nicht über Schwesterngruppen gearbeitet.

Und wir haben unsere Suche als ein wissenschaftliches Experiment mit klaren Grenzen entworfen. So konnten wir auch wieder Abstand gewinnen von einer Arbeit, die uns neben vielen lustvollen Erfahrungen auch tiefe Verunsicherung, Phasen der Hoffnungslosigkeit und die Gefahr des Scheiterns beschert hat. Daß unser »Experiment Schwestern« einen glücklichen Ausgang genommen hat, läßt uns auf seine Nachprüfbarkeit durch viele andere leibliche, freundschaftliche und politische Schwesternbeziehungen hoffen ...

Schwesternbilder im familiären Alltag, in der Medienöffentlichkeit, in der Wissenschaft, in literarischen und filmischen Werken stellten uns immer wieder vor die Frage, ob diese Bilder auch unsere Schwesternrealität, die existierende, aber auch die utopische, reflektieren. Was bedeutete es, wenn sich Strukturen unserer privaten Schwesternschaft so gar nicht wiederfinden ließen in den vorhandenen Bildern und umgekehrt, wie war es einzuschätzen, wenn beides deckungsgleich zu sein schien? Liegt die »Wahrheit schwesterlichen Seins« in den uns alltäglich begegnenden Bildern von Schwestern, erfaßt die Geschwisterforschung den Kern, oder verspricht die visionäre Kraft der Literatur das wahre Bild der Schwesternschaft?

Und was ist mit unserem Erleben, unseren Wünschen, die sich diesen Mustern nicht beugen? Sind es darum falsche Wahrnehmungen, Trugbilder? Wären sie umgekehrt bloß deshalb richtig, weil das selbst Erlebte mit dem Vorgefundenen übereinstimmt? Sind wir nicht gerade dann am allerweitesten entfernt von uns und dem, was wir füreinander und gemeinsam wünschen, wenn wir vorgefundenen Schwesternkonzepten am meisten entsprechen?

Diese Fragen waren für uns nie allein theoretische. Sie betrafen immer sehr direkt unsere Identität als Frauen und Schwestern. Unser Bild von uns selbst und unserer Beziehung setzten wir während unserer Forschungsarbeit einer ständigen Überprüfung aus. In den Zwischenräumen von Vorhandenem und den Bildern, die wir selbst zur Schwesternschaft in uns trugen, fahndeten wir nach der Konkretisierung unserer Wünsche.

Dabei halfen uns gemeinsame private Erfahrungen: wir wußten schon vor Beginn dieser Arbeit, daß wir auch an schwierigen Projekten zusammenarbeiten können. Wir wußten, daß wir Konflikte austragen, unterschiedliche Positionen klären konnten. In unserer gemeinsamen Geschichte als erwachsene Schwestern hatten wir eine für uns beide zentrale Idee zunehmend in Realität verwandeln können: die Idee von und den Wunsch nach gegenseitiger Anerkennung.

Die reale Erfahrung, Machtstrukturen und wechselseitige Entwertung oder Idealisierung erkennen und auflösen zu können, war unser persönlicher Schutz gegen die Gefahren unseres Forschungsabenteuers »Schwestern«.

Wie viele Frauen, die etwas alleine oder gemeinsam tun, hatten wir frühere gemeinsame Projekte im Verborgenen bewältigt, waren sie im Privaten angesiedelt, ohne öffentliche Relevanz, ohne öffentliches Echo. Und hier setzt das frauenpolitische Interesse an, das wir mit diesem Buch verbinden: wir wollen endlich auch den Schwesternbeziehungen, die, von gegenseitiger Anerkennung geprägt, jeder einzelnen ihren Raum lassen und sie in ihrer individuellen Entwicklung unterstützen, eine Öffentlichkeit verschaffen.

Unsere Freundinnen haben unser Vorhaben liebevoll unterstützt und hoffnungsvoll begleitet. Es erfüllte sich auch die Prognose, daß wir am Ende keine Schwestern mehr sein würden – allerdings nicht so, wie wir befürchtet hatten. Die starren alten Masken der Schwesternschaft, all die doppelten Lottchen, Goldmaries und Pechmaries passen uns nicht mehr. Dafür erfahren

wir jetzt die Herausforderungen und Potenzen, die in einer neuen, selbstbestimmten und sich selbst bewußten Schwesternbeziehung liegen. Der Weg aus den Schwesternbanden zur Schwesternbande ist gangbar.
In unserer Arbeit untersuchen wir kulturelle Darstellungen von Schwestern. Und wir suchen nach einer Theorie, die den Beziehungen von Schwestern gerecht wird, die die Schwierigkeiten, aber auch das Positive, das aus dieser Beziehung entstehen kann, auslotet.

Wir beginnen mit Schwesternbildern im Alltag. Im zweiten Teil bestimmen wir unseren methodischen Standort und schließen eine kritische Darstellung der Geschwisterforschung an. Wir interpretieren die Erzählung »Bindungen« von Barbara Frischmuth und dokumentieren unsere praktischen Wege schwesterlicher Auseinandersetzung. Daran anschließend setzen wir uns mit theoretischen Überlegungen zu Frauenbeziehungen auseinander und entwickeln unsere Theorie der Schwesternschaft. Schließlich interpretieren wir ausgewählte moderne Schwesternliteratur und zeigen, in welch unterschiedlicher Maskerade Schwesternkonflikte erscheinen.

Teil I

Schwesternbilder

Klischees

in Alltag und Wissenschaft

Der Alltag

Der Begriff ›Schwestern‹

»Schwester, die;, –n
1./Verkl.: Schwesterchen, Schwesterlein; oft mit Poss. pron.; Verwandtschaftsbez./ jede weibliche Person einer Geschwisterreihe in ihrer Beziehung zu jedem anderen Kind der Geschwisterreihe: meine, deine S.; ich habe zwei Schwestern und einen Bruder; meine beiden Schwestern sind jünger als ich (...)«[1]

Unter dem Stichwort ›Schwestern‹ findet sich in allen Lexika zuerst der Hinweis auf die Bezeichnung eines Verwandtschaftsgrades.

Schwesterliches Miteinander, so wie es in dem Begriff der Schwesterlichkeit geronnen ist, bezeichnet ausschließlich die positiven Qualitäten in einer nahen Beziehung einer Frau zu anderen Menschen.

»schwesterlich (Adj.) in der Art einer guten leiblichen Schwester: s. Hilfe, Zuneigung, in s. Liebe, Verbundenheit; s. Anteil nehmen; etwas s. teilen, dazu Schwesterlichkeit, die; –, –en (Pl. ungebräuchlich)«[2]

Mit diesen guten schwesterlichen Qualitäten verbunden sind die Klischeebilder der Frauen, die in den Lexika gleich nach den leiblichen Schwestern stehen: die Schwestern, die einem Orden und/oder einer Berufsgruppe angehören, die Ordens- und Krankenschwestern:

»Schwester (...)
2. das Mitglied einer kirchlichen (kathol. Kloster S. evangel. Diakonissen-S.) oder freien Genossenschaft für Krankenpflege, Erziehung, Fürsorge usw.«[3]

Schwester (...)
2.1. an einer Fachschule ausgebildete und in verschiedenen Bereichen des Gesundheitswesens tätige weibliche Person: sie will S. werden, ist S., als S. in einem Krankenhaus arbeiten. 2.2. weibliche Angehörige einer kirchlichen Vereinigung, die sich besonders der Krankenpflege widmet.«[4]

Die Begriffe ›Ordens-‹, ›Glaubens-‹ und ›Klosterschwestern‹ bezeichnen Frauengruppen, die in Klöstern oder Klinikkomplexen ohne Männer leben und primär in der Krankenpflege und -versorgung arbeiten. Erziehend, helfend und betreuend kümmern sie sich um ihre Mitmenschen. Sie haben ihr Dasein in den Dienst ihres Glaubens gestellt, der zugleich die wichtigste Grundlage ihres Zusammenlebens ist, Lebensentwürfe und Alltagsgestaltung prägt. Ihren Alltag organisieren sie im Rahmen einer Institution, in der es äußerlich keine Unterschiede gibt. Wohnbedingungen, Besitzverhältnisse und Kleidung unterscheiden sich nicht. Damit wird die Gleichheit vor Gott unterstrichen, deren deutlichstes Symbol bei katholischen Ordensschwestern ihre Hochzeit mit Jesus ist. Alle sind sie die Bräute des Sohnes Gottes.

Die Differenzierung besteht lediglich darin, daß Ordensschwestern mit ihrem Vornamen angesprochen werden oder, wie bei ›Schwester Oberin‹, ihre Position im Rahmen der Gemeinschaft bezeichnet wird. Soweit unser Wissen reicht, muß aber von einem differenzierten Beziehungsgefüge ausgegangen werden, in dem jede einzelne je nach persönlichen Möglichkeiten, Eigenschaften und Qualifikationen ihre besondere Position im Kreis der anderen Ordensfrauen einnimmt. Das Zusammenleben in einem Orden sichert den Frauen einen gesellschaftlich anerkannten Raum, in dem sie ihre gemeinsame Lebensform realisieren können. In der schwesterlichen Gemeinschaft werden sie versorgt und sind ökonomisch abgesichert. Als Frauen, die wertvolle humane Arbeit leisten, werden sie respektiert, steht die Bedeutung ihrer Arbeit nicht in Frage, zumal sie vor allem mit dem Dienst am Nächsten assoziiert wird.

Ordensfrauen leben eine Schwesterlichkeit, die sich für Außenstehende vor allem durch Übereinstimmung und Gemeinsamkeiten auszeichnet. Darin sind die Frauen geschützt, daraus gewinnen sie einen Teil ihrer Identität. Diese Gleichheiten, der gemeinsame Glaube, die gemeinsame Bewältigung des Alltags, die gemeinsame Arbeit und die gleiche Tracht machen es Außenstehenden schwer, die Schwestern als Individualitäten zu erkennen.

Zwar tragen auch Krankenschwestern gleiche Kleidung, allerdings beschränkt sich dies nur auf die Dauer der Arbeitszeit.

Ihre Gemeinsamkeiten sind nicht vergleichbar mit denen der Ordensschwestern und beschränken sich auf solche, wie sie jede Berufsgruppe kennt. Aber auch sie stehen in der Tradition der Nächstenliebe und des Helfens. Erst zu Beginn unseres Jahrhunderts haben sie die Anerkennung der Krankenpflege als Beruf und die Bezahlung ihrer Arbeit erkämpft.

»Denn Krankenpflege war ursprünglich in dem christlich konservativ bestimmten Deutschen Reich des 19. Jahrhunderts ein Monopol der sogenannten Mutterhäuser gewesen (...). Krankenpflege, das war Caritas, das war ›Dienen ohne Lohn‹. In der Öffentlichkeit stellte man prompt die berufsmäßige Ausübung der Krankenpflege als ›Entweihung‹ dar.«[5]

Auch heute noch mangelt es an entsprechender Honorierung der Leistung von Krankenschwestern, wie die immer wieder aufflammenden Lohnkämpfe des Pflegepersonals zeigen.

Schwesternschaft wird so von zwei Seiten her bestimmt: sowohl aus dem familiären Rahmen als auch aus den gesellschaftlichen Institutionen, deren Mitfrauen sich Schwestern nennen, sind Vorstellungen erwachsen, die Schwestern mit Schwesterlichkeit verbinden. Zuneigung, Verbundenheit, Liebe, Anteilnahme und Hilfe, aber auch Gleichheit aufgrund von Selbstlosigkeit werden schwesterlichen Beziehungen und schwesterlichem Tun zugeordnet.

Auf diese Vorstellung von Schwesternschaft bezieht sich auch die neue Frauenbewegung als Schwesternbewegung. Und damit wären wir bei dem dritten Bereich, in dem der Begriff ›Schwestern‹ eine wichtige Rolle spielt und der den Begriff heute auch mitprägt. In die Lexika hat die Schwester als Kämpferin der Frauenbewegung allerdings noch keinen Einzug gehalten.

Harmonisches, freundliches und freundschaftliches Verstehen, Nähe und Vertrauen waren zu Beginn der neuen Frauenbewegung die Grundlagen und Wünsche für ein solidarisches Miteinander von Frauen. Diese Bewegung als Schwesternbewegung zu verstehen und sich in Gefühlen der Gleichheit und Gemeinsamkeit zusammen zu finden und zu fühlen, stärkte die Frauen und ermöglichte gegenseitige Identifikation.[6]

Auch hier spielte also der Begriff der Gleichheit eine entscheidende Rolle. Schwesterlichkeit aus der Perspektive der Frauenbewegung hieß nun, gleich zu sein im Sinne von gleichermaßen erlittener Unterdrückung als Frau. Mit diesem übergreifenden Zusammenschluß im Zeichen schwesterlicher Gleichheit schlugen die Frauen der Frauenbewegung der Konkurrenz, dem Neid und den Verschiedenheiten zumindest vorerst ein Schnippchen. Eine kraftvolle politische Bewegung konnte entstehen, mit der Frauen aktiv versuchen, den Männern gleichberechtigt in alle gesellschaftlichen Bereiche einzudringen.

So transportierten die Begriffe ›Schwestern‹ und ›Schwesterlichkeit‹ zunächst keinerlei Konfliktpotential, es blieb kein Raum für andere Beziehungsmuster als die des harmonischen, liebevollen, wenn auch nach außen kämpferischen Miteinanders.

Zu Beginn der neuen Frauenbewegung war nicht die Zeit, interne Differenzen auszutragen, die Betonung lag auf der Formulierung der Gemeinsamkeiten, um der gesellschaftlichen Tendenz der Vereinzelung von Frauen entgegenzuwirken. Erst allmählich wurde eingestanden, daß es auch im Rahmen der Frauenbewegung Gruppendruck und Hierarchien gab, die es schwer machten, aus dem einheitlichen Bild der Schwesternschar, sei es im Denken, sei es in Äußerlichkeiten, auszubrechen.

Erst in den letzten Jahren hat sich im Rahmen der Frauenbewegung eine Veränderung vollzogen. Nach der Phase des euphorischen Zusammenschlusses von Gleichen, die nicht mehr bereit sind, Machtlosigkeit und Unterdrückung durch Männer hinzunehmen, rücken jetzt auch all die Verschiedenheiten, einschließlich der auch hier vorhandenen Machtstrukturen, in den Blick. Die gleichen Schwestern der neuen Frauenbewegung setzen sich heute mit den Unterschieden zwischen Frauen auseinander. Eine Diskussion um das Problem der Integration von Aggressionen und Konflikten ist entstanden. Die Phase harmonischer Solidarisierung, der vereinheitlichende Zusammenschluß der Frauen ist Versuchen gewichen, Differenzen zwischen Frauen und Frauengruppen ernstzunehmen und zu nutzen.[7]

Verschiedenheiten und Trennendes sollen nun existieren dürfen, ohne schwesterliche Solidarität und Verständigung zu verhindern oder gar zu zerstören. Die Versuche, dies auch in den Beziehungen umzusetzen, sind allerdings noch vorsichtig. Das Offenlegen der Unterschiede und die daraus folgenden emotionalen und vielleicht auch praktischen Konsequenzen machen Angst.

»Ich weiß, daß genau die Beschreibung eines solchen Vorgangs vielleicht von Interesse wäre, scheue aber die Darstellung dieser Beziehungsebene, da sie mit so viel Bloßlegung verbunden wäre.«[8]

Das genaue Ansehen der Differenzen birgt die Gefahr der Entblößung. Das Miteinander im Gefühl der Gleichheit bietet Schutz.

So ist der Umgang mit Unterschieden schwer, und auch die Forderung nach Auseinandersetzung bei Aufrechterhaltung der Beziehung kann nur zögernd umgesetzt werden. Doch haben die Frauen der neuen Frauenbewegung mit ihrer Entwicklung den Blick geöffnet für eine Dimension der Schwesternschaft, die es zwar schon immer gab und gibt, für die aber noch kaum Worte und Begriffe, geschweige denn öffentliche Symbole und Institutionen entwickelt sind: die produktive Auseinandersetzung unter Frauen, unter ›Schwestern‹ aller Art.[9]

Der Begriff ›Schwestern‹ transportierte bis dahin ein Frauenbild, in dem die einzelnen bis zur Unkenntlichkeit in der Gleichheit verschwanden und ihre Kraft in den Dienst der anderen stellten. Diese Vereinheitlichung machte es schwer, die positiven Seiten, die diese Schwesternschaft auch enthält: die Liebe füreinander, das Verstehen und die Anteilnahme aufrechtzuerhalten und mit hineinzunehmen in die neue Perspektive, daß Schwesterlichkeit auch Differenz und Auseinandersetzung bedeutet.

Neuigkeiten um Banalitäten

Seit Beginn unserer Arbeit haben wir alle Hinweise auf Schwestern, die sich uns im Alltag boten, zusammengestellt. Daraus ist eine bunte Mischung von Buch- und Filmbesprechungen, Ankündigungen von Schwesternfilmen in Fernsehzeitschriften und Berichten in Zeitungen und Zeitschriften geworden.

Die folgende Auswertung bezieht sich lediglich auf das, was in den Ankündigungen oder Artikeln zu Schwestern gesagt wird. Bei Filmankündigungen wurden diese nicht mit dem Film selbst konfrontiert, und bei Berichten über reale Schwestern haben wir den Wahrheitsgehalt der Berichte nicht überprüft. Es kam uns auf die Darstellung von Schwestern in der nichtwissenschaftlichen und nichtfeministischen Öffentlichkeit an.

Die Struktur dieses Materials hätte sich zur Inhaltsanalyse geeignet, die, wie wir in Teil II der Arbeit ausführen, zur Analyse von Massenprodukten entwickelt wurde. Doch hat schon das erste Durcharbeiten des Materials seine Klischeehaftigkeit deutlich gemacht. Uns diesen Texten intensiver zu widmen, hätte Mustern, deren Dekonstruktion unser Interesse ist, einen zu breiten Raum eingegeben und sie damit aufgewertet. Das Material völlig auszublenden hätte bedeutet, einen Teil gesellschaftlicher Schwesternrealität zu leugnen. So bringen wir es zur Veranschaulichung ein, gehen damit aber assoziierend um.

Der Reiz der Gleichheit

Auch wenn die Tendenz in jüngerer Zeit nachläßt, kennen wohl alle das Bild der zwei oder mehr Schwestern, die niedlich herausgeputzt mit gleichen Kleidern und Frisuren die Aufmerksamkeit auf sich ziehen. Für ein neueres Buch über Schwesternbeziehungen heute wurde als Titelbild ein Photo gewählt, das drei Schwestern um die Jahrhundertwende zeigt.[10] Zu sehen sind blonde Mädchen, die zwar verschieden groß sind, aber alle die gleichen Matrosenkleidchen tragen, und deren Haare in gleicher Weise frisiert sind. Das antiquierte Outfit auf einem aktuellen Buch belegt die Langlebigkeit des Motivs.[11]

Es genügt sicher nicht, die äußere Vereinheitlichung von Töchtern als Rationalisierungsmaßnahme in Sachen Kinderausstattung zu verstehen. Auch die Erklärung, sie sei Ausdruck des Wunsches, die vorhandene Familienähnlichkeit zu unterstreichen und die Zusammengehörigkeit nach außen sichtbar zu machen, greift zu kurz. Wir meinen, daß sich hierin die Schwierigkeit der Mutter versteckt, mit zwei Töchtern eine diffizile Dreierbeziehung zu leben. In der gleichen Kleidung kann sich eine Vorstellung von Gleichbehandlung ausdrücken, oder auch das Zusammenschmelzen der beiden Töchter zu einem Gegenüber für die Mutter.

Während manche Schwestern die gleiche Kleidung als erzwungene Gleichmacherei erleben, genießen andere die Aufmerksamkeit, die sie dadurch erfahren, und werden selbst aktiv im Herstellen von Gleichheiten. Oft geht eine solche Angleichung über die Kleidung hinaus und erstreckt sich auch auf gemeinsame Interessen als Ausdruck ihrer Stärke in der Gemeinsamkeit.

In der Erwachsenenwelt leben Schwestern ihre Lust an der Gleichheit am sichtbarsten im Showgeschäft. Perfekt verkörpern Zwillingsschwestern das identische Äußere. Der Erfolg der Kessler-Zwillinge, die seit mehr als dreißig Jahren auftreten, macht die Faszination dieses Phänomens deutlich. Aber nicht nur Zwillingsschwestern sind bemüht, aus Ähnlichkeiten Gleichheiten zu machen, auch andere Schwestern, wie die Schauspielerinnen und Sängerinnen Judy und Audrey Landers, verblüffen ihr Publikum damit. Im Rahmen der volkstümlichen Unterhaltung treten oft Schwestern in gleicher Aufmachung auf. Sogar eine Schwesterngruppe, die vier Jakob-Sisters, hat in den 60er und 70er Jahren das gleiche Aussehen zu ihrem Markenzeichen gemacht und auf die Maskottchen ausgedehnt. Mit vier weißen Zwergpudeln erschienen sie in der Öffentlichkeit.[12] Selbst Mutter und Tochter bemühen sich um ein übergreifendes Schwesternimage: Maria und Margot Hellwig jodeln in schwesterlicher Ein(heits)tracht.

Spätestens hier weicht die Faszination der Frage, welche Art bizarrer Schwesterlichkeit sich hier ihren Weg gebahnt hat und von Erfolg gekrönt ist.

Schwestern hingegen, die nicht auf das gleiche Äußere als Erfolgsrezept setzen, etwa die Sängerinnen Anete und Inga Humpe, haben es offensichtlich schwerer. Ihnen ist der gemeinsame Durchbruch in der Popmusik nicht so recht gelungen.

Sich mit dem Markenzeichen der äußeren Gleichheit im Showgeschäft zu bewegen, ist als rein strategisches Unternehmen nicht denkbar. Ohne die Befriedigung eines Bedürfnisses, das beide gleichermaßen teilen, können Schwestern sich nicht in dieser Weise öffentlich produzieren. Diese spezifische Selbstdarstellung von Schwestern läßt sich leicht mit einer Mangelthese erklären: als einzelne fühlen sie sich zu schwach, sich der Öffentlichkeit zu stellen. Mit und im Spiegel der identisch scheinenden anderen wird das möglich, weil sich so jede einzelne im Schutz der anderen bewegt. Selbst wenn dies den psychischen Hintergrund der Schwestern träfe, so wäre das Ergebnis ihres Tuns doch als Leistung zu sehen, mit der jede einzelne mit Hilfe der anderen eigene Defizite ausgleichen kann.

Eine uns näher liegende Erklärung für diese Karrieren ist die Freude, schwesterliche Gemeinsamkeit öffentlich zu machen. Daß Frauen dies über das Medium des identischen Aussehens tun müssen, sehen wir als Reflex auf eine Gesellschaft, die keine lustvoll besetzten Bilder für die Gemeinsamkeit auch von sehr unterschiedlichen Frauen entwickelt hat.

Objektiv verbessern identisch erscheinende Schwestern als Künstlerinnen ihre Vermarktungschancen. Die angeglichenen äußeren Bilder suggerieren das Vorhandensein von zwei identischen Individuen – und damit zugleich die Auflösung weiblicher Identität. Genau diese Vorstellung trifft offenbar auf ein Bedürfnis der ZuschauerInnen, ohne das der Erfolg nicht zu erklären ist. Identisch wirkende Schwestern faszinieren, weil sie auf naiv-konkretistische Weise die Sehnsucht des Publikums nach oder die Angst vor dem absoluten Spiegelbild verkörpern. Hier bestätigt die künstliche Gleichheit dieser Schwestern in besänftigender Weise, daß es Frauen, auch wenn sie offensichtlich Bemerkenswertes auf der Bühne leisten, als eigenständige, abgegrenzte und unterscheidbare Individuen nicht gibt. Frau ist eben gleich Frau.

Diese Überlegung führt direkt zu dem Verhältnis, in dem zwei Schwestern in Beziehung zu Männern dargestellt werden. Männer, so wird häufig berichtet, fühlen sich, wenn sie Schwestern begegnen, von beiden gleichermaßen erotisch angezogen. Hinweise auf solche Konstellationen reichen von so schlichten Bemerkungen wie »er lebte mit zwei Schwestern unter einem Dach« über August Bürger[13], einem Dichter, der zu Goethes Freundeskreis zählte, bis hin zu der deutlichen Aussage, daß die Schwestern Olga und Tania Zazoulich beide Sartres Geliebte waren.[14]

Von Schiller heißt es, er habe sich von der Schwester seiner

Frau stark angezogen gefühlt und zeitweise auch an ein Zusammenleben zu dritt gedacht.[15] Auch Freud soll eine ›erotisch gefärbte Beziehung‹ zu seiner Schwägerin Minna Bernays gehabt haben.[16] D. H. Lawrence hatte ebenfalls eine intensive Beziehung zu beiden Schwestern Richthofen. Die Erfahrung mit ihnen floß in seinen Roman »Liebende Frauen« ein.[17]

Heute scheinen es die Regisseure zu sein, die sich zu Schwestern hingezogen fühlen. Woody Allen bezieht die Schwestern seiner Geliebten Mia Farrow in seine Arbeit mit ein. Sie erhalten Rollen in seinen Filmen. Außerdem hat er zwei Spielfilme über Schwestern gemacht.[18]

Mißbräuchlich, so im STERN unter dem Titel »Schlammschlacht um eine Blondine« veröffentlicht, hat der Regisseur Peter Bogdanovich seine Beziehung zu Schwestern gelöst. Nach dem Tod seiner Geliebten soll er deren sechzehnjährige Schwester verführt und zu einer Schönheitsoperation überredet haben, damit sie der Verstorbenen ähnlicher sei.[19]

Auch in künstlerischen Werken wird das Verhältnis eines Mannes zu zwei Schwestern aufgegriffen, angefangen bei Tschaikowskys Oper »Eugen Onegin« über Boulevardstücke bis hin zu Spielfilmen.

Gleichgültig, ob von der realen Beziehung eines Mannes zu zwei Schwestern oder über künstlerische Darstellungen dieser Konstellation berichtet wird, die Variationen liegen darin, ob er zunächst die eine, dann die andere liebt, ob beide Schwestern überleben oder eine sterben muß, bevor er mit der anderen zusammen sein kann, oder ob er beide zugleich besitzt.

Unklar bleibt dabei, warum beide Schwestern gleichermaßen liebenswert sind für diesen einen Mann oder warum die Liebe zu der einen vergeht und zur anderen sich intensiviert. Schwestern gewinnen als verschiedene Individuen keine Kontur. Offenbar sind die Ähnlichkeiten entscheidend für die zweifache Liebe des Mannes. Die daraus resultierende Austauschbarkeit der Schwestern gipfelt dann in solchen Perversionen wie die oben beschriebene operative Angleichung.

In unserer Gesellschaft wird die Frau als eigenständiges, abgegrenztes Individuum in Verhältnis zu einer anderen Frau nur schwer wahrgenommen, während Männer die Abgrenzung und Individualität leben können, ja müssen. Die unterschiedslose Beziehung der Männer zu Schwestern spiegelt den undifferenzierten männlichen Blick auf (zwei) Frauen wieder. Zwei Frauen und dann auch noch Schwestern – wo sollen bei so vielen Gemeinsamkeiten noch die Unterschiede liegen? Zum anderen können die Männer an den Schwestern projektiv das abhandeln, was ihnen selbst so schwer fällt zu erleben: das grenzüberschreitende Zusammenfließen von zwei Personen zu einer.

Fast unnötig zu erwähnen, daß in den genannten Berichten immer aus der Perspektive des Mannes geschrieben wird. Er ist der Aktive, er nimmt sich die beiden Frauen. Nur zwei Hinweise haben wir gefunden, in denen Schwestern als die Aktiven auf die Männer zugehen oder sich deren Liebe teilen. Einer Besprechung des Stückes »Haus Herzenstod« von Shaw[20] ist zu entnehmen, daß die eine Schwester, Hesione, eine Eskapade ihres Ehemannes mit ihrer Schwester Aiadne geradezu herbeizuführen sucht. Und in dem Film »Die Handschrift von Saragossa« begehren zwei Schwestern einen Mann.

»Edler Herr. Zwei fremde Damen laden Euch zum Abendessen ein (...) Du bist der erste Mann, dem wir begegnen (...) Wir sind Schwestern und wir lieben uns und wir wollen denselben Mann heiraten (...) Werde ihr Geliebter! (...) Umarmt Euch! Sie wird dir nichts verweigern – aber ich werde bei Euch bleiben (...)«[21]

Ähnlich marginal wie gemeinsames schwesterliches Begehren, das sich auf einen Mann richtet, ist die schwesterliche Erotik miteinander. Und dort, wo sie zum Thema wird, wird sie doppelt deformiert: nicht erkannt und in einen falschen Kontext gesetzt.

Auf dem SPIEGEL-Titelbild vom 15.8.1983 ist ein Ausschnitt aus einem Gemälde abgebildet. Zwei Finger umfassen die Brustwarze einer Frau. Damit wollte der SPIEGEL einen Beitrag zur Belästigung der Frau am Arbeitsplatz illustrieren.[22] Nun gehört die Hand, die nach der Brustwarze greift, aber keineswegs einem Mann, sondern einer Frau. Das Gemälde stellt zwei Schwestern dar, die Herzogin von Villars und ihre Schwester Gabrielle d'Estrêes. Die Damen lebten Ende des 16. Jahrhunderts. Das im Louvre hängende Bild ist das eines unbekannten Malers der Schule von Fontainebleau. In der Kunstgeschichte wird diese Geste als Hinweis auf die bevorstehende Geburt eines Kindes der so berührten Dame gedeutet. Die Interpretation, es handele sich um eine erotische Berührung zwischen den Schwestern, ist bis jetzt nicht ins Blickfeld der Interpreten gerückt.

Da die Beziehungen von zwei Schwestern zu einem Mann immer wieder aus der Perspektive des Mannes entwickelt werden, bleibt kein Raum für die der Schwestern. Wäre es nicht auch denkbar, daß zwei Schwestern sich über die Zuneigung zu einem Mann verständigen und dafür sorgen, daß jede in den Genuß des Zusammenseins mit ihm kommt? Oder daß sich Schwestern zusammen gegen die Beziehung zu einem Mann entscheiden, da er ihre Beziehung zueinander allzusehr stören würde? Wäre es nicht auch denkbar, daß das liebevolle und erotische Miteinander der Schwestern das Begehren des Mannes weckt, der daran teilhaben möchte? Solchen Überlegungen liegt allerdings eine andere Vorstellung schwesterlicher Gleichheit zugrunde: gleich nicht im Sinne des gleichen Äußeren oder der gleichen Herkunft, sondern Gleiche im Sinne des gleichberechtigten Austausches von Wünschen und Interessen und deren gemeinsamer Realisierung.

Die Stilisierung von Unterschieden zu Gegensätzen

Während sich in der Vielfalt schwesterlicher Gleichheiten und gleichgemachter Schwestern nur mühsam Differenzen finden lassen, stellt sich dann, wenn Unterschiede zwischen Schwestern thematisiert werden, das gegenteilige Problem. Einmal als Verschiedene eingeordnet, werden ihnen keine Gleichheiten, Gemeinsamkeiten oder Ähnlichkeiten zugestanden.

Schon in der Kinderstube beginnt die Aufteilung, wenn Eltern die Persönlichkeiten ihrer Töchter mit großer Sicherheit als Gegensätze festschreiben. Die eine ist die Stille, während die andere die Laute ist, die eine die Kontaktfreudige, die andere die Zurückgezogene, die eine ist intellektuell, die andere eher praktisch, und so fort. Wenn Eltern sich auch scheuen, die Attribute

›schön‹ und ›häßlich‹ offen zur Unterscheidung der Töchter zu benutzen, sind sie für Außenstehende immer wieder Kriterien und werden auch zwischen Schwestern oft zum Problem. Kein Wunder in einer Kultur, in der Äußerlichkeiten, speziell dem Aussehen von Frauen, ein großer Wert beigemessen wird. In unserem Material fanden wir mehrere Hinweise auf Schwesternpaare, die in schön und häßlich unterteilt worden sind. Die Dichterin Annette Kolb, die Schriftstellerin Martine Carton und auch die Sängerin Maria Callas sollen im Vergleich zu ihren Schwestern die Häßlichen gewesen sein.[23]

Solche Zuschreibungen wirken intensiv und sind mitbeteiligt an der Entwicklung gegensätzlicher Lebenskonzepte von Schwestern. Je unterschiedlicher und unvereinbarer die Lebensgestaltung von Schwestern zu sein scheint, um so eher sind sie den Medien eine Meldung wert. So wird in einen politischen Artikel über die ehemalige pakistanische Präsidentin Benazir Bhutto eingestreut, ihre Schwester sei eine unpolitische Hausfrau.[24] Die Berichte reichen von den großherzoglichen Schwestern in Luxemburg, von denen die eine Nonne, die andere Landesmutter wurde[25], über die Schwestern Laurien, von denen die eine katholische CDU-Politikerin, die andere evangelische Pfarrerin geworden ist[26], bis hin zu den Schwestern Lauper, von denen sich Elen auch für die Politik, Cindy hingegen für das Showgeschäft entschieden hat.[27] Auf die Hintergründe dieser Unterschiede gehen die Meldungen nicht ein. Hier geht es nur um den Gegensatz.

In der Boulevardpresse ist die Effekthascherei auf Kosten der dargestellten Schwestern noch allzu durchsichtig, wenn zum Beispiel die Erfolge der Skiläuferinnen Epple auf ihre Eifersucht und Konkurrenzkämpfe zurückgeführt oder die Beziehung der Prinzessinnen von Monaco als Schwesternkrieg bezeichnet werden.[28] Dennoch treffen auch diese Bilder auf das Interesse eines voyeuristischen Publikums, das sich von Differenzen faszinieren läßt.

Leicht lassen sich diese trivialen Darstellungen von Schwestern als Realitätsverfälschungen abtun. Wie aber ist es einzuordnen, wenn in anspruchsvollen Filmen und Literatur die Unterschiedlichkeit von Schwestern immer wieder darin gipfelt, daß eine sterben muß und die andere überlebt? Folgen wir unserem Material, so scheinen schwesterliche Gegensätze tödliches Potential zu bergen.

In einem Stück von David Hare, »Geheime Verzückung«, verkörpert eine Schwester Pragmatismus und Erfolg, während die andere das soziale Gewissen gegenüber den Schwachen repräsentiert.[29] Letztere wird erschossen. In Truffauts Film »Zwei Mädchen aus Wales« stirbt eine Schwester an Tuberkulose.[30] Auch in dem bei den 42. Filmfestspielen in Cannes preisgekrönten Film »Sweetie« überlebt nur eine Schwester, Kay, die ältere. Die jüngere Sweetie, eine ausgeflippte Punkfrau, stirbt.[31]

Schicksalhafte oder durch äußere Einflüsse herbeigeführte Schwesterntode werden durch das Motiv des Schwesternmordes ergänzt. In dem Kriminalroman »Und die im Dunkeln sieht man doch« kämpfen zwei Schwestern um ein Kind, wobei die eine die andere schließlich umbringt.[32] Und in dem Film »Whatever happened to Baby Jane« kippt die Konkurrenzschaukel von einer zur anderen, bis eine Schwester die andere umzubringen versucht. Dies ist nur eine kleine Auswahl von Werken, in denen Tod und Leben die Unterschiede zwischen den Schwestern markieren.

Mit und durch Schwestern werden also nicht nur Gleichheiten dargestellt. Sie sind offensichtlich auch dazu prädestiniert, extreme Gegensätze sinnfällig zu machen. Da Weiblichkeitsentwürfe in unserer Gesellschaft vom männlichen Blick auf das Weibliche deformiert sind, lassen sich solche Motive unschwer als Mißbrauch des Schwesternbildes einordnen. Schwesternpaare werden als Symbol für menschliche Grundkonflikte wie den von Leben und Tod benutzt. Damit stehen sie in der langen Tradition von Allegorien in Frauengestalt, die gerade auf dem Absehen von realem Frauenleben beruhen. Im Alltagsbewußtsein verfestigt die weite Verbreitung des Motivs der Schwestern, die unüberwindbare Gegensätze leben und nicht überleben, das Bild der streitenden, konkurrierenden, nicht zusammenfindenden Schwestern und damit auch Frauen.

Allzu gerne würden wir es bei dieser Argumentation belassen und uns den Freuden der Schwesterlichkeit zuwenden, um uns nicht den real existierenden Abgründen zwischen Schwestern aussetzen zu müssen. Aber es gibt sie leider auch außerhalb der Literatur, die Kämpfe zwischen Schwestern, den Haß und die Konkurrenz. Es gibt das verzweifelte Festhalten an der eigenen Position, es gibt die große Angst, sich im Zugehen auf die Schwester, in der Nähe zu ihr zu verlieren. Extreme Gegensätze zu leben ist eine Form, diese Angst zu binden. Zwar kommt es relativ selten vor, daß Schwestern sich gegenseitig umbringen, Kämpfe zwischen Schwestern, die zur psychischen Dekompensation der einen führen, sind jedoch bekannt.

Der Wunsch nach dem absoluten Spiegelbild beinhaltet die Angst vor der Wahrnehmung von Unterschieden. Verschiedenheiten einzugestehen geht dann einher mit Angst vor Trennung, bedeutet Trennung. Dies kann als so bedrohlich empfunden werden, daß das Verschwinden oder gar der Tod der anderen Person für das psychische Gleichgewicht verkraftbarer wäre, als die Unterschiede aushalten zu müssen.

Die unerbittlichen Kämpfe zwischen Schwestern, ihr Zwang zur Umwandlung von Unterschieden in Einheit oder Spaltung sehen wir in diesem Zusammenhang als Ausdruck einer inneren Not, die zu verstehen auch ein Anliegen dieser Arbeit ist.

Um die Brisanz schwesterlicher Gegensätze und das damit verbundene Leid zu verdeutlichen, müssen wir nicht unbedingt extreme Beispiele bemühen. Hildegard Menge beschreibt das Leid in ihrem Schwesternalltag so:

»Die Spaltungen zwischen uns Schwestern wurden im Laufe der Jahre immer tiefer, sie gingen soweit, daß wir überhaupt nicht mehr miteinander reden konnten. Wir stellten den Kontakt sogar fast völlig ein. Gelegentlich trafen wir uns auf den Familienfeiern, dann wechselten wir die üblichen Floskeln und gingen wieder auseinander. Das Schlimme war, daß wir alle darunter litten.«[33]

Sie schildert auch einen Versuch, die Gräben zu überwinden. Ein Schwesterntreffen wurde organisiert, doch es gelang nicht, die wichtigste Voraussetzung der Annäherung zu schaffen: ins Gespräch zu kommen.

»Der alte Kampf um Anerkennung war wieder da, nur viel stärker, intensiver als früher. Ich sagte nicht, wie sehr ich verletzt war, weil die Kleinen ihre eigenen Berufsziele verwirklichen konnten, weil mein Leben als Hausfrau und Mutter nicht anerkannt worden ist, (...) weil mein Verhalten im Clan als selbstsüchtig, hart und berechnend beschrieben wird. Ich sagte vor allem auch nicht, wie sehr mir an einem guten Kontakt zu meinen Geschwistern, insbesondere zu meinen Schwestern gelegen ist. Und die anderen sagten es auch nicht.«[34]

Schwesternbeziehungen geben in ihrer explosiven Nähe nur ein schärferes Bild von einem grundsätzlichen Problem weiblicher Identität. Das private Schwesternleid setzt sich fort in der Frauenöffentlichkeit, wenn Gegensätze unüberwindbar scheinen und die Zusammenarbeit unmöglich wird. Unterschiede zwischen lesbischen Frauen und heterosexuellen, zwischen ›Kopf- und Bauchfrauen‹, zwischen Ein- und Aussteigerinnen führten schon vor Jahren zu Zerreißproben in Frauengruppen. Hinzugekommen ist die hart geführte Auseinandersetzung zwischen Müttern und Nichtmüttern. Noch suchen Frauen nach Wegen, die Gegensätze produktiv diskutieren zu können, noch müssen wir sehr dagegen ankämpfen, uns dem einen oder anderen Lager zuzuordnen und damit die Auseinandersetzung zu vermeiden, die Auseinandersetzung mit der jeweils anderen Perspektive, die wir nicht leben.

In ihrem Zwiespalt zwischen der Gleichheit und der Notwendigkeit, unterschiedliche Persönlichkeiten zu entwickeln, verkörpern Geschwisterpaare ein Grundproblem menschlicher Beziehungen. In der Tradition unserer Kultur, die weibliche Allegorien bildet und Frauen eher naturhaftes Wesen als Individualität zuschreibt, werden Schwestern weit eher als Brüder zu Symbolpaaren.

Schwestern müssen nach zwei Seiten kämpfen, gegen die verzerrten Schwesternbilder und mit deren realem Substrat: dem Problem, Gemeinsamkeiten zu haben, sie sehen und leben zu können, bei gleichzeitiger Wahrnehmung und Respektierung von Unterschieden. Dieser schwierige Balanceakt, der in persönlichen Beziehungen wie auch in politischen Auseinandersetzungen zu bewältigen ist, gelingt noch längst nicht immer, im Gegenteil: Pseudogemeinsamkeiten bei Vernachlässigung der Unterschiede oder starres Festhalten an Differenzen ohne den Freiraum, einen gemeinsamen Nenner zu finden, sind bekannte Muster der Bewältigung.

Die Wissenschaft

Das Beharren auf Gleichheit oder Gegensätzlichkeit von Schwestern setzt sich in der wissenschaftlichen Diskussion fort. Die Betonung der Unterschiede und die Suche nach der Gemeinsamkeit sind hier auf verschiedene Forschungsrichtungen verteilt. Wir stellen den inhaltlichen Ausführungen zu erst- und zweitgeborenen Schwestern eine kritische Betrachtung dieser Zentrierung auf den einen oder anderen Aspekt voran.

Der Drang zur Typologisierung

Freud und Adler waren die ersten Wissenschaftler, die die Geschwisterkonstellation als für die Entwicklung bedeutsam erachtet haben.[35] Freud stellt die Erfahrungen, die ein Kind durch die Geburt eines Geschwisters macht, in den Mittelpunkt seiner Überlegungen. Sein Verdienst ist es, Gefühle zu benennen, die bis dahin gesellschaftlich tabuisiert waren. Wut und Haß stellt er als grundlegende Gefühle zwischen Geschwistern dar. Er hat ein Bewußtsein dafür geschaffen, daß sich Geschwister nicht nur lieben, sondern auch konkurrent und neidisch aufeinander sein können.

Doch kaum hat Freud diese Gefühlskonstellationen zwischen Kindern benannt, geht Adler daran, die Geschwisterkonstellation eines Menschen als Grundlage für Typologien von erwachsenen Erst-, Zweit- und Drittgeborenen zu benutzen. Aus der Tatsache, erstes oder nachgeborenes Kind zu sein, leitet er eine Vielzahl von Merkmalen ab, die die Persönlichkeit und das Verhalten eines Menschen auszeichnen sollen. Diese Merkmale reichen von Charaktereigenschaften, Leistungsverhalten, Interessen und beruflichen Orientierungen hin zu Verhalten in Beziehungen, sei es im privaten oder öffentlichen Bereich. Für jede

Geschwisterposition entwirft er einen bestimmten Persönlichkeitstypus.

Während Adler seine Ableitung der Charakterstruktur aus der Geschwisterposition auf seine Alltagserfahrung und seinen Umgang mit Patienten stützt, haben Forscher unserer Zeit mit großem Aufwand empirische Untersuchungen durchgeführt, um den Zusammenhang von Geschwisterposition und Persönlichkeit nachzuweisen.[36] Bei diesem Forschungsansatz wird das Interesse an Typologien über die Einhaltung der eigenen wissenschaftlichen Standards gestellt.

Toman verspricht sich von der Geschwisterforschung Typologien, die Aussagen darüber zulassen, wer sich mit wem am besten versteht, eine Art Hilfestellung für die Suche passender Ehepartner. Seine Daten gewinnt er aus routinemäßigen psychodiagnostischen Untersuchungen und aus psychotherapeutischen Behandlungsstunden. Aus den Daten, die er statistisch auswertet, entwickelt er »Verhaltens- und Einstellungsporträts« zu Geschwistern.[37] Er differenziert nach Geschlecht und kommt so zu acht Haupttypen.

Mindestens sechs Probanden pro Geschwistertyp wurden untersucht, wobei Toman betont, daß seine Typologien in vielen empirischen Untersuchungen bestätigt worden seien. Andererseits weist er auf das Problem der statistischen Auswertung seiner Daten hin. Sie sei kein Gradmesser für den Wahrheitsgehalt seiner Typologien, zumal die Varianz des jeweils herausgearbeiteten »sozialen Dauerverhaltens« laut Statistik nur zu 10-20% durch Merkmale der Geschwisterposition abgedeckt wurde.

»Dabei ist zu beachten, daß das statistische Niveau von Daten keine Auskunft über ihren wissenschaftlichen Gehalt und ihre praktische Bedeutung gibt. Ein Vorteil von sogenannten einfacheren Daten ist sogar, daß sie nicht von Menschenhand, beispielsweise von psychologischen Skalenkonstrukteuren, entstellt sind.«[38]

Zwar sucht Toman nach verläßlichen, das heißt für ihn statistisch signifikanten Ergebnissen, doch seine Forschungsrealität bietet ihm diese Ergebnisse nicht. Er hält daran fest, Typologien entwickeln zu wollen, und deutet seine Daten so, als ob sie auch ohne statistische Signifikanz akzeptabel seien.

Das könnte man Toman leicht nachsehen, wenn er konsequent zu einem qualitativen Ansatz überginge und die Interviews dementsprechend auswerten würde. Er aber bleibt beim Ordnen seiner Datensammlung, ohne den Zusammenhang von theroretischen Vorstellungen und Daten herzustellen. Dementsprechend wirken die unter den einzelnen Verhaltensporträts aufgeführten Eigenschaften, Interessen, neurotischen Störungen, Berufsvorlieben etc. willkürlich zusammengestellt und so, als seien sie mehr oder weniger zufällig in den Gesprächen mit den Probanden aufgetaucht. Toman vermittelt mit den Porträts den Eindruck, als gäbe es klar unterscheidbare Persönlichkeiten, abgeleitet aus der Geschwisterposition. Zugleich warnt er am Ende die Leserschaft vor der Betrachtungsweise, deren Konstituierung er seine gesamte Arbeit gewidmet hat.

»Der Leser sei hier noch einmal zur Vorsicht gemahnt. Zur Vorsicht bei der Befragung von Personen in seiner Verwandtschaft, im Freundes- oder Kollegenkreis, vor allem aber bei der Bekanntgabe seiner psychologischen Analysen von Familienbeziehungen und bei seinen Voraussagen ihnen gegenüber.«[39]

Hier wird uns der Konflikt eines Forschungsansatzes vorgeführt, der sich scheut, sich bei der Einordnung empirischen Materials konsequent auf subjektive und theoretische Bedeutungszusammenhänge zu beziehen, andererseits aber an die Grenzen des eigenen Anspruchs nach Objektivität aufgrund statistischer Signifikanz stößt.

Im Zusammenhang mit der Frauenbewegung entstand neben der Geschwisterforschung die Schwesternforschung. Entgegen ihren erklärten Zielen, strukturverändernd arbeiten und Festlegungen von Schwestern auflösen zu wollen, entwirft auch sie zum Teil Typologien. Am stärksten ist diese Tendenz bei Imme de Haen.

Zwar versucht sie auch, ihre Typologien zu relativieren, jedoch ist ihre Aussage dazu in sich widersprüchlich.

»Typologisierungen sollen nicht mehr sein als Anregungen: ein Rahmen für das Bild, das man sich von einem anderen Menschen macht. Alle Feinheiten und Besonderheiten müssen je individuell sorgfältig ergänzt und aufgenommen und wahrscheinlich auch ständig verändert werden.«[40]

De Haen weiß um die Vielfalt der Faktoren, die die Persönlichkeit eines Menschen bestimmen. Sie will ihnen nur einen Rahmen geben. Aber mit der Bezeichnung eines solchen Rahmens nimmt sie erneut eine Festlegung in Kauf, gegen die sie sich ja eigentlich wenden wollte. Wahr, so die Autorin, seien ihre Aussagen deshalb, weil die Frauen und Schwestern selbst zu Wort kämen. De Haen hat Schwesternpaare und -gruppen unterschiedlichen Alters interviewt und dokumentiert große Teile der Interviews. Allerdings unterschlägt sie hier in geradezu naiver Weise ihre eigene Beteiligung. Sie ist es, die die Interviewsequenzen nach bestimmten Kriterien auswählt und interpretiert.

Ihre Typologisierungen erinnern uns an die Zuschreibungen in der Familie und an die Darstellung schwesterlicher Differenzen in der Öffentlichkeit. Sie scheinen den gleichen Sinn zu haben: eindeutige, Verwechslungen ausschließende Unterscheidungen zu treffen. Differenzierung, Austausch und Vermischung sind nicht vorgesehen.

Typologisierende Forscherinnen greifen zum gleichen Hilfsmittel wie die Eltern, die mit der Etikettierung ihrer Kinder das Problem umgehen, ihnen innerlich alle Entwicklungschancen offenzuhalten. Die Wissenschaftlerinnen verdoppeln diese Praxis nur. Alltagsvorstellungen werden wissenschaftlich aufgerüstet. Gängige soziale Zuschreibungen kommen, ungebrochen durch theoretische Überlegungen oder ein expliziertes kritisches Interesse an dem Problem der Geschwisterkonstellation, im Gewand der Typologie daher. Zwar wird deren Veränderbarkeit proklamiert, im Forschungsansatz jedoch nirgends sichtbar.

Die Forscherinnen ahnen die Mängel und Gefahren, wenn sie vor dem Gebrauch der Typologien warnen oder sie zu relativieren suchen. Dennoch: hartnäckig halten sie daran fest. Wir führen dies einerseits auf die Schwierigkeit zurück, sich dem Chaos komplexer Beziehungsgefüge zu stellen, ohne sie vereinfachend zu reduzieren. Wenn aus der Geschwisterposition ein Persönlichkeitsbild abgeleitet wird, sind die Forschenden des Problems enthoben, sich mit den vielfältigen Gefühlen auseinanderzusetzen, die Kinder in bezug auf Eltern und Geschwister haben.

Andererseits fehlt eine Vorstellung von Konfliktbewältigung als Prozeß. Werden Persönlichkeitsstrukturen aus Konflikterfahrungen abgeleitet, die bestimmten Geschwisterpositionen zugeschrieben werden, so wird damit unterstellt, daß Konflikterfahrung – und eigentlich bereits die Geburtenfolge – in Erstarrung mündet. Emotionale Probleme mit Eltern und Geschwistern, so sehen es die Forscherinnen, gerinnen zu stereotypen Bewältigungsmustern.

Und schließlich fehlt eine Vorstellung von Konfliktbewältigung innerhalb von Beziehungen. Ursachen für bestimmte Beziehungskonstellationen werden – und deshalb erinnert die Typologie der Geschwisterforschung an die Astrologie – nach außen verlagert. Erklärungen werden zwar nicht in den Gestirnen gesucht, aber in der Reihenfolge der Geburten. Der Tatsache, als erstes, zweites oder drittes Kind geboren zu sein, wird eine solche Bedeutung beigemessen, daß es müßig erscheint, über die Veränderbarkeit bestimmter Strukturen nachzudenken.

Frauenbewegte Schwesternforschung

Die Amerikanerin Elizabeth Fishel war die erste Wissenschaftlerin, die sich umfassend dem Thema ›Schwestern‹ gewidmet hat.[41] In Deutschland hat wie erwähnt Imme de Haen das Thema aufgegriffen. Mit Brigid McConvilles Forschungen ist der aktuelle Stand der Schwesternforschung erreicht.[42] Alle stehen in der Tradition der neuen Frauenbewegung. Ihr forschungsleitendes Interesse ist die Entwicklung von Perspektiven, wie Frauen, respektive Schwestern, sich aus Strukturen befreien können, die sie behindern, und wie sie positive Seiten ihrer Beziehung nutzen können.

Aufgrund eigener Erfahrungen sind sich die Autorinnen darin einig, daß das Aufwachsen mit einer oder mehreren Schwestern für die Entwicklung einer Frau bedeutsam ist und die Erfahrung leiblicher Schwesternschaft Grundmuster für Beziehungen zu anderen Frauen liefert.

Über die Bedeutung ihrer jüngeren Schwester Annie in ihrem Leben schreibt Fishel am Anfang ihres Buches:

»Was ich damals noch nicht wußte, war, daß in der Wiege meine liebste Freundin und erbittertste Rivalin lag, mein Spiegel und mein Gegenbild, meine Vertraute und Verräterin, meine Schülerin und Lehrerin, Bezugspunkt und Reibungspunkt, Stütze und Anhängsel, meine Tochter und Mutter, meine Untergebene und Vorgesetzte, und, das Furchteinflößendste, meinesgleichen.«[43]

De Haen schreibt über ihre Schwesternerfahrung:

»Meine drei Schwestern waren für mich selbstverständlicher und natürlicher Bestandteil unserer Familie. Lange Zeit konnte ich mir nicht vorstellen, daß es Kinder gibt, die ohne Schwestern groß werden.«[44]

McConville formuliert ihre eigene Betroffenheit so:

»Ich selbst habe drei Schwestern, die mir außerordentlich wichtig sind, und ich unterhalte Freundschaften zu anderen, mir nicht verwandten ›Schwestern‹, die für mich ebenso wertvoll sind.«[45]

Vor dem Hintergrund ähnlicher Erfahrungen schwesterlicher Nähe und Vertrautheit untersuchen die Autorinnen Schwesternrealität. Sie fahnden nach schwesterlichen und damit weiblichen Potenzen.

Fishel, die Pionierin auf dem Gebiet der Schwesternforschung, nähert sich dem Thema in dem Wissen um vorhandene Geschwisterforschungen, stellt aber bald fest, daß das Thema ›Schwestern‹ dort nur am Rande und eher zufällig Beachtung findet. Schließlich kommt sie zu folgendem Schluß:

»Das Buch, nach dem ich suchte, würde ich selbst schreiben müssen. Ich hatte die Umrisse, die Metapher: meine eigene Erfahrung als Schwester einer Schwester war das Saatgut. Die psychologische Literatur gab die Wurzeln ab, und der Stamm waren die Jahrhunderte von Romanen, Geschichten und Stücken.«[46]

Fishel will einen möglichst umfassenden Querschnitt über Schwesternbeziehungen zeigen. Dementsprechend interessieren sie nicht nur Schwesternbeziehungen, -konflikte und -konstellationen in der Familie, sondern auch kulturell bereitgestellte Schwesternbilder in Märchen und Literaturen. Außerdem hat sie 150 Fragebögen ausgewertet und auch berühmte Schwestern interviewt. Das Ergebnis ist eine bunte Sammlung von Schwesternbildern und -realitäten.

De Haen beschränkt sich dagegen auf die Betrachtung von Schwestern in der Familie. Ihr Interesse gilt der Erziehung von Töchtern und Schwestern unter bestimmten familiären Bedingungen. Sie entwickelt Familientypologien entsprechend den in der Familie herrschenden Machtstrukturen und entwirft auch für Schwestern Typologien. Grundlage dafür sind Interviews, die sie mit über fünfzig Frauen geführt hat.

McConvilles Interesse richtet sich auf die Voraussetzungen schwesterlicher Nähe und dadurch möglicher gemeinsamer Stärke von Schwestern und Frauen. Konsequenter als Fishel und de Haen verfolgt sie diese Fragestellung und benennt vor allem die Ebenen, die schwesterliche Gemeinsamkeit und Intimität konstituieren.

Die Forscherinnen stellen eine Fülle von Material zusammen und eröffnen den Blick auf Beziehungsqualitäten wie schwesterliches Verstehen und schwesterliche Sinnlichkeit, die in dieser Weise noch nicht als bedeutsam für die Entwicklung von Frauen gewürdigt worden sind. Sie erreichen eine plastische Darstellung bestehender Schwesternbeziehungen, seien es befriedigende, seien es schwierige, indem sie die Interviews ausführlich wiedergeben. Ihre Interpretationen der Aussagen von Schwestern erscheinen jedoch sehr beliebig. Zur Erklärung der Besonderheiten schwesterlicher Beziehungen stützen sie sich auf mehrere Faktoren, die sie unterschiedlich gewichten: auf das Verhalten der Eltern, gesellschaftlich bereitgestellte Bilder, Gegebenheiten wie das lange Zusammenleben in einer Familie oder die Tatsache, gleichgeschlechtlich zu sein.

Obwohl diese Auslegungen im Einzelfall plausibel klingen, bleibt immer wieder die Frage offen, warum Schwestern sich so oder anders entwickeln, warum die einen sich vorgegebenen Mustern beugen und die anderen ihnen widerstehen. Oft finden sich bei den Forscherinnen selbst Aussagen, es könne so, aber auch ganz anders sein. Zum Verständnis schwesterlicher Entwicklungsverläufe fehlt ihren Ansätzen die Erklärungskraft.

Sie suchen nach der Aktivität und Potenz von Schwestern, dennoch entsteht insgesamt der Eindruck, Schwestern seien durch Gesellschaft, Eltern und das gemeinsame Aufwachsen als Gleichgeschlechtliche festgelegt. Die interne Beziehung der Schwestern erhält noch wenig Aufmerksamkeit. Wenn sich die Forscherinnen mit ihr auseinandersetzen, übernehmen sie als Erklärung Argumente aus der Diskussion zum Verhältnis Mutter-Tochter und aus der Diskussion um Gleichheit und Verschiedenheit zwischen Frauen. Die Beziehung von Schwestern ist für sie strukturell vergleichbar mit der zwischen Mutter und Tochter. Hier wie dort geht es um Macht und Abhängigkeit. Schwestern wie Töchter müssen das Problem lösen, Ähnlichkeiten und Verschiedenheiten leben zu wollen, und sie empfinden mit dem Bedürfnis nach Nähe auch die Angst vor Verschmelzung.[47]

Die Autorinnen sind sich einig darin, daß das Ausloten dieser Konfliktfelder ein schwieriger Balanceakt ist, der oft nicht gelingt. Das Aufrechterhalten von Macht und Kontrolle in der Beziehung sehen sie als ein Muster, an dem Schwestern festhalten, um der Angst vor Verschmelzung zu entgehen.

Auch wenn wir bei den Forscherinnen kaum Hinweise finden, wie Schwestern sich aus solchen Beziehungsstrukturen befreien können, verbreiten insbesondere de Haen und McConville am Ende doch Hoffnung. Hoffnung darauf, daß Schwestern trotz aller schwierigen Verhältnisse und entzweiender Einflüsse zur Gemeinsamkeit in ihrer Beziehung finden können. Doch diese Hoffnung – und das stellen wir mit Schrecken fest – gründet sich auf einen naiven Biologismus. Letztendlich soll die Blutsverwandtschaft die Schwestern zueinander führen.

De Haen bedauert, daß dieser Faktor allein nicht genügt, wenn sie schreibt:

»Das traurige ist, daß Frauen, die Kindheit und Erwachsenwerden und 10 bis 20 Jahre gemeinsame Lebenserfahrung miteinander geteilt haben, nicht selbstverständlich solidarisch sind. Daß Frauen, die mit anderen Frauen aufgewachsen sind, die *Fleisch vom gleichen Fleisch sind* (Hervorgeh. H. u. K. K.), sich nicht selbstverständlich lieben.«[48]

Und McConville zitiert eine Schwester am Ende so:

»Laß niemals die Sonne bei Ärger untergehen. Man mag Zeiten benötigen, um den Ärger abklingen zu lassen – aber es gibt etwas in einer Beziehung unter Blutsverwandten, das stärker ist als jeder Unterschied.«[49]

Mit dem Rückgriff auf die biologischen Gemeinsamkeiten konfrontieren die Forscherinnen Schwestern mit dem Muster, das auch in der Familie gängig ist, schwesterliches Sein zu legitimieren oder bestimmte Verhaltensweisen einzuklagen. ›Ihr seid eben verschieden. Du hast es von Mama geerbt und du von Papa‹ ist die legitimierende Variante; ›vertragt euch, ihr seid doch Schwestern‹ die fordernde.

Gemeinsamkeit zwischen Schwestern als erst zu erarbeitende Qualität kann so nicht ins Blickfeld rücken, ja klingt paradox, wenn der Blick gebannt ist von ihren quasi natürlichen Gegebenheiten.

Zur Differenz der Geschlechter

In der Geschwisterforschung wird nicht systematisch zwischen Jungen und Mädchen differenziert. Es zeigen sich drei Varianten, mit dem Geschlechterunterschied umzugehen: Einerseits wird der Unterschied nicht wahrgenommen, ja fast geleugnet. Es ist so, als habe die Geschwisterposition auf Mädchen und Jungen die gleichen Auswirkungen. Dies unterstellen vor allem Freud und Adler. Andererseits werden Hinweise auf Unterschiede gegeben, tauchen aber eher zufällig in den Forschungsberichten auf, da die Geschlechterdifferenz nicht als Ausgangsfrage in die Untersuchungen eingegangen ist. Oder Unterschiede werden deutlich formuliert, beziehen sich aber nur auf einen engen Bereich der Entwicklung. Diese beiden Muster finden wir bei Forer/Still und Toman. Schließlich wird offen nur ein Geschlecht in den Mittelpunkt der Untersuchungen gestellt, ohne den Anspruch, Vergleiche zwischen den Geschlechtern herzustellen. In dieser Weise arbeiten die Forscherinnen, die sich ausschließlich mit Schwestern auseinandersetzen.[50]

Entsprechend diesen Vorgehensweisen in der Wissenschaft führt unsere Skizzierung der wissenschaftlichen Schwesternbilder von den vorgeblich geschlechtsneutralen Aussagen zu Erst- und Zweitgeborenen über Aussagen zu einigen Aspekten, die erst- und zweitgeborene Schwestern von Brüdern unterscheiden sollen, hin zu Aussagen, die allein durch die Befragung von Mädchen und Frauen zustande gekommen sind.

Das Bild der Erstgeborenen in der Wissenschaft

Macht

Die moderne Forschung zur Geschwisterposition bezieht sich, wenn auch nicht immer explizit, in vielen Punkten auf Freud und Adler.

Als zentrales Problem erstgeborener Kinder bezeichnet Adler das der Macht und Machterhaltung. Erstgeborene – und hier spricht er fast ausschließlich von Söhnen – nehmen eine exklusive Position ein und genießen besondere Rechte. Als Beispiel führt er das Erbrecht an, wonach der erste Sohn Herr des Hauses wurde.[51]

Die Geburt eines Geschwisters wird nach Adler als Entthronung erlebt und kann Verhaltensauffälligkeiten bei dem ersten Kind bewirken, wenn es sich vernachlässigt fühlt.[52] Mit der Geburt des Geschwisters beginne die Zeit, in der die Eltern den Erstgeborenen besonders viel Kraft und Klugheit zutrauen, aber auch viel Verantwortung zumuten. Sie müßten den Eltern helfen und würden zur Aufsichtsperson für die Geschwister. Im Vergleich zu den Geschwistern würden sie von den Eltern als größer, stärker, älter und klüger bezeichnet und damit zum vernünftigen Handeln gegenüber den Geschwistern angehalten.[53]

In der Beziehung zum jüngeren Geschwister fühlt sich das ältere nach Adler bedrängt und bemüht sich, seine überlegene Position zu behaupten.[54] In mütterlichem oder väterlichem Verhalten Erstgeborener gegenüber den Geschwistern sieht er »(...) eine Variante des Strebens nach der Oberhand.«[55]

Aus der Erfahrung, als erstgeborenes Kind von den Eltern in besonderer Weise wertgeschätzt und gegenüber den Geschwistern in der Position der Machtvolleren zu sein, leitet Adler ab, daß Erstgeborene eher konservativ seien und Macht als etwas Selbstverständliches ansehen – sowohl das Einnehmen von Machtpositionen als auch das Anerkennen gegebener Machtverhältnisse.[56]

Erstgeborene nehmen nach Adler eine Mittlerposition zwischen Eltern und Geschwistern ein. Elterliche Macht anerkennend und von deren Glanz profitierend, üben sie selbst den Geschwistern gegenüber Macht aus.

Zwar weist Adler auf Probleme hin, die bei der Geburt eines Geschwisters für das ältere Kind entstehen können, integriert diese aber nicht in sein Gesamtbild der Erstgeborenen, deren Stärke und Überlegenheit im Vordergrund bleibt.

Haß und Konkurrenz

Während Adler das Verhältnis Erstgeborener zur Macht in den Mittelpunkt seiner Betrachtungen stellt, will Freud den Blick für Gefühle zwischen Eltern und Kindern sowie zwischen Kindern schärfen, insbesondere für Gefühle wie Haß, Eifersucht und Konkurrenz. Das besondere Verhältnis des erstgeborenen Kindes zu den Eltern vor der Geburt des Geschwisters betrachtet Freud nicht. Im Mittelpunkt seiner Überlegungen steht das Geschehen rund um die Geburt des Geschwisters. Für Freud steht fest, daß Kinder ihre Geschwister hassen, weil sie sich die Liebe und Aufmerksamkeit der Eltern, insbesondere der Mutter, mit ihnen teilen müssen.

»Seine Geschwister liebt das kleine Kind nicht notwendigerweise, oft offenkundig nicht. Es ist unzweifelhaft, daß es in ihnen seine Konkurrenten haßt, und es ist nicht bekannt, wie häufig diese Einstellung durch lange Jahre bis zur Reife, ja noch späterhin ohne Unterbrechung anhält.«[57]

Für das Erstgeborene ist der Ausgangspunkt des Hasses die Erfahrung, seinen Platz als einziges Kind räumen zu müssen.

»Aber nicht allein die Milchnahrung mißgönnt das Kind dem unerwünschten Eindringling und Rivalen, sondern ebenso alle anderen Zeichen mütterlicher Fürsorge. Es fühlt sich entthront, beraubt, in seinen Rechten geschädigt, wirft einen eifersüchtigen Haß auf das Geschwisterchen und entwickelt einen Groll auf die ungetreue Mutter, der sich sehr oft in einer unliebsamen Veränderung seines Benehmens Ausdruck schafft.«[58]

Zur Illustration des Hasses der Erstgeborenen auf das Geschwister bringt Freud viele Beispiele von Aussagen wie »der Storch soll es wieder mitnehmen« bis hin zu Handgreiflichkeiten wie dem Versuch, das jüngere Geschwister zu erwürgen.[59]

Wie Adler, so benennt auch Freud das Problem der Erstgeborenen, ihre Position verteidigen zu müssen, wenn ein Geschwister geboren wird. Er zeigt zwei Strategien auf, mit denen sie dies tun. Einerseits verweisen sie auf ihre eigenen größeren Fähigkeiten im Vergleich zum zweiten Kind. Andererseits vergewissern sie sich ständig ihres eigenen Besitzes. So wies ein kleiner Junge bei jeder Gelegenheit darauf hin, daß die jüngere Schwester noch keine Zähne hätte[60], während ein Mädchen betonte, daß sie ihre rote Kappe der Schwester nicht geben würde.[61]

Ablehnung, Haß und Konkurrenz gegenüber dem Geschwister sieht Freud als die grundlegenden Gefühle an, die später von zärtlichen Regungen überlagert werden können.

»Nach etwa einem halben Jahr ist die Eifersucht überwunden, und er wird ein ebenso zärtlicher, wie seiner Überlegenheit bewußter Bruder.«[62]

Für das erstgeborene Kind selbst bringt die Geburt des Geschwisters nach Freud einen intellektuellen Leistungsschub mit sich. In der Familie ändert sich sehr viel, und das Kind muß die neue Situation verarbeiten.

»Der selbst erfahrene oder mit Recht befürchtete Entgang an Fürsorge von Seiten der Eltern, die Ahnung, allen Besitz von nun an für alle Zeiten mit dem Neuankömmling teilen zu müssen, wirken erweckend auf das Gefühlsleben des Kindes und verschärfend auf seine Denkfähigkeit.«[63]

»(...) die Furcht vor dem mit diesem Ereignis verbundenen Verlust an Fürsorge und Liebe machen das Kind nachdenklich und scharfsinnig.«[64]

Auch erlebt das erstgeborene Kind in dieser Zeit eine Steigerung seiner emotionalen Bedürfnisse. Die Analyse des kleinen Hans hat Freud gezeigt, daß bei dem Jungen die eigenen Lusterlebnisse, die er als Baby und Kleinkind hatte, dadurch wiederbelebt wurden, daß er die Mutter die kleine Schwester liebevoll pflegen sah. Vor allem daraus, aber auch aus dem realen Verlust mütterlicher Aufmerksamkeit ergab sich eine große emotionale Bedürftigkeit des Jungen. Er entschädigte sich mit der Phantasie, selbst Kinder zu haben, und fand im Spiel mit anderen Kindern einen Weg, seine zärtlichen Bedürfnisse zu befriedigen.

Bei Freud stehen die Folgen des durch die Geburt des Geschwisters erlittenen Verlustes im Mittelpunkt. Er zeichnet ein Bild, das vor allem Haß, Neid und Konkurrenz gegenüber dem Geschwisterkind betont. Liebevolle Gefühle sind sekundäre Gefühle.

Das Kind selbst, bemüht, die neue Situation zu verstehen und seine eigene Position zu verteidigen, ist erfindungsreich in Abgrenzungsstrategien gegenüber dem zweiten Kind. Seinen gesteigerten emotionalen Bedürfnissen ist es weitgehend selbst überlassen.

Freud sagt zwar, die Haßgefühle könnten bis ins Erwachsenenleben fortbestehen, allerdings geht er nicht so weit wie Adler, aus den Erfahrungen erstgeborener Kinder Aussagen über deren gesamte Persönlichkeitsstruktur abzuleiten.

Leistung

Neuere Untersuchungen zur Geschwisterposition knüpfen an Adler an, wenn sie bemüht sind, aus der Geschwisterposition auf Persönlichkeit und Lebensgestaltung zu schließen. Lucille K. Forer und Henry Still, die ihre Daten vor allem aus therapeutischen Gesprächen gewonnen haben, folgen ihm auch inhaltlich.

Sie beschreiben die Beziehung der Erstgeborenen zu den Eltern als eine besondere, wobei den Kindern sehr viel Liebe und Beachtung zuteil würde.[65] Das erste Kind sei den Eltern im Vergleich zu den Nachgeborenen näher, es sei aber auch deren höheren Anforderungen und Erwartungen, insbesondere seitens der Mutter, ausgesetzt.[66] Der Vater greife außerdem noch stärker disziplinierend in die Erziehung ein.[67] Diese Konstellation führe zu besonderer Leistungsfähigkeit.

»Erstgeborene (...) sind meist gewissenhafter, erzielen bessere Schulleistungen und besuchen die Schule länger als die Nachgeborenen. Sie werden auch häufiger Wissenschaftler oder ragen in anderen Berufen mehr hervor als ihre jüngeren Geschwister.«[68]

Weiterhin werden sie als Personen mit strengem Gewissen und starker Selbstkontrolle beschrieben, die rigide und intolerant sein können, aber gleichzeitig ›aufrechte Bürger‹ sind.[69]

Allerdings, so Forer/Still, wachsen Erstgeborene nicht bruchlos in die Position der Leistungsstarken hinein. Die Angst, den hohen Ansprüchen nicht gerecht werden zu können, führt zu Minderwertigkeitsgefühlen und Unzufriedenheit bis hin zu Depressionen. Von solchen Gefühlen seien Erstgeborene eher beeinträchtigt als ihre nachgeborenen Geschwister.[70]

Aufgrund ihrer Leistungs- und Autoritätsorientierung haben es Erstgeborene nach Forer/Still in Beziehung zu anderen schwerer als Einzelkinder oder Nachgeborene.[71]

Wie Freud und Adler sehen auch Forer/Still die Geburt des Geschwisters als Anforderungsituation für das Erstgeborene, die den Konkurrenzkampf eröffnet oder verschiedene Kompensationsmechanismen in Gang setzt.[72]

»Die Ankunft des zweiten Kindes scheint die Angst des ersten, ob es auch genügend leiste, zu verstärken, und danach kämpft das Erstgeborene darum, Liebe und Zustimmung der Eltern wiederzugewinnen.«[73]

Forer/Still deuten an, daß alle Versuche, diese Situation zu bewältigen, eine grundlegende Verunsicherung nicht ausgleichen können. Das erstgeborene Kind erlebe eine Veränderung seines gesamten Lebensraumes. Die Erfahrung, einem so einschneidenden, nicht beeinflußbaren Geschehen ausgeliefert zu sein, habe weitreichende Folgen für das Selbstbewußtsein der Kinder. Auch später seien sie in Situationen, die sie nicht zu beherrschen glauben, sehr ängstlich.[74]

In der Beziehung zum Geschwisterkind stehen Konkurrenzgefühle der Älteren im Mittelpunkt, aber Forer/Still erwähnen auch eine Aggressionshemmung der Erstgeborenen gegenüber den Jüngeren. Zum einen befürchteten sie, die Position des ›braven Kindes‹ bei den Eltern zu verlieren, zum anderen hätten sie Angst, das jüngere und schwächere Kind zu verletzen.[75]

Forer/Still greifen die Themen ›Leistungsfähigkeit‹ und ›Orientierung an Autoritäten‹ als die für Erstgeborene entscheidenden Persönlichkeitsmerkmale auf, werten diese aber nicht nur positiv, sondern zeigen auch die Probleme, wenn sie auf Minderwertigkeitsgefühle und starke Verunsicherung in unkontrollierbaren Situationen hinweisen.

Insgesamt entwerfen sie ein Bild von Erstgeborenen, die in Beziehungen zu anderen Schwierigkeiten haben und lediglich im Erreichen gesellschaftlich anerkannter beruflicher Positionen Ausgleich finden. Die Beziehung zu den Geschwistern steht unter dem bereits bekannten Stern der Konkurrenz. Eine Aggressionshemmung gegenüber den Jüngeren macht es Älteren manchmal schwer, sich gegen sie durchzusetzen.

Führungsanspruch

Toman stellt seine Ergebnisse zur Geschwisterposition getrennt nach Geschlecht dar, ohne allerdings spezifische Unterschiede herauszuarbeiten. Er erwähnt zwar, daß Jungen gegenüber Mädchen bevorzugt behandelt werden, bezieht diese Überlegung dann aber nicht in die Betrachtung erstgeborener Mädchen mit ein.[76]

Nur an einem Punkt unterscheidet er die zu bewältigenden Probleme: während Jungen eher um die Zuwendung der Mutter konkurrierten, stehe bei Mädchen die Konkurrenz um den Vater im Mittelpunkt.[77] Die Geschlechter in dieser Weise zu unterscheiden, ist nicht nur verkürzt, sondern auch falsch, da sowohl Mädchen als auch Jungen um die Aufmerksamkeit und Liebe beider Eltern konkurrieren.

Aufgrund dieser mangelhaften Geschlechterdifferenzierung sind bei Tomans Darstellung älterer Brüder und älterer Schwestern strukturell keine Unterschiede auszumachen. Beide sind sich gleich in ihren Führungsansprüchen und im Leistungsverhalten.

Da es Toman vor allem darum geht, für die Partnerwahl anwendbare Ergebnisse zu produzieren, verwendet er kaum Mühe darauf, die Ursachen der von ihm für erstgeborene Töchter postulierten Merkmale, Verhaltensweisen und Vorlieben genauer darzustellen.

Nach Toman sind erstgeborene Töchter Frauen, die mit Autoritäts- und Führungsansprüchen auftreten.[78] Auch er betont die Nähe der Erstgeborenen zur Macht.

»Materieller Reichtum und Besitz, aber auch kulturelle und geistige Güter sind ihr weniger wichtig als Kontrolle und Macht über Menschen, die ihr anvertraut wurden – etwa über Geschwister oder ihre Kinder, aber auch über ihre Freundinnen, Freunde und Kollegen, sofern diese ihre Aufsicht akzeptieren.«[79]

Die Leistungsfähigkeit greift Toman ebenfalls auf. Erstgeborene Töchter seien zäh und ausdauernd und würden sich für eine Aufgabe auch überanstrengen. Bei Untergebenen seien sie entsprechend gefürchtet. Männer trauten sich oft nicht, mit erstgeborenen Töchtern zu flirten, da diese so streng wirkten.[80] In der Ehe blieben sie verschlossen und hielten an ihrem Führungsanspruch fest. Kinder, die sie tendenziell überbehüteten und in ihrer Selbständigkeit sabotierten, seien ihnen oft wichtiger als der Mann.[81] Insgesamt aber könne eine erstgeborene Tochter eher als andere Frauen auf Männer und eine eigene Familie verzichten.

In der Beziehung zur Schwester, deren Geburt die Älteste als Schock erlebe, lerne sie früher oder später ihre Eifersucht zu überwinden und Verantwortung zu übernehmen.[82]

»Sie muß Elternstelle, insbesondere Mutterstelle an ihr vertreten. In dieser Rolle darf sie aber auch Vorbild sein, befehlen und anordnen, und die kleine Schwester müßte ihr eigentlich gehorchen.«[83]

Die Kontrolle über die kleine Schwester sei oft sehr streng. Dies leitet Toman – schwer nachvollziehbar – aus der Identifikation mit dem Vater ab, der sich ihr gegenüber und auch gegenüber der Mutter in dieser Weise verhalte. Die kleine Schwester hingegen werde vom Vater liebevoller behandelt, woraus die Ältere schließe, er habe diese lieber als sie und ihre Mutter. Für die Ältere ergibt sich nach Toman daraus, daß sie größere Probleme im Umgang mit Männern habe als die jüngere Schwester.

Hier finden wir wieder eine dieser abenteuerlichen Argumentationslinien mit nachfolgender Ableitung von festen Verhaltensmustern. Toman wiederholt das immergleiche Bild der machtliebenden, leistungsfähigen Erstgeborenen und gibt ihnen einmal die männliche, einmal die weibliche Form. Erstgeborene Töchter sind demnach prüde gegenüber Männern und verzichten relativ leicht auf Ehe und Familie. Die jüngere Schwester ist für sie eine von vielen Personen, die versorgt und befehligt werden. Diese Position wird von erstgeborenen Töchtern eingenommen – ohne Brüche, ohne Leiden, ohne Lust.

Mütterlichkeit

De Haen führt zunächst die Unterschiede im Umgang der Eltern mit einem weiblichen oder männlichen Kind aus. Dabei bezieht sie sich auf Belottis These der psychologischen Kastration von Mädchen, deren Impulse zur Selbstverwirklichung sehr viel rigider unterdrückt würden als die von Jungen.[84] In Familien, in denen nur Mädchen aufwachsen, haben diese nach de Haen die Möglichkeit, sich ruhiger zu entfalten, da der direkte Vergleich mit einem Bruder und das Erleben seiner Bevorzugung fehle.[85]

Auf den erstgeborenen Töchtern lastet nach de Haen aber immer ein besonderer Druck, weil sie die Erwartungen der Eltern, ein Junge zu sein – die meisten Eltern wünschen sich als erstes Kind noch immer einen Sohn – nicht erfüllt haben.[86] Der Frage nach Auswirkungen dieses Drucks auf die Entwicklung erstgeborener Mädchen geht sie dann aber leider nicht weiter nach.

In Anlehnung an Adler nennt sie die erstgeborenen Töchter »Herrscherinnen«. Ihre Entwicklung leitet sie vor allem aus dem Umstand ab, daß die Ältesten schon früh für Geschwister verantwortlich sein müssen. Die starke Disziplinierung durch die Eltern, das Erleben der Entthronung und das frühe Übernehmen mütterlicher Aufgaben gegenüber den Geschwistern mache erstgeborene Töchter zu leistungsorientierten Frauen mit starkem Verantwortungsgefühl für andere.

Im Gegensatz zu Forer/Still und Toman, die die Leistungsorientierung erstgeborener Töchter als abträglich für deren künftige Aufgabe als Mutter erachten, sieht de Haen diesen Zusammenhang ganz anders. Sie meint, bei erstgeborenen Töchtern sei das Zusammenspiel von Selbstvertrauen in Verbindung mit Leistungsbereitschaft und der Freude, Verantwortung zu übernehmen, eine ideale Voraussetzung, selbständig eigene Vorstellungen und Lebenskonzepte zu entwickeln. Durch die gesellschaftlich bestehenden Weiblichkeitsmodelle allerdings würden die Frauen daran gehindert, diese Potenzen produktiv zu nutzen.

»Behüten und beschützen, ja – führen und bestimmen, nein. Diesen Widerspruch müssen älteste Schwestern heute immer noch zu lösen versuchen, wenn sie sich den herrschenden Vorstellungen von Frau-Sein anpassen wollen.«[87]

In der Beziehung zur jüngeren Schwester betont de Haen vor allem die Rolle der Ältesten als Mutterersatz und geht sogar soweit zu sagen, die Intensität dieser Dynamik sei vergleichbar mit der zwischen Mutter und Tochter.

»So, wie Mütter es nicht ertragen können, wenn die heranwachsenden Töchter sich abnabeln, so können älteste Schwestern ihre Rolle auch oft nur unter Schwierigkeiten aufgeben. Sie machen eine ähnliche Erfahrung wie die Mutter (...)«[88]

Entsprechend schwierig sei es für die Ältesten, sich von dieser Rolle zu distanzieren.

Mit ihrem Bild der erstgeborenen Tochter als leistungsmotivierter Frau, die gerne Verantwortung übernimmt und als die

Herrscherin der Geschwistergruppe auftritt, bleibt de Haen eng an Adlers Vorstellungen. Was er primär für erstgeborene Söhne ausführt, überträgt sie auf das weibliche Geschlecht.

In der Beziehung zur Schwester dominiert das eine Muster: die mütterliche Funktion, die die Ältere einnimmt, wobei de Haen aber auf die Schwierigkeit hinweist, sich davon zu lösen.

Wesentliches Verdienst de Haens ist es, daß sie die für erstgeborene Töchter postulierten Eigenschaften, die nicht unbedingt den herrschenden Vorstellungen von Frau-Sein entsprechen, positiv bewertet und darin Chancen für die Entwicklung neuer Perspektiven sieht.

Mit dieser Umwertung allein wird sie den erstgeborenen Töchtern allerdings nicht gerecht, denn sie legt sie erneut auf eine eingeschränkte Rolle fest. Ihr Blick auf die Position der dominierenden und leistungsstarken Frau, und das ist neu, ist allerdings wohlwollend. In der Beziehung zur Schwester übernimmt die Ältere die Rolle der Ersatzmutter und kann sich davon nur sehr schwer lösen.

Verantwortungsgefühl

Auch McConville sieht als ein zentrales Muster bei erstgeborenen Töchtern deren mütterliche Rolle.

»Viele ältere Töchter, ob sie nun ältere Brüder haben oder nicht, werden dazu ermutigt, sehr früh schon eine verantwortungsvolle ›mütterliche Rolle‹ zu übernehmen.«[89]

Daraus leitet auch sie einen Katalog charakteristischer Eigenschaften erstgeborener Töchter ab: von der Selbstverständlichkeit, Führungspositionen einzunehmen, über Verantwortungsgefühl bis zur größeren Ernsthaftigkeit.

»Ich glaube, daß dieses ›Ältere-Schwester-Sein‹ uns zu ›ernsthafteren‹, weniger sorglosen Menschen gemacht hat als unsere jüngeren Schwestern.«[90]

McConville weist nun aber auch auf Probleme hin, die diese Position mit sich bringt. Die Kombination von Anspruch auf Führungspositionen und damit verknüpfter Verantwortung wie auch Macht über andere führe dazu, daß erstgeborene Töchter oft enttäuscht und wütend darüber seien, wenn ihre Anstrengungen für andere von diesen nicht genügend gewürdigt würden. Oft fühlten sie sich ausgebeutet und litten darunter, keinen Ort zu haben, an dem sie selbst bemuttert würden. Allerdings hätten sie nicht immer einen bewußten Zugang zu diesem Leid.

»Die Konsequenz ist, daß die ›sorgetragende‹ Schwester tief in ihrem Unterbewußtsein Ärger, Liebesentzug und Bitterkeit verspürt, weil man sich nicht um sie kümmert.«[91]

Durch die tiefere Identifikation mit der Mutter sei es für die Ältere schwer, die mütterlich-führende Rolle mit all ihren Vor- und Nachteilen aufzugeben.

Allerdings ist McConvilles zentraler Ansatz nicht, Typologien zu entwerfen. Sie hat vor allem das Interesse, schwesterliche Sinnlichkeit und die Intensitäten des Austausches zwischen Schwestern deutlich zu machen. Umfangreich dokumentiert sie, in welch körperlicher Nähe Schwestern aufwachsen, und beschreibt die Verständigung zwischen Schwestern über ihr Aussehen, über Veränderungen des eigenen Körpers und dem der anderen bis hin zu gemeinsamem Erleben sexueller Sensationen.[92] Hierbei differenziert sie nicht nach Position in der Geschwisterreihe. Uns allerdings fiel auf, daß in vielen ihrer Beispiele die Älteren die intellektuell Führenden und weniger Attraktiven sind, während sich die hübschen Zweitgeborenen andere Betätigungsfelder suchen. McConville kommentiert dies nicht.

Auch McConville schließt sich bei der Darstellung erstgeborener Töchter bereits vorliegenden Mustern an. Dabei betont sie mehr die Rolle der Verantwortungsvollen als die der Leistungsfähigen. Sie weist auf das Leid hin, das entsteht, wenn die eigenen Wünsche nach Versorgung unerfüllt bleiben.

In der Beziehung zur Schwester sieht sie die erstgeborene Tochter als diejenige, die über lange Zeit, manchmal für immer, mehr Macht, Status und Verantwortung hat und Vorbild für die Jüngere ist. Der Ausstieg aus diesem Muster ist nach

McConville sehr schwer, weil die Älteste weit stärker mit der Mutter identifiziert sei als die Jüngere.

McConvilles wesentliches Verdienst ist die ausführliche Würdigung schwesterlicher Sinnlichkeit. Damit eröffnet sie für die Betrachtung von Schwesternbeziehungen eine neue Perspektive.

Auch Fishel referiert Adler, wenn sie über die Bedeutung der Geschwisterposition für die Entwicklung spricht. Mit ihren Beispielen versucht sie, Adlers Thesen zu belegen.

Mehr als die Nachgeborenen seien die Ersten den Hoffnungen und Wünschen der Eltern, aber auch deren Zwangsmaßnahmen ausgesetzt.[93] Diese Nähe zu den Eltern unterstütze die intellektuelle Entwicklung und das Verantwortungsbewußtsein Erstgeborener.

Aber nicht nur dieser Zusammenhang, sondern auch die Erfahrung der Entthronung durch die Geburt des Geschwisters sei ursächlich mitbeteiligt an der Verantwortungsbereitschaft erstgeborener Töchter. In die Rolle der ›kleinen Mutter‹ zu schlüpfen helfe, den Schmerz der Entthronung zu bewältigen.

»Eine Ersatzmutter zu werden ist ein (nicht immer bewußter) Weg für das ältere Kind, den Schmerz der Ablösung, die Qual der Rivalität und die Enttäuschung darüber, daß man nicht länger das Baby ist, in einen psychologischen Vorteil zu verwandeln.«[94]

Neben der Identifikation mit der mütterlichen Rolle würde auch die Hinwendung zum Vater durch die Geburt des Geschwisters verstärkt.

»Statt dessen geht die Tochter ein Bündnis mit dem Vater ein und übernimmt dessen Wertvorstellungen, sein Erfolgsstreben, seine Tatkraft.«[95]

Diese beiden Momente, der selbstverständliche und frühe Umgang mit Verantwortung und die Orientierung an väterlichen Werten, sind nach Fishel wesentlich und bestimmend für die Entwicklung. So zitiert sie eine Forschungsarbeit über 25 Topmanagerinnen. Alle waren erstgeborene Töchter – entweder Einzelkinder oder die Ältesten von Schwestern.[96] Dies ist für Fishel ein Hinweis darauf, in welch produktiver Weise erstgeborene Töchter ihre besondere Konstellation nutzen können.

Zwei Schwestern werden nach Fishel oft als sehr verschieden voneinander dargestellt oder leben auch real Gegensätzliches. Ob die Inhalte, mit denen sich Schwestern gegenüberstehen, je nach Position in der Geschwisterreihe verschieden sind, führt Fishel nicht aus. Ihr kommt es auf die Beziehungsmuster zwischen Schwestern an. So stellt auch bei ihr die Älteste Handlungsmuster für die Jüngere bereit, ist Orientierungsfigur für sie. Dabei ist die Machtkonstellation nach Fishel, die dies mit ihrer eigenen Schwester erlebte, für lange Zeit eindeutig. Die Älteste hat die Rolle der Führenden, der Ratgeberin, der Verantwortlichen inne. Sie hat die Macht.[97]

Mit ihrer Schwester hat Fishel die Auflösung dieser Machtkonstellation erlebt. Dies geschah vor allem dadurch, daß sie, die Ältere, die Jüngere auch als Orientierungsfigur für sich annehmen konnte.

Auch bei Fishel finden wir die Älteste in der Position der mütterlich Führenden, die in der Lage ist, verantwortungsvolle Aufgaben zu übernehmen. Das Entstehen dieses Musters leitet sie nun nicht nur aus der bloßen Erfahrung ab, in die Rolle der für das Geschwister Verantwortlichen hineingedrängt worden zu sein. Sie zeigt, welche innere Dynamik diese mütterliche Position für die Erstgeborenen so attraktiv macht: die Möglichkeit, die erlittenen Kränkungen zu bewältigen. Der notgedrungen stärkeren Hinwendung zum Vater nach der Geburt des Geschwisters mißt sie ebenfalls eine wichtige Bedeutung für die Orientierung der Erstgeborenen zu.

Überblick

In der Darstellung der für erstgeborene Kinder spezifischen Erfahrungen sind sich die ForscherInnen in zwei Punkten einig:

Erstgeborene erleben im Unterschied zu den Nachgeborenen eine besondere Nähe zu den Eltern. Daraus wird einerseits eine stärkere Identifikation mit elterlichen Verhaltensmustern, Normen und Werten abgeleitet. Andererseits wird auf den Leistungsdruck und die hohen Erwartungen verwiesen, denen die ersten Kinder, weit mehr als die zweiten, ausgesetzt seien.

Neben dieser besonderen Beziehung zu den Eltern wird das Erleben der Geburt des Geschwisters als entscheidend für die weitere Entwicklung der Erstgeborenen gesehen. Das Kind wird ›entthront‹, das heißt, es verliert die Privilegien des Einzelkindes und wird in die Position des ältesten Kindes gezwungen. Haß, Wut und Konkurrenzgefühle werden als primäre Gefühle dieser neuen Situation genannt.

Als wichtigste Verarbeitungsform wird immer wieder auf die verantwortungsvoll-beschützende, aber auch mächtige Position Erstgeborener gegenüber den Jüngeren hingewiesen. Für die Übernahme dieser Rolle werden unterschiedliche Erklärungen gegeben. Während die einen die elterlichen Erziehungsmaßnahmen in den Vordergrund stellen, durch die dem Kind schon früh Verantwortung für die Jüngeren zugewiesen wird, sehen die anderen darin eine Möglichkeit des Kindes, die durch die Geburt des Geschwisters erlittenen Kränkungen zu kompensieren.

Die leistungsfähige, verantwortungsvolle Person, die gern Macht und Kontrolle über andere ausübt, wird als Ergebnis der frühen Erfahrungen mit Eltern und Geschwistern immer wieder betont.

In der Beziehung zu den Geschwistern bleiben danach die Erstgeborenen oft ihr Leben lang in der Position der Überlegenen, müssen aber immer wieder Haß- und Konkurrenzgefühle auf die Jüngeren bewältigen.

Dann, wenn von weiblichen Erstgeborenen gesprochen wird, erscheint das gleiche Muster, nur in weiblicher Form. Erstgeborene Töchter sind demnach leistungsfähige, machtliebende Frauen, die die jüngere Schwester versorgen und befehligen.

Unterschiede liegen in der Bewertung dieser Fähigkeiten. Während die einen, die die Aufgabe der Frau im wesentlichen in der Rolle als Mutter sehen, sie als dieser Rolle abträglich darstellen, sehen die anderen darin eine Chance.

Das Bild der Tüchtigen transportieren beide Ansätze. Hinweise auf Probleme Erstgeborener gibt es zwar bei fast allen ForscherInnen auch, doch werden diese nicht systematisch in den Forschungsansatz integriert, sondern kommen eher zufällig zustande.

Die traditionelle Forschung von Adler bis Toman nimmt das So-Sein der Erstgeborenen als gegeben hin. Damit muß man leben. Zur besseren Handhabbarkeit werden Typologien entwikkelt, und Toman benutzt diese dann sogar noch für praktische Handlungsanweisungen bei der Partnersuche.

Im Gegensatz dazu widmen sich die Frauenforscherinnen dem Problem immer auch mit der Frage, ob und wie bestimmte Strukturen erstgeborener Töchter – insbesondere in der Beziehung zur Schwester – zu verändern seien. Sie alle sehen in deren Beziehung zur Schwester eine strukturelle Ähnlichkeit zu der zwischen Mutter und Tochter. De Haen nennt die Älteste »Ersatzmutter«, McConville spricht von der »mütterlichen Rolle« und Fishel beschreibt sie als »kleine Mutter«.

De Haen setzt die Beziehung ältere-jüngere Schwester annähernd gleich mit der Mutter-Tochter-Beziehung und schätzt die Möglichkeiten der Veränderung entsprechend schwierig ein. Der Ältesten falle es ebenso schwer wie einer Mutter, die Selbständigkeit der Jüngeren anzuerkennen. McConville sieht das Problem eher in der starken Identifikation der Ältesten mit der Mutter, von der sie sich nur schwer lösen könne.

Allein Fishel gibt Hinweise auf Möglichkeiten, aus dieser Struktur auszubrechen, denn sie sieht die Funktion der Rolle der »kleinen Mutter« vor allem darin, daß die Ältesten so ihre durch die Geburt des Geschwisters erlittenen Kränkungen besser bewältigen können. Hier wird die Aktivität des Kindes in den Blick gerückt, seine Affinität zu dieser Rolle erklärt. Sie wird als sekundärer Prozeß bezeichnet, der Veränderungen sehr viel leichter zugänglich ist als quasi naturgegebene Strukturen.

Fishel geht auch insofern über die beiden anderen Forscherinnen hinaus, als sie ›Macht‹ als zentrale Struktur zwischen Schwestern benennt, und Machtverhältnisse lassen sich, so hat sie es selbst mit ihrer Schwester erlebt, verändern.

Der Rückgriff der ForscherInnen auf die Mutter-Tochter-Beziehung zur Erklärung der Beziehung zwischen Schwestern macht ihre Hilflosigkeit deutlich, Frauenbeziehungen anders als nach dem Muster Mutter-Kind, Überlegene-Untergebene zu betrachten. Die Beziehungen zwischen Schwestern sind anders als zwischen Mutter und Tochter. Allenfalls können sie ähnlich erscheinen, aber immer nur als Artefakt, das einer anderen Realität, für die es noch keine Worte gibt, übergestülpt wird. Noch fehlt eine Entwicklungstheorie für Erstgeborene, die die Bedeutung einer jüngeren Schwester systematisch integriert.

Das Bild der Zweitgeborenen in der Wissenschaft

Das störende Objekt

Als Erforscher der menschlichen Psyche hat Freud manches Tabu der in seiner Zeit herrschenden Vorstellungen von der Entwicklung des Menschen gebrochen. Auch die existierenden Vorstellungen von Geschwisterbeziehungen hat er in bezug auf Konflikte und Konstellationen in Frage gestellt.

»Fassen wir zunächst das Verhältnis der Kinder zu ihren Geschwistern ins Auge. Ich weiß nicht, warum wir voraussetzen, es müsse ein liebevolles sein, da doch die Beispiele von Geschwisterfeindschaft unter Erwachsenen in der Erfahrung eines jeden sich drängen, und wir so oft feststellen können, diese Entzweiung rühre noch aus der Kindheit her, oder habe von jeher bestanden.«[98]

Den Streit zwischen Geschwistern betrachtet Freud überwiegend aus der Perspektive der Erstgeborenen. Das zweite Kind und dessen Situation kann aus diesem Grund hier nur auf der Folie von Freuds Darstellung des ersten Kindes herausgearbeitet werden.

Auch dann, wenn Erwachsene ein positives Geschwisterverhältnis haben, so Freud, seien doch in der Kindheit die feindseligen Gefühle dominierend und sogar Todeswünsche die Regel gewesen.

»Den gesteigerter Feindseligkeit entsprechenden Traum vom Tod der Geschwister habe ich z. B. bei keiner meiner Patientinnen vermißt. Ich fand nur eine Ausnahme, die sich leicht in eine Bestätigung der Regel umdeuten ließ.«[99]

Nach Freud kann nur ein größerer Altersunterschied zwischen den Geschwistern und die damit verknüpfte Reife des ersten Kindes dessen Wünsche nach dem Verschwinden der Kleinen Konkurrenz begrenzen.

»Eine größere Altersdifferenz schwächt den Ausdruck dieser primären Feindseligkeit in der Regel ab; ebenso kann in etwas späteren Jahren, wenn Geschwister ausbleiben, der Wunsch nach Gespielen wie das Kind ihn anderswo beobachten konnte, die Oberhand erhalten.«[100]

Das nachgeborene Kind, das für Freud all die negativen Gefühle beim Erstgeborenen auslöst, erhält selbst keine Konturen. Es ist ein Objekt, das die ›Alleinherrschaft‹ des ersten Kindes empfindlich stört. Es erscheint als Geschöpf, das der ›Storch wieder mitnehmen soll‹ und als Figur ohne Sprechvermögen und Zähne, an der das Erstgeborene seine Überlegenheit profiliert.[101]

Dem Widerwillen, der Eifersucht und den Feindseligkeiten des erstgeborenen Kindes ausgesetzt, bleiben dem Zweitgeborenen – und das ist die einzige Stelle, wo Freud es als aktives Kind zeigt – nur Wut und Gegenwehr.

»Das ältere Kind hat das jüngere mißhandelt, angeschwärzt, es seiner Spielsachen beraubt; das jüngere hat sich in ohnmächtiger Wut gegen das ältere verzehrt, es beneidet und gefürchtet, oder seine ersten Regungen von Freiheitsdrang und Rechtsbewußtsein haben sich gegen den Unterdrücker gewendet.«[102]

Das zweitgeborene Kind bei Freud entwickelt sich lediglich vom gehaßten Objekt, das dem ersten Kind die Aufmerksamkeit raubt, zu dem Kind, das vom Erstgeborenen mißhandelt, angeschwärzt und seiner Spielsachen entledigt wird. Dem Zweitgeborenen bleibt nur die Perspektive, sich irgendwann in ohnmächtiger Wut gegen die Unterdrückung zu wehren.

Unter Druck

Adler konzentriert sich nicht nur auf die Beschreibung von Feindseligkeiten und Aggressionen, die zwischen Erst- und Zweitgeborenen herrschen. Er beschreibt zwar ebenso wie Freud die Todeswünsche der Ersten zum Zeitpunkt ihrer Entthronung, geht dann aber intensiver auf die Lebensentwürfe der Zweitgeborenen ein.

Seiner Ansicht nach ist die Stellung in der Geschwisterreihe entscheidend für die Entwicklung des Charakters. Adler befaßt sich mit dem Entwurf von Charaktereigenarten, die er auf die Geschwisterposition bezieht. Ein Mensch, der in zweiter Position in eine Familie geboren wird, fände sich in der Lage,

»(...) daß da ununterbrochen ein anderes Kind vor ihm herläuft, das nicht nur weiter in seiner Entwicklung ist, sondern ihm auch zumeist durch sein Festhalten an der Oberhand die Gleichheit bestreitet.«[103]

Nach Adler ist das Geschwisterverhältnis und der Druck, unter dem Zweitgeborene stehen, um so größer, je geringer der Altersunterschied zwischen den beiden Geschwistern ist.

»Fast immer aber wird man das heftigere Aufwärtsstreben des zweiten beobachten können, das sich bald in verstärkter Energie, bald in heftigerem Temperament (...) äußert.«[104]

In bezug auf Charaktereigenarten legt Adler die Zweitgeborenen in zwei Gruppen fest: einerseits all die, die im ständigen Streben nach Gleichheit mit dem älteren Geschwister konkurrieren und die gleiche Macht wie dieses wollen, andererseits jene, die keine Verantwortung übernehmen wollen und sich allen Anforderungen entziehen, weil sie als verwöhnte Jüngere zu kraftlos sind, ihr Leben in die Hand zu nehmen.[105]

Autorität und Abhängigkeit

Adlers These, die Zweiten fühlten sich von den Eltern vernachlässigt und zu wenig beachtet, gewichten Geschwisterforscher unserer Zeit anders. Unter dem Kapitel »Das zweite und andere mittlere Kinder« formulieren Forer und Still:

»Sie (die zweiten bzw. mittleren, H. u. K. K.) haben es mit den Eltern leichter, weil die inzwischen etwas entspannter sind und nicht mehr viele Anforderungen stellen (jedenfalls wenn nicht noch weitere Kinder folgen).«[106]

Toman stellt fest, daß zweite Kinder weniger der elterlichen Kontrolle ausgesetzt seien und damit mehr Freiheiten genössen.

Die Gelassenheit der Eltern bedeute eine größere Toleranz der Eltern gegenüber ihrem zweiten Kind.[107]

»Sie bestehen nicht so stark auf Gehorsam und der Befolgung des Vorbildes der Eltern wie bei den Älteren.«[108]

In der Beurteilung des Elternverhältnisses von zweitgeborenen Töchtern geht Toman hier noch weiter und stellt fest:

»Die Jüngere hat größere Aussicht als ihre ältere Schwester, der Liebling ihrer Eltern, insbesondere ihres Vaters zu werden.«[109]

Einem von Toleranz und Freizügigkeit geprägten Verhältnis eines nachgeborenen Kindes zu den Eltern stellen die Forscher ein nahes, aber auch abhängiges Verhältnis zu dem Geschwisterkind gegenüber.

»Die jüngere Schwester einer Schwester wächst in größerer Freizügigkeit als ihre Schwester, aber vorerst auch in Abhängigkeit von dieser auf.«[110]

Die Nähe zu dem Erstgeborenen und der Kontakt zu ihm habe aber für das Zweite Konsequenzen: zum einen sei das jüngere Kind im Wettbewerb mit dem großen Kind benachteiligt; zum anderen werde es von dem Älteren dominiert, und dies werde als Fürsorge rationalisiert.[111] Die größeren Freiräume im Elternverhältnis der Zweiten werden so durch die herrschenden Abhängigkeiten vom älteren Geschwister relativiert.

In seinem Kapitel über zwei Schwestern schreibt Toman, daß die zweite der ersten gleich sein möchte und sie sich zu behaupten versucht, in dem sie

»(...) die Dinge so gut machen will wie ihre Schwester oder sogar besser.«[112]

Vorbilder, die den Zweitgeborenen Orientierung bieten, die Autoritäten für sie sind, reizen dazu, sie einzuholen oder sich gegen sie zu wehren.

»Die jüngere Schwester einer Schwester lernt, wie man opponiert. Sie bleibt allerdings innerlich von den Anregungen und Plänen der anderen vorerst abhängig.«[113]

Aufgrund dieser Konstellation existiert nach Toman das Zweitgeborene im Spannungsfeld von elterlicher Freizügigkeit und der Abhängigkeit vom stärkeren Geschwisterkind. Aus diesem

Konfliktzusammenhang kommen die Forscher zu dem Ergebnis, daß die zweiten einen ausgeprägten Hang zur impulsiven Opposition entwickeln.[114]

Für erwachsene Zweite entwerfen Forer/Still auf diesem Hintergrund folgendes Charaktermuster:

»Zweite Kinder entwickeln sich oft durch den Machtkampf an zwei Fronten zu sehr wettbewerbsbezogenen Erwachsenen.«[115]

Toman formuliert dies für das zweitgeborene Mädchen so:

»Sie liebt die Abwechslung und die Aufregung, sie ist impulsiv, lebenslustig, manchmal auch unstet und leicht herauszufordern. Häufiger als andere Mädchen befindet sie sich im Wettkampf oder in Konkurrenz mit Mädchen und Frauen, aber auch mit Männern. Sie wirkt anziehend, aber mitunter auch launenhaft und kapriziert.«[116]

Zweitgeborene genießen nach Toman und Forer/Still im Verhältnis zu ihren Eltern größere Freiheiten, und sie stehen deshalb hier weniger unter Druck. Druck erleben sie in der Beziehung zu dem älteren Geschwisterkind, dessen Autorität sie sich nicht selten beugen müssen, an der sie sich aber gleichzeitig orientieren können. Häufig hätten Zweitgeborene später aber auch die Tendenz, die Erstgeborenen zu übertrumpfen und gegen deren Autorität zu rebellieren. Daraus wird die Wettbewerbsbezogenheit Zweitgeborener abgeleitet.

Usurpatorisch

Die Schwesternforscherin de Haen, die ausschließlich Familien mit weiblichen Kindern untersucht, nennt ihr Kapitel über die zweitgeborene Tochter in einer Familie: »Die zweite: Die Usurpatorin.«[117]

Nach de Haen ist die nachgeborene Tochter immer bestrebt, ihren älteren Schwestern die Position streitig zu machen:

»Was die zweite aus ihrer Position macht, hängt entscheidend davon ab, ob es ihr gelingt, auf irgendeinem Feld der Ältesten den Rang abzulaufen. (...) Intuitiv probiert sie Verschiedenes aus, um ihre große Schwester aus dem Feld zu schlagen, heimlich kämpft sie um die Macht – die geborene Usurpatorin.«[118]

Die Vorstellung von der Zweitgeborenen als konkurrenz- und wettbewerbsbezogene jüngere Schwester ist bei de Haen vor dem Hintergrund eines Familienlebens zu sehen, in dem es darum geht, eine Position einzunehmen, in der man gesehen wird, sich entfalten kann und genügend elterliche Aufmerksamkeit bekommt. Diesen Prozeß der innerfamiliären Suche nach einer Position nennt de Haen »Feldsuche«, bei der es darauf ankomme, sich so zu orientieren, daß man sich von den anderen Geschwistern unterscheide. Für eine zweite heißt das nach de Haen:

»Mit der Geburt der zweiten geht die Feldsuche los, etwas muß gefunden werden, um sich voneinander zu unterscheiden. Man teilt sich die Eltern auf, aber noch mehr: bist du klüger, bin ich stärker – bist du gerne draußen, bleibe ich gerne drinnen – bist du sportlich, lese ich lieber – und so weiter.«[119]

Die Suche nach der eigenen Identität in Abgrenzung zur älteren Schwester spielt sich nach de Haen in allen Lebensbereichen ab: Sprache, Körperkraft, Beziehungen zu den Eltern, Lebensentwurf im allgemeinen, Intellektualität sind einige Beispiele dafür.

De Haen ist so sehr damit befaßt, ihre Typologie der Usurpatorin auf die Zweitgeborenen anzuwenden und zu dem Ergebnis zu kommen, diese lebten immer in Konkurrenz zur Älteren, daß ihr andere Interpretationsmöglichkeiten versperrt sind. So zeigt sie an einem Text von Vera, einer Zweitgeborenen, die eine gute Beziehung zu ihrem Vater hat, für den sie auch eine Menge zu leisten bereit ist, daß Vera diese liebevolle Vaterbeziehung in Konkurrenz zu ihrer Schwester aufgebaut haben soll. Vera selbst hat ihr Verhältnis zum Vater eher in Konkurrenz zur Mutter verstanden:

»Ich war *sein* Kind. Und ich bin sicher, daß ich auch von Anfang an in einer gewissen Rivalität zu meiner Mutter war. Sie war auch ein bißchen eifersüchtig, sie hat es aber immer scherzhaft überspielt (...).«[120]

Obgleich de Haen nach den meisten ihrer Schwesternaussagen dazu kommt, daß die Zweiten bestrebt seien, die Ersten zu »überflügeln«, stellt sie relativierend an anderer Stelle fest, daß die Identitätssuche der Jüngeren sich »gar nicht unbedingt *gegen* die älteste Schwester« richten müsse.[121] Leider verfolgt sie diesen Gedanken bei der Interpretation nicht weiter.

Den nach de Haen immer ablaufenden Machtkampf der Zweiten um ihre Position und Identität können die Eltern entschärfen, indem sie ihren Kindern ein sicheres Gefühl ihrer Liebe und Zuwendung vermitteln. Bleibt das Maß elterlicher Zuwendung zwischen den Schwestern unklar, so kann der schwesterliche Kampf ein Leben lang dauern.

Neben der elterlichen Zuwendung ist für de Haen noch der Altersunterschied wichtig für das Verhältnis der Schwestern zueinander. Je jünger die Erstgeborene bei der Geburt der Schwester sei, um so schwieriger sei das schwesterliche Miteinander. Diese These schickt de Haen einem ihrer wichtigsten Texte von Zweitgeborenen voraus. Hier beschreibt eine Zweite, die nur neun Monate nach der Schwester geboren wurde, wie sehr sie unter ihrer älteren Schwester gelitten hat. Ilse, die zweite, war stark und robust, Gabriele war zart und besonders redegewandt. Während Ilse sich körperlich zur Wehr setzte, kämpfte Gabriele mit verbalen Mitteln um ihre Position. Zwischen Ilse und Gabriele herrscht noch im Erwachsenenalter Bitterkeit und Unbehagen. De Haen läßt hier beide Schwestern zum gleichen Thema zu Wort kommen und schließt aus ihren Aussagen, daß sich ihr Kampf an der elterlichen Liebe entzündet hat.[122]

Da de Haen die schwesterliche Beziehung zu sehr von äußeren Faktoren – den Eltern und dem Altersunterschied – bestimmt sieht und sie andererseits eine sehr festgefügte Vorstellung von der Problematik Zweitgeborener hat, kann sie keine Perspektive dafür entwickeln, wie Schwestern schwierige Beziehungsmuster überwinden können.

An der Großen orientiert

Die Schwesternforscherin McConville geht über de Haens typologisierenden Ansatz hinaus und richtet ihre Perspektive auf die tieferen Strukturen zwischen Schwestern, die durch das frühe und enge Zusammenleben in der Familie entstehen. McConville entwickelt keine Familienmodelle und Typologien, denen sie dann das Interviewmaterial zuordnet, sie ist bemüht, jeweils beide oder mehr Schwestern zu einem Thema zu hören und dann diese Positionen zu interpretieren, um so zu einer Vorstellung von Schwesterncharakteren und -beziehungen zu gelangen.

Auch wenn sie immer wieder den Blick darauf richtet, wie Schwestern bestimmte schwierige Muster überwinden können, kommt sie doch zu ähnlichen Einschätzungen wie de Haen und andere. Eines jedoch ist nach McConville für beide Schwestern grundlegend:

»(...) keine von ihnen kann die Position der anderen ignorieren.«[123]

Für die zweite heißt das, daß sie neben der Mutter noch die ältere Schwester hat, mit der sie konfrontiert ist.

»Sie kann sich oft darauf verlassen, daß sie neben der Mutter eine ältere Schwester hat, die sich um sie und ihre Bedürfnisse kümmert.«[124]

Die Jüngere kann sich also auf eine weitere Kontaktperson beziehen, die sich mehr oder weniger gern mit der kleinen Schwester befaßt und sich für sie verantwortlich fühlt.

Die andere Seite der Existenz einer großen Schwester ist für die Zweitgeborene die Tatsache, daß dieses Verhältnis immer ein Machtverhältnis zwischen Groß und Klein darstellt. Älter und jünger, stärker und schwächer, selbständig und abhängig und vieles mehr sind Spielarten einer Beziehung zwischen großer und kleiner Schwester.

Wie bei de Haen taucht auch hier bei McConville der Gedanke auf, daß die Zweitgeborene die Ältere einholen möchte:

»Wieder und wieder berichten Schwestern über einen zeitweiligen Rollentausch, bei dem die jüngere Schwester die Führung übernimmt und den Platz der älteren ›usurpiert‹.«[125]

McConville setzt sich vor allem mit der Rolle der Großen als der verantwortungsbewußten und helfenden Schwester auseinander, die sich mütterlich um die Jüngere kümmert. Ist dies der Fall, ist die Rolle der Kleinen ebenfalls festgeschrieben auf die von der Älteren abhängige und ihr unterlegene Position.

»Jüngere Schwestern sprechen oft von dem Einfluß ihrer älteren Schwestern auf ihre Entscheidungen und auf ihre Persönlichkeit – im Guten wie im Bösen. Manche verehren ihre älteren Schwestern, bis ihnen zu ihrer großen Enttäuschung klar wird, daß ihr Idol auch nur auf tönernen

Füßen steht. Andere widerstehen dem Führungsanspruch, bis sie selbst glauben, zu gleichwertigen Erwachsenen geworden zu sein.«[126]

Obwohl die Zweitgeborenen einerseits in Abhängigkeit von den Eltern und der Schwester leben, verfügen sie nach McConville andererseits über mehr Freiheiten als die Erstgeborenen.

»Diese Rollenverteilung zwischen großer und kleiner Schwester ist derjenigen zwischen Martha und Maria recht ähnlich. Die eine trägt die Verantwortung, ist jedoch vielleicht ein wenig Hemmnis – fähig, aber in der Führungsposition. Die andere ist freier, aber weniger ›wert‹.«[127]

Frei und sorglos einerseits – minderwertig andererseits, so sind die Pole des Lebensgefühls Zweitgeborener nach McConville. Oft erhalte sich der Zweifel am Wert der eigenen Person bis ins Erwachsenenleben, weil Zweitgeborene häufig schmerzlich das Desinteresse ihrer älteren Schwester zu bewältigen hätten.

»Bei vielen bleibt dieses Gefühl wie ein nagender Zweifel bis in das Erwachsenenalter hinein erhalten, es ist der Verdacht, ignoriert zu werden, nicht so wichtig zu sein wie die anderen, ›wirklichen‹ Freunde der großen Schwester.«[128]

Dieses Desinteresse könne ebenso wie die Willkür, mit denen ältere Schwestern mit den jüngeren umgehen, die Ursache für eine tiefe Verunsicherung Zweitgeborener sein. In diesem Zusammenhang berichtet eine Zweite:

»Niemand durfte kommen und mit mir spielen. Doch gleichzeitig zog und zerrte sie mich herum und warf mir Dosenerbsen an den Kopf.«[129]

An anderer Stelle erzählt eine Erste über ihre nachgeborenen Schwestern:

»Ich erinnere mich noch heute, daß ich in Kindertagen meine kleinen Schwestern nicht für ›wirkliche‹ Menschen hielt, so wie Außenstehende es für mich waren. Man mußte nicht nett zu ihnen sein. Es machte nichts aus, wenn man sie ärgerte. Sie zählten einfach nicht. Heute, wo ich gelernt habe, sie zu lieben und zu respektieren, bringt mich diese Erinnerung in Verlegenheit. Wie müssen sie doch verletzt gewesen sein von meinem unerschütterlichen Glauben, wichtiger zu sein als sie.«[130]

Dem größeren inneren Freiraum Zweitgeborener können nach McConville tiefe Minderwertigkeitsgefühle gegenüberstehen. Oft hätten die großen Schwestern schon eine Menge durchge-

kämpft und durchgesetzt, so daß den Jüngeren die harte Konfrontation mit den elterlichen Begrenzungen und Verboten erspart bliebe. Dafür hätten sie nicht selten ein Leben lang das Gefühl der Unterlegenheit. Sie fühlen sich als die Kleinen, die unter der schwesterlichen Macht stehen.

»(...) so scheint es, als vergäßen sie nie den großen Einfluß, den dieses frühe Ungleichgewicht der Kräfte auf sie hatte.«[131]

Obwohl McConville mit dem Interesse antritt, Perspektiven zu entwickeln, die festgefügte Strukturen zwischen Schwestern auflösen helfen, gelingt es ihr nicht, weil sie die beziehungsinternen Mechanismen, die dies ermöglichen oder verhindern, nicht benennt.

Auch stark!

Fishel setzt sich mit der Position Zweitgeborener auf zwei Ebenen auseinander. Einerseits bezieht sie sich auf Ergebnisse der Geschwisterforschung, andererseits nimmt die Darstellung ihrer jüngeren Schwester Annie breiten Raum in ihrem Buch ein.

In dem Kapitel über Familienkonstellationen befaßt sich die Autorin mit den Forschungen von Adler und Forer/Still zum Thema ›Geschwister‹. Zweitgeborene sind in diesen Arbeiten in erster Linie Charaktere, die unter großem Druck stehen, zum ›Wettläufertum‹ neigen und sich in Konkurrenz zu ihren älteren Geschwistern sehen.

Fishel gewichtet hier ihre Darstellung ebenso wie die vorliegende Forschung. Sie bezieht sich in erster Linie auf die Probleme Erstgeborener, die sie in aller Ausführlichkeit darstellt, während Zweitgeborene Randfiguren sind, mit denen die Ersten Probleme haben.

Neu bei Fishel ist die Einführung ihrer eigenen fünf Jahre jüngeren Schwester Annie, die heute ihre beste Freundin und wichtigste Gesprächspartnerin ist. Die Beziehung zu ihr hat sie motiviert, das Buch über Schwestern zu schreiben. Annie hat Gelegenheit, über ihre Erfahrungen als kleine Schwester in dem Buch der Großen zu schreiben.

Annie berichtet, daß sie sich nur wenig an die frühen Erlebnisse mit ihrer Schwester in der Familie erinnern kann. Die Photos der Fishel-Schwestern, auf denen sie in gleichen Kleidchen oder gemeinsam in der Badewanne schwesterlich vereint sind, erscheinen Annie als Konstruktionen liebevollen Miteinanders. Sie erinnert sich mehr an ihr Unterdrücktsein. Sie war die Untergeordnete, die sich von Elizabeth demütigen und ausbeuten ließ:

»Wenn ich als Gegenleistung für eine kleine Nettigkeit Monate ihre Schuhe gewienert und ihre Schülerin gespielt hatte, indem ich mich einer Flut von Tests unterzog, die sie erfand und durchführte, dann fühlte ich mich gedemütigt, wollte aber immer noch gern gefallen.«[132]

Annie diente ihrer Schwester und war immer bestrebt, ihre Zuneigung zu gewinnen. Gegen die Ungerechtigkeiten und Gemeinheiten der älteren Schwester hat sie schon früh zwei Strategien entwickelt.

»Ich besaß jedoch zwei zuverlässige Quellen des Trostes. Die eine war das Vergnügen, das ich empfand, wenn meine Mutter auf meine Schwester böse war, aber auf mich nicht. (...) Die zweite war, daß ich heimlich Geschichten schrieb, worin ich meine Schwester auf ein Baby reduzierte, das Bananen aß und am Daumen lutschte.«[133]

Als Elizabeth das Elternhaus verläßt, um zu studieren, bleibt die Jüngere zurück. Für Annie ist dies eine leidvolle Erfahrung:

»Meine Welt ging in Stücke, als Elizabeth ans College ging. Kein Bruch einer Liebesgeschichte oder das jähe Ende einer Freundschaft ist seitdem an das Gefühl des Verlustes herangekommen, das ich mit dreizehn empfand, als meine Schwester das erste Mal wegging.«[134]

Den Verlust der großen Schwester kann sie allerdings bald konstruktiv wenden. Sie verändert ihr Verhalten und tut ohne die ständige Nähe der großen Schwester Dinge, die sie in deren Gegenwart nicht gewagt hätte. Die andere Seite des Verlustes bietet für Annie neue Orientierungsmöglichkeiten:

»Zum ersten Mal tat ich Dinge, die Elizabeth nie getan hatte und möglicherweise sogar mißbilligen würde. Die Kultivierung einer irgendwie ungebärdigen, rücksichtslosen Identität war der Beginn meiner Entwicklungen zu einer von ihr unterschiedenen Person. Unsere Familie, Schulbildung, Kleidung waren nahezu identisch gewesen, die Rebellion aber gehörte mir.«[135]

In Annies Berichten wird klar, wie wichtig die Existenz der gro-

ßen Schwester für ihre eigene Entwicklung gewesen ist. Für Annie ist Elizabeth Unterdrückerin, aber gleichzeitig auch die geliebte Begleiterin gewesen, an der sie sich orientiert und die sie liebt. Dem Leiden an den Grobheiten der Schwester steht ein Bedürfnis nach Nähe gegenüber. Elizabeth ist für Annie Vorkämpferin und verantwortliche Gesprächspartnerin mit den Eltern, hinter deren Rücken sie sich entfalten kann.
Nach der Trennung von der Großen kann Annie sich sehr schnell auch zu einer Großen entwickeln, und so gelingt es, daß die Fishels nach dem Studium Annies zu einem gleichberechtigten Schwesternpaar werden können.

Fishel hat die Darstellung wissenschaftlicher Ergebnisse der Geschwisterforschung und die Geschichte ihrer Schwester Annie wie auch die Materialien aus ihren Interviews über Zweitgeborene nicht aufeinander bezogen. So stehen sich die theoretischen Vorstellungen über Zweite und die realen zweiten Schwestern zum Teil sogar widersprüchlich gegenüber.

Zweitgeborene sind nach Fishel konkurrenzorientierte Menschen, die unter großem Druck stehen und es leicht haben, sich in gesellschaftliche Zusammenhänge zu fügen. Sofern sie auch Jüngste sind, stehen sie zudem in dem Konfliktfeld zwischen Bevorzugung und Benachteiligung in der Familie.

Aus dem exemplarischen Bericht der Annie Fishel ergibt sich allerdings, daß die Bedeutung der großen Schwester für sie zwar eine Menge Leid und Unterdrückung in der Kindheit gebracht hat, daß sie aber auch ohne Schwierigkeiten Strategien dagegen entwickeln konnte. Diese Aussagen widersprechen der Festlegung, die Zweitgeborene als konkurrente Wettläuferinnen charakterisieren. Mit Annie zeigt Fishel vielmehr, daß die Existenz der Großen neben all der Ungerechtigkeit bedeutsame Impulse und Entwicklungschancen für die Jüngere bietet und daß eine Jüngere sich im Schatten einer Ersten ohne die Bürde elterlicher Erwartung und die Last allzu intensiver elterlicher Kontrolle zu einer ebenbürtigen Persönlichkeit entfalten kann.

Mit der Darstellung der Geschichte der zweitgeborenen Annie Fishel richtet die Autorin ihren Blick auf eine Realität

Zweitgeborener, die in der bis dahin existierenden Geschwisterforschung noch nicht enthalten ist. Annies Entwicklung geht deutlich über Vorstellungen von der Zweitgeborenen als ›unter Dampf stehender‹ Konkurrentin ihrer großen Schwester hinaus.

Wenn auch nicht theoretisch und systematisch aufgearbeitet, so ist Fishels Darstellung der Zweitgeborenen als einer auch für die große Schwester wichtigen Person ein erster Schritt in die Richtung einer differenzierteren Betrachtung der besonderen Lebensumstände, Konflikte und Potenzen Zweitgeborener.

Überblick

Die Betrachtung Zweitgeborener nimmt in der Geschwister- bzw. Schwesternforschung sehr viel weniger Raum ein als die Auseinandersetzung mit Konflikten und Entwicklungsbedingungen Erstgeborener.

Freud sieht zweite Kinder nur vor dem Hintergrund der Probleme, die das Erstgeborene mit dem Zweiten hat. Es ist lediglich das Objekt, das dem Ersten Konflikte bereitet, gegen dessen Existenz dieses sich wehrt. Zweite Kinder treten nur als diejenigen in Erscheinung, die sich gegen die Haßtiraden und Konkurrenz des Ersten zur Wehr setzen und damit um ihre Existenz kämpfen.

Das, was Freud als Reaktion auf die Ersten beschreibt, nimmt Adler auf und entwickelt daraus die Charaktertypologie für Zweitgeborene. Sie werden bei ihm zu Aktiven, die einen harten Konkurrenzkampf führen, aber die Grundstruktur der Geschwisterbeziehung bleibt die gleiche.

Forer/Still und Toman erweitern die Perspektive auf zweite Kinder, indem sie die Einflußnahme der Eltern und deren erzieherischen Einfluß auf die Persönlichkeitsentwicklung miteinbeziehen. Sie sind sich darin einig, daß zweite Kinder sehr viel weniger der elterlichen Kontrolle und Aufmerksamkeit ausgesetzt sind. Sie stehen nicht unter dem starken Leistungsdruck wie ihre älteren Geschwister. Dadurch, so die Forscher, stünden ihnen größere Freiräume zur Verfügung.

Mehr Freiheit einerseits und andererseits die Abhängigkeit von dem älteren Geschwisterkind, das durch seine Stärke und Größe das Nachgeborene zu unterdrücken vermag, führen die Autoren letztlich zu Typologisierungen, die denen Adlers entsprechen. So bezeichnen auch sie die Zweiten als konkurrenzorientierte, impulsivere und leidenschaftlichere Erwachsene als ihre älteren Schwestern oder Brüder. Machtkampf und der Versuch, die Großen zu ›überholen‹, sind für sie zentrale Merkmale ihrer persönlichen Struktur.

In Anlehnung an die vorliegende Geschwisterforschung entwickelt die Schwesternforscherin de Haen eine Typologie für zweitgeborene Töchter. Die Zweite, so de Haen, ist die Usurpatorin, deren Ziel es ist, die Erste zu überflügeln. Sie entschärft dieses Bild von Zweitgeborenen, in dem sie den Eltern einen großen Teil der Verantwortung für deren Persönlichkeitsentwicklung zuschreibt.

Je geschickter die Eltern ihre Zuwendung an ihre Kinder verteilen, umso weniger feindselig und kämpferisch wird das Verhältnis ihrer Töchter zueinander.

Fühlt sich aber eine Zweite benachteiligt und nicht genügend geliebt, so wird sie ihr Leben lang versuchen, die Position der großen Schwester einzunehmen.

McConville betrachtet Zweitgeborene unter einer grundsätzlich anderen Perspektive. Sie stellt fest, daß Schwestern die Existenz einer anderen Schwester nicht ignorieren können. Für zweite Schwestern ist nach McConville die ältere ein wichtiger Bestandteil ihres Lebens. Sie orientiert sich an der Großen und hat in ihr eine wichtige, vorbildhafte Bezugsperson.

Die gleiche Argumentationslinie verfolgt Fishel. Mit der genauen Darstellung einer Zweiten, nämlich ihrer eigenen Schwestern Annie, beschreibt die Autorin die Bedeutung, die erste Schwestern für zweite Schwestern haben können, und wie wichtig diese Beziehung für die Zweite sein kann. Mit dieser Beschreibung werden die Zweitgeborenen und ihre Beziehung zur älteren Schwester plastischer als in den übrigen, oft verkürzten

Darstellungen. Die Zweitgeborene Annie steht beispielhaft für all die Jüngeren, die sich zu sicheren, selbstbewußten Frauen entwickeln und bei denen der Einfluß der älteren Schwester dafür wichtig ist. Darüber hinaus ist auch sie für die Erste Impulsgeberin und nicht nur das bedrohlich-entthronende Objekt. Mit der Auflösung des Machtgefälles zwischen Annie und Elizabeth durch Annies Erwachsenwerden finden die Fishel-Schwestern schließlich zu einem solidarischen Miteinander.

Zweitgeborene werden als Haßobjekte der Erstgeborenen dargestellt oder als Wettläuferinnen und Usurpatorinnen etikettiert. Nur den Schwesternforscherinnen gelingt es, einen anderen Blick auf die Zweiten zu richten. So weisen Fishel und McConville richtig darauf hin, daß Schwestern füreinander und auch gegenseitig große Bedeutung haben. Sie meinen damit mehr als nur den Konkurrenz- und Wettkampf seitens der Jüngeren.

McConville richtet den Blick auf die ältere Schwester als Orientierungsfigur für die Jüngere. Fishel erweitert ihn um die Perspektive, daß die Jüngere dies auch für die Erstgeborene sein kann.

Ein umfassender Entwurf einer Entwicklungsgeschichte Zweitgeborener liegt allerdings bisher noch nicht vor.

Ein Forschungsbündnis ...

Nach unserer Auseinandersetzung mit Schwesternbildern in der Wissenschaft wurde uns eine Szene verständlich, die sich zu Beginn unserer Forschungen ereignet und auf unsere weiteren Arbeitsschritte entscheidend ausgewirkt hat. Wir haben sie immer als Schlüsselszene gesehen, ihre Bedeutung war uns aber lange nicht klar.

Wir hatten mit der Aufarbeitung der Geschwisterforschung begonnen und lasen unter anderem Adler. Der Versuch, über seine Ausführungen zu diskutieren, scheiterte, wir kamen über seine Texte nicht ins Gespräch.

Der Widerstand ging von Karin aus und richtete sich, so verstanden wir es zunächst, vor allem gegen eine traditionelle Arbeitsweise, die Helgas Art zu arbeiten war. Karin konnte und wollte so nicht arbeiten, so fremdbestimmt das ›eigene‹ Thema entlang der Gedanken anderer entwickeln. Sie wollte zunächst Klarheit über die eigene Position zu Schwestern, über die eigene Schwesterngeschichte, bevor sie sich mit den Gedanken anderer befassen wollte. Helga ließ sich, obwohl es ihren Vorstellungen widersprach, darauf ein.

Während der weiteren Arbeit war die ›Adler-Szene‹ beiden von uns, unabhängig voneinander, immer wieder in den Sinn gekommen. Karin fragte sich, ob sie sich damals durchgesetzt und einen Machtkampf gewonnen habe, Helga war unsicher, ob sie nicht vielleicht doch besser an ihren Arbeitsvorstellungen hätte festhalten sollen, ob sie sich unterworfen habe.

Das genaue Erinnern der Szene fördert jedoch Bilder zutage, die weniger auf einen Machtkampf als auf die Suche eines für uns authentischen Vorgehens schließen lassen. Hinter Karins Argumenten für ein anderes Vorgehen stand keine Ablehnung wissenschaftlichen Arbeitens, sondern die Ablehnung wissenschaftlicher Klischees. Und es war nicht Unterordnung, die Helga bewegte, von ihrem Ansatz Abstand zu nehmen. Sie wußte um die Mängel einer Strategie, die gängige Vorstellungen realisiert, ohne genügend Raum, die eigene Sicht der Dinge ausbreiten zu können. Deshalb ließ sie sich auf Karins Vorstellungen ein. Wir widmeten uns zunächst intensiver unserer eigenen Schwesterngeschichte und wandten uns literarischen Schwesternbildern zu, entwickelten gemeinsam unsere Interpretationsmethode.

Dann erst kehrten wir wieder zu den wissenschaftlichen Ausführungen zurück.

Wir wissen jetzt, wie notwendig dieser Schritt war: damit gaben wir unserem Wunsch nach gleichberechtigter Zusammenarbeit einen Raum, in dem wir sie ungestört erproben konnten. Wir stiegen von der fremdbestimmten zur selbstbestimmten Arbeitsform um. Und entschieden uns gegen einen Erkenntnisrahmen, der für Erst- und Zweitgeborene nur Festlegungen zur Verfügung stellt: neben der leistungsorientierten angepaßten Erstgeborenen steht eine konkurrente, phantasievolle Zweitgeborene. Ohnehin existierende Klischees von Erst- und Zweitgeborenen werden so in gefährlicher Weise bestätigt.

Karin hatte dies in unserer ersten Diskussion um Adler schmerzlich erlebt und intuitiv dagegen opponiert. In der von Adler für Zweitgeborene vorgesehenen Persönlichkeitsstruktur als unter Druck stehend, immer in Konkurrenz zur Schwester, sich minderwertig fühlend, hatte sie sich nur zum Teil wiedererkannt. Es fehlten ihr viele andere Bereiche ihrer Persönlichkeit als Zweitgeborener. Außerdem sollte unsere Arbeit doch auch das andere zeigen, das über Vorurteile und Klischees hinausweisende, wofür wir noch keine Begriffe gefunden hatten. Adler, das merkte Karin, würde uns hier mehr behindern als helfen. Deshalb wehrte sie sich mit Diskussionsverweigerung. Helga spürte Karins Ringen um eine andere Qualität und solidarisierte sich mit ihr.

Im weiteren erarbeiteten wir unsere eigenen Ideen und Theorien zu schwesterlicher Entwicklung und bezogen dabei unsere persönliche Schwesterngeschichte mit ein. Dieser Arbeitsschritt diente nicht nur der inhaltlichen Entfaltung unserer Perspektive, sondern ließ uns in unserer Beziehung und in der gemeinsamen Arbeit Stabilität gewinnen. Erst mit diesem sicheren Wissen und der erneuten Erfahrung, daß es über Neid und Konkurrenz hinausweisende Qualitäten schwesterlichen Seins gibt, die den üblichen wissenschaftlichen Postulaten widersprechen, hatten wir die Voraussetzung, uns der Wucht der sozialwissenschaftlichen Festlegungen zu stellen. Festlegungen der beschriebenen Art, in denen keine Perspektive der Überwindung aufscheint und keine Möglichkeit des Austausches, üben in dieser Massivität Gewalt aus. Eine Gewalt, die, mit der Autorität der Wissenschaft bekleidet, sich mit dem Anspruch objektiver Erkenntnis schmückt. Eine Durchquerung der Wissenschaft mit der Vorstellung, neue Erkenntnisse zu Schwestern herausarbeiten zu können, wäre ohne die radikale Distanzierung nicht möglich gewesen. Hier war der Widerstand notwendig, um eigene Positionen zu klären, um überhaupt eigene Entwicklungsphantasien entfalten zu können – und mit ihnen, mit der durchgearbeiteten schwesterlichen Gegenerfahrung als Maßstab zurückzukehren.

… gegen die Macht der Klischees

Die Auseinandersetzung mit den vorliegenden Ergebnissen über Zweitgeborene war von Anfang an eine große Kraftanstrengung. Schließlich hatten wir mit dem Anspruch begonnen, die Ausführungen zu Erst- und Zweitgeborenen gleichwertig und gleichgewichtig zu gestalten. Uns war diese Vorstellung ebenso selbstverständlich, wie wir auch sicher davon ausgegangen waren, daß in der Forschung beide Positionen in gleicher Weise bearbeitet werden. Wir glaubten, qualitativ und quantitativ gleiches Material vorzufinden.

– Dies war eine völlige Fehleinschätzung!

Denn von Freud bis McConville sind die Analysen der Position und Persönlichkeitsentwicklung Zweitgeborener kürzer, viel weniger durchgearbeitet und durchgeformt als die Ausführungen zu den Erstgeborenen. Selbstverständlich gibt es dafür eine Menge plausibler Gründe und Fakten, die wir vielleicht schon zu Beginn hätten ahnen können. Denn ist es nicht eigentlich klar, daß in einer Gesellschaft, in der nur die erste Position als besonders wertvoll erscheint, eine zweite Position sehr viel weniger Aufmerksamkeit erhält, daß auch analog dazu die Betrachtung Zweitgeborener knapper und weniger genau ausfällt?

Wir glaubten, daß innerhalb der wissenschaftlichen Auseinandersetzung eine Parteinahme für die ›nur‹ Zweitgeborene selbstverständlich stattgefunden habe, eine nach unserer Einschätzung notwendige Analyse dieser Position längst vorläge. Wir folgten in diesem Glauben allerdings nur unserem Wunsch.

Jetzt können wir sagen, daß wir das, was wir hätten vorfinden wollen, selbst zu leisten hatten. Ohne unseren Anspruch aufzugeben, gleichberechtigt arbeiten zu wollen und gleichwertige Ergebnisse zu entwickeln, war hier der Raum für die Zweitgeborene erst zu eröffnen.

Trotz des Lichtblickes, echtes wissenschaftliches Neuland zu betreten, war es insgesamt ein trauriges Geschäft, immer wieder auf die Lücken, das Nichtvorhandensein der Zweiten schauen zu müssen, uns in der Kargheit der Ausführungen zurechtzufinden und Bilder daraus zu entwickeln. Wir hatten immer wieder die Kraft aufzubringen, die Perspektive auf die Zweitgeborene umzukehren, sie aus dem Schatten der Großen ans Licht zu ziehen, aus dem Negativ ein Positiv zu machen.

Teil II

Schwestern forschen über Schwestern

Die Entwicklung der Methode

Schwestern forschen über Schwesternbilder – Ein brisantes Verhältnis

Für eine Wissenschaft, die ihre Qualitätsansprüche dahin richtet, subjektive Momente möglichst aus dem Forschungsprozeß zu eliminieren, steht Frauenforschung in dem Ruf,

»(...) thematisch einseitig zu sein (immer bloß Frauenthemen zu behandeln) und begriffslos zu argumentieren (es fehlt der Bezug zur allgemeinen, der großen Theorie)«.[1]

Während also die Frauenforschung als zu wenig theoretisch und als einseitig beurteilt wird, sehen die Frauenforscherinnen ihre Interessen im herrschenden Wissenschaftsbetrieb nur lükkenhaft repräsentiert.

»Das Geschlecht als analytische Kategorie wird in der wissenschaftstheoretischen Diskussion meist unterschlagen bzw. ignoriert, Frauenforschung als unwissenschaftlich diskreditiert.«[2]

Mit der neuen Frauenbewegung haben Frauen begonnen, sich innerhalb des Wissenschaftsbetriebes einen Raum zu erkämpfen. Sie haben sich eingemischt in die von Männern bestimmte Welt der Wissenschaft, haben begonnen, Fragen aus ihrer Perspektive zu betrachten.

Trotz der immer wieder öffentlich beteuerten Notwendigkeit der vollkommenen Gleichberechtigung von Frauen in allen gesellschaftlichen Lebensbereichen ist Frauenforschung bzw. feministische Forschung noch nicht genügend anerkannt. Frauenlehrstühle in den Universitäten sind die Ausnahme, nicht die Regel.

Während in den USA die sogenannte ›feminist perspective‹ als eine Wissenschafts- und Forschungsrichtung längst ihren Einzug in die Institutionen gehalten hat, gilt die Nähe zur feministischen Forschung hierzulande noch als »randständig, wenn nicht als obszön«.[3] Obszön deshalb, weil die Frauenforschung gewisse Grenzen des wissenschaftlichen Anstandes überschreitet. Zu nah ist der Abstand von Forscherin und Forschungsgegenstand bei Frauenthemen, die Grenze zur Subjektivität wird nicht genügend gewahrt.

Indem wir als leibliche Schwestern und Frauenforscherinnen am Thema ›Schwestern‹ arbeiten, machen wir uns auf verschiedenen Ebenen dieser Grenzüberschreitung schuldig.

Da ist zunächst die Grenze zwischen Subjektivität und Objektivität, die von der feministischen Forschung als durchlässig sichtbar gemacht wird. Schon die Tatsache, daß Frauen über Frauenthemen forschen, setzt sie dem Verdacht der Unwissenschaftlichkeit und des Befangenseins im Sumpf der Selbsterfahrung aus.

Frauenforschung stellt Frauenleben und -erleben in einen wissenschaftlichen Diskurs und ist bemüht, weibliche Lebenszusammenhänge wissenschaftlich zu untersuchen mit dem »Ziel, diese Zusammenhänge in einer Weise zu deuten und darzustellen, welche die objektive und subjektive Bedingung des Frau-Seins in Rechnung stellt«.[4] In bezug auf die Schwestern-Problematik ist dies auch unser Anliegen.

Frauenexistenz ernstnehmen heißt auch immer, Privates öffentlich zu machen und Subjektives für objektives Erkennen zu nutzen. Für uns als Schwestern und Frauenforscherinnen heißt das, daß wir in Anlehnung an feministische Vorstellungen von Wissenschaft arbeiten mit dem »(...) Anspruch, Ideologie, Unterdrückung und Unbewußtmachung im Lebenszusammenhang der Frau in der Praxis und Theorie aufzuspüren und aufzeigen« zu wollen.[5]

Unser Anspruch, als Schwestern dem Schwesternthema gerecht zu werden, bedeutet, daß wir mit einem an der »Subjektivität geschärften Gehör« Strukturen schwesterlicher Existenzen erarbeiten und sie durch »kritische Theorie und Wissen mit Hilfe des geschulten Verstandes« in einen wissenschaftlichen Zusammenhang stellen.[6]

Wir stimmen dabei Maya Nadig zu, daß nur auf diese Weise existierende »Wissens- und Handlungszusammenhänge« aufgedeckt werden können. Wir wollen so die für und zwischen Schwestern bestehenden festen und festlegenden Vorstellungen deutlich machen, um sie dann neu konstruieren zu können.[7]

Über die doppelte Mißachtung der traditionellen Forschungsgrenzen hinaus durchbrechen wir im Bereich der Wissenschaft ein gesellschaftliches Tabu, gegen das die neue Frauenbewegung im gesellschaftlichen Ganzen steht: die Tabuisierung der weiblichen Potenzen, der gemeinsamen schwesterlichen Stärke. Mit der Losung »Frauen gemeinsam sind stark« und »Sisterhood is powerful« traten die Frauen der Bewegung in den siebziger Jahren in die Öffentlichkeit, schlossen sich zusammen und demonstrierten weibliche Kraft und Solidarität.

Uns interessieren die internen Voraussetzungen und Möglichkeiten weiblicher Gemeinsamkeit, Stärke und Produktivität. Wir wollen den Blick nach innen richten und den Beziehungsraum zwischen Frauen beleuchten, der in unserer Gesellschaft nur schwer wahrgenommen wird. Dazu haben wir die Beziehung zwischen Schwestern als eine besondere Beziehung von Frauen ausgewählt.

So wie in allgemeinen Vorstellungen die Gemeinschaft von Frauen vorwiegend mit negativen Bildern verknüpft ist und deren produktive Seiten im Dunkeln, unerkannt und unbenannt bleiben, werden auch Schwesternbeziehungen oft nur mit Neid, Konkurrenz, Mißgunst, Eifersucht und Rivalität verbunden. In unseren Auseinandersetzungen mit Schwesternbildern wollen wir versuchen, dafür Erklärungen zu finden. Als Frauen und Schwestern sind wir von diesen Vorstellungen betroffen und forschen trotzdem und gerade deshalb darüber. In der Beziehung zueinander und der Arbeit miteinander rücken wir der Negierung weiblicher Produktivität zu Leibe und bearbeiten gleichzeitig Vorstellungen und Vorurteile, die über Schwestern und deren Beziehung existieren. Diese doppelte Verzahnung ist ein wagemutiges Unterfangen, in dem wir die Nähe zwischen Forschenden und Forschungsgegenstand produktiv nutzen werden.

Für unser ungewöhnliches Forschungssetting ernten wir häufig das Prädikat ›originell‹. Darüber freuen wir uns, denn originell zu sein bedeutet immer, etwas Besonderes zu bieten, interessant zu sein. Die Schattenseite dieses Prädikates heißt für uns allerdings auch, daß wir als originelles Forschungsprojekt außerhalb des Wissenschaftsbetriebes bleiben könnten, weil unsere Arbeit ebensowenig ernstgenommen wird wie die anderer Forscherinnen, die sich, mit Frauenthemen befaßt, schnell an den Rand ernsthafter Wissenschaftlichkeit und über ihn hinausgedrängt fanden.

Obwohl wir eine Menge skeptischer Stimmen zu unserem Vorgehen gehört haben, waren wir von der Tragfähigkeit unseres Ansatzes überzeugt. Auch wenn wir wissen, daß er etwa dem Vorgehen entspricht, wenn Mutter und Tochter die Mutter-Tochter-Problematik untersuchen oder Chef(in) und Angestellte(r) eine Arbeit über die Schwierigkeiten und Konflikte ökonomischer Abhängigkeiten verfassen. Derartige Projekte gibt es selten, weil in ihnen mehr eingesetzt wird als nur das Interesse an einer bestimmten Fragestellung. Hier stehen Persönlichkeit und Beziehung der Forschenden als Einsatz mit auf dem Spiel. Wenn das Forschungsvorhaben mißlingt, bedeutet dies, daß auch die Beziehung Schaden nimmt oder gar verloren geht. Und umgekehrt: werden Probleme in der Beziehung nicht aufgeklärt, gerät die Forschungsarbeit in Gefahr.

Es sind genau diese Momente, die bei vielen Wissenschaftlern zu methodischen Vorbehalten gegenüber solchen Forschungsvorhaben führen. Sie erscheinen als zu riskant – ein Risiko, das wir auf uns zu nehmen bereit waren. Damit übernehmen wir in der wissenschaftlichen Diskussion den Part, der auch in allen anderen Lebensbereichen immer den Frauen zufällt, nämlich die Beziehungsarbeit zu leisten und als wertvoll zu integrieren. Perspektivisch ist auch hier zu wünschen, daß nicht die Frauen alleine dieses Risiko übernehmen.

Während in den meisten wissenschaftlichen Arbeiten die Beziehung der forschenden Personen zueinander nicht Thema der Untersuchung ist, sie schlicht als intakt vorausgesetzt wird, um den Denkprozeß nicht zu stören, ist für unsere Arbeit unsere schwesterliche Beziehung von grundlegender Bedeutung. Sie ist keineswegs als Störfaktor zu verstehen, sie wird vielmehr unser Medium sein, das die Arbeit voranbringt.

Deshalb hat unsere Forschung auch damit begonnen, daß wir

die inneren Strukturen unserer persönlichen Schwesternbeziehung betrachtet haben.

Mit diesem Vorgehen haben wir uns die Erfahrungen der Frauenbewegung zunutze gemacht: auch hier war zunächst die Frauenexistenz in ihrer Unmittelbarkeit Thema, d. h. die Unterdrückung im Alltag, im Inneren der Familien etc., bevor die Frauen begonnen haben, ihre Konflikte und Ziele auch in einen größeren gesellschaftlichen Rahmen einzuordnen.

Bezogen auf die Schwesternthematik wird es unsere Aufgabe sein, eine »(...) höchst komplexe Pendelbewegung zwischen der Identifikation mit dominierenden Institutionen und der Abgrenzung davon, ein Sich-Einlassen auf Etabliertes und Distanzierung davon« zu wagen, um »zu überprüfen, was dabei erfahren wurde«.[8]

Unser Weg zur Betrachtung literarischer Schwesternfiguren

Mit der Betrachtung von literarischen Schwesternbildern stehen wir in einer Tradition literaturwissenschaftlicher Frauenforschung, die es sich zur Aufgabe gemacht hat, Literatur aus der Perspektive von Frauen zu interpretieren.

Eine Skizze der frühen Auseinandersetzungen von Frauen um ›ihre Literatur‹ und Literaturbetrachtung soll zeigen, wie die Frauen der neuen Frauenbewegung sich ihren Forschungsraum für ihre literarischen und literaturwissenschaftlichen Interessen erkämpften.

Über den konstruktiven Widerstand der Frauen im Literaturgetriebe der 70er Jahre

Im Bereich von Literatur und Literaturbetrachtung hat das kritische Bewußtsein der Frauenbewegung eine Reihe neuer Perspektiven eröffnet.

Unter den Frauen im Aufbruch regte sich massiver Widerstand gegen Literaturen und Literaturwissenschaften, die die neu entdeckten Bedürfnisse und Ideen, die sich in den Zusammenhängen der Frauenbewegung entwickelt hatten, unberücksichtigt ließen. Die radikale Kritik an diesen Verhältnissen liest sich so:

»Wir haben als Frauen keine besondere Lust mehr, uns auf eine bestimmte, sei es antiautoritäre, ökonomische, philosophische, psychologische oder belletristische Ebene hinauszuhieven und dann diese männlichen Hyroglyphen mühsam zu übersetzen ins frauenspezifische.«[9]

»Literatur von Frauen über Frauen für Frauen« wollten Frauen jetzt lesen, betrachten und auch produzieren.[10]

Im Mittelpunkt des Interesses stand zunächst einmal der unmittelbare Wunsch nach Identifikation mit literarischen Figuren, die auch die eigenen Probleme repräsentieren sollten. Im gesamten Bereich der Literatur äußerten Frauen laut ihre Wünsche nach der Beschäftigung mit ›ihren Inhalten‹. Ihr Alltag, die eigenen Probleme und Erfahrungen sollten in der Literatur wiederzufinden sein. Die Frauen machten sich auf, Literatur nach ihren Vorstellungen zu bearbeiten und sie selbst zu produzieren. Literatur sollte näher an den Lebenszusammenhängen von Frauen stehen, Frauen wollten eigene Erfahrungen in der Literatur wiederfinden.

Die laute Kritik der Feministinnen am Literaturbetrieb im allgemeinen blieb nicht ohne Folgen. Der starke Wunsch der Frauen, ›eigene Literatur‹ zu haben, die Identifikationsmöglichkeiten böte, förderte die Produktion von neuer Frauenliteratur und die Wiederauflage einer ganzen Reihe von literarischen Werken aus vergangenen Zeiten.

Anfang der siebziger Jahre schrieb Ursula Erler beispielsweise ihren Roman »Die neue Sophie oder Der Beginn einer längst fälligen Gattung der Literatur«, den Helge Pross in ihrem Vorwort als Zeichen einer neuen Kultur würdigt:

> »Neu scheint mir jedoch seine Verarbeitung in der Form des Romans. Daß Ergebnisse wissenschaftlichen Denkens ohne Verfälschung und ohne Vereinfachung in die belletristische Literatur Einlaß finden, läßt auf ihre die bisherigen Grenzen überschreitende Verarbeitung und Wirkung hoffen.«[11]

Während bei Ursula Erler die »Emanzipation der Frau selbst im Zentrum des literarischen Geschehens«[12] steht, enthalten und verarbeiten die vielen anderen damals erschienenen Werke feministischer Autorinnen verschiedene thematische Schwerpunkte.

So schreibt Verena Stefan in ihren autobiographischen Aufzeichnungen »Häutungen« über Sexualität, Margot Schröder setzt sich in »Der Schlachter empfiehlt noch immer Herz« mit ihren Erfahrungen als Hausfrau und Mutter auseinander. Maria Erlenberger nennt ihren Roman »Hunger nach Wahnsinn« Bericht, sie beschreibt die Geschichte ihres Selbstmordversuches und ihren darauf folgenden Aufenthalt in einer psychiatrischen Anstalt.[13]

Diese Werke, deren Reihe noch um einige andere erweitert werden könnte, sind Klassiker der neuen Frauenbewegung geworden. Die meisten dieser vieldiskutierten Frauenbücher sind autobiographisch und setzen sich mit einem konflikthaften Anteil weiblicher Existenz auseinander.

Sowohl für die Autorinnen als auch für die engagierten Leserinnen autobiographischer Romane und Geschichten aus dieser Zeit hatte die Veröffentlichung der ›eigenen‹ Literatur sehr wichtige und verschiedene Funktionen. Während die Autorinnen mit ihren Werken es wagten, von einem sehr »persönlichen Ausgangspunkt« in einer »offenen Form der Biographie« ihr individuelles Schicksal kreativ und literarisch zu verarbeiten, boten sie ihren Leserinnen damit wertvolle Identifikationsmöglichkeiten.[14]

Die autobiographische Frauenliteratur der siebziger Jahre setzte Diskussionen in Gang, löste bei vielen Leserinnen ein »erstes politisches Bewußtsein aus« und machte so Pross' Hoffnungen wahr: Mit der neuen Frauenliteratur wurde tatsächlich eine die »Grenzen überschreitende Verarbeitung und Wirkung« erzielt.[15]

»Am Anfang«, so faßt Sigrid Schmid-Bortenschlager 1985 die Produktion von Frauenliteratur und deren Nutzen zusammen, »stand die autobiographische M(eth)ode, in der eigene Erfahrungen und Verletzungen authentisch beschrieben und gleichzeitig therapiert wurden.«[16]

Diesen Zweck konnte die neue Literatur allerdings nur erfüllen, weil die Frauen auch begonnen hatten, sich analytisch literaturwissenschaftlich mit den Texten zu befassen. Obgleich die autobiographischen Werke auf dem »literarischen Markt, auf dem sie zum Synonym für Frauenliteratur«[17] avancierten, erfolgreich verlegt und verkauft werden konnten, mußte Frauenliteratur für die Universitäten erst salonfähig gemacht werden. Neue Frauenliteratur war in dieser Zeit zwar all denen recht, die damit Geld verdienten, den anderen, die sich in den Universitäten wissenschaftlich mit dieser literarischen Gattung hätten beschäftigen sollen, war sie aber längst nicht billig. Frauenliteratur wurde belächelt, ein Randgebiet auf dem großen Feld der Literatur, das auch noch in dem Ruf stand, schlechte Literatur zu sein.

Dementsprechend wurden Räume für die literaturwissenschaftliche Auseinandersetzung über Frauenliteratur in den Universitäten nicht selbstverständlich zur Verfügung gestellt. Sie mußten zunächst gefordert und dann erkämpft werden.[18]

Die Perspektiven und Interessen von Frauen in der Literaturwissenschaft

Trotz vieler äußerer Widerstände sind die Frauen der neuen Frauenbewegung auch in die Bereiche der Literaturwissenschaft eingedrungen. Sie erweiterten die Literaturbetrachtung um die Perspektive der Frauen und begannen, Literatur neu zu lesen, zu interpretieren und zu bewerten.

Die Kritikerinnen der neuen Frauenliteratur sollten sich, so sieht es Beate Schöpp-Schilling zur Sommer Universität 1976:

»(...) sensibilisieren, um zeitgenössische Autorinnen, die sich bemühen, ihre spezifisch weiblichen Erfahrungen in neuen sprachlichen und literarischen Formen zum Ausdruck zu bringen, verstehen und konstruktiv kritisieren zu können. (...)
Gerade im Hinblick auf die zeitgenössische Literatur und Literaturkritik müssen sie wachsam sein, um die noch immer herrschende Diskriminierung der Literatur von Frauen auch in ihren feinen Spielarten zu erkennen und ihr entgegenzutreten.«[19]

Zugleich wuchs die Erkenntnis, daß feministisch-literaturwissenschaftliche Forschung weit mehr zu leisten hatte als allein die Interpretation moderner Frauenliteratur.

In ihrem Vortrag weist Schöpp-Schilling darauf hin, daß die Erforschung von historischem Material zur Frauengeschichte und Frauenkultur sehr wichtig ist und gerade erst begonnen hat.

»Wir sollten uns immer wieder verdeutlichen, daß wir noch ganz am Anfang stehen, daß noch ungeheuer viel Material sehr sensibel und differenziert im Vergleich mit männlichen Autoren unter Anwendung vieler Methoden analysiert werden muß, bevor wir zu allgemeinen Aussagen kommen können. Eine Aufgabe, die schwierig sein wird, die aber, wie ich meine, sich lohnt.«[20]

Heute können wir konstatieren, daß sich die Forscherinnen ihren vielfältigen Aufgaben gestellt haben. In der Zwischenzeit liegt eine Vielzahl von Interpretationen und Analysen historischer und aktueller Literatur vor. Innerhalb dieser Auseinandersetzungen nimmt die Aufarbeitung historischen Materials, d.h. die Betrachtung der Werke von Schrifstellerinnen vergangener Jahrhunderte, breiten Raum ein.[21] Sowohl die Inhalte ihrer Werke als auch die Lebens- und Produktionsbedingungen der Autorinnen sind Themen der Arbeiten. Bei der Betrachtung von Frauenfiguren aus weiblicher Feder lassen sich Forscherinnen von der Frage leiten, inwieweit die Autorinnen emanzipatorisch-utopische Elemente in ihren Werken transportieren.[22] Die Analyse der sozialen Verhältnisse, in denen die Frauen ihre Literatur produzierten, soll erhellen, welche gesellschaftlichen Strukturen der Entfaltung ihrer Literatur entgegenstanden und welche sie förderten.

Doch die Forschung zu Leben und Werk von Autorinnen, historisch und aktuell, ist nur ein Strang, den die Frauen verfolgen. Die andere, viel umfangreichere Perspektive auf das, was unsere Kultur im Zusammenhang mit Frauen bereitstellt, war der Beginn einer kritischen Auseinandersetzung mit den Bildern, die Männer sich theoretisch oder literarisch von Frauen machen. Frauenbilder wie die Venus im Pelz, das süße Mädel oder die Femme fatale standen ebenso auf dem Forschungsplan wie die Bilder, die Philosophen, Psychologen oder Theologen von Frauen entwerfen.

Motivation für die Arbeit an diesen kulturellen Frauenbildern war und ist das ständige Konfrontiertsein mit ihnen in der Realität und das Interesse, den Gehalt dieser Bilder aufzudekken. Fragen nach den Inhalten, die über diese Frauenbilder transportiert werden, stehen im Mittelpunkt der Auseinandersetzungen. Welche Frauenvorstellungen existieren überhaupt in unserer Kultur, wie entstehen sie? Wie unterscheiden sich diese

Bilder voneinander? Gibt es einen Unterschied zwischen den von Männern und den von Frauen erdachten Weiblichkeits- und Frauenbildern? Sind diese Bilder miteinander vergleichbar? Wie wirken sie auf die Realität von Frauen ein? Wie und wann wirken sie bereichernd oder einengend?

Wir setzen uns mit Weiblichkeitsvorstellungen im Schwesternmotiv auseinander. Die Bedeutung dieses Bildes für die Darstellung unterschiedlicher Frauen und deren Beziehung zueinander zeigt sich z. B. in der Häufigkeit, mit der es im Märchen auftaucht. Kaum jemand, der sie nicht kennt, die Geschichte der Schwestern Schneeweißchen und Rosenrot oder die von der Goldmarie und der Pechmarie im Märchen von Frau Holle, die ein so unterschiedliches Schicksal erleiden. Im Mittelpunkt unseres Interesses stehen allerdings nicht die Schwestern im Märchen; wir wollen Schwesternbilder betrachten, die in moderner Literatur von Frauen enthalten sind.

Zum Problem mit der Methode

In den Anfängen der feministischen Auseinandersetzung mit Literatur spielten methodische Überlegungen kaum eine Rolle. Im Gegenteil, es wäre für die innovative Arbeit der Frauen hinderlich gewesen, sich methodisch einzuengen. Sich einzulassen auf Methode bedeutete zu Beginn dieser Diskussionen, sich an im wesentlichen von Männern entwickelten Arbeits- und Diskussionsformen zu orientieren.

So haben sich z. B. die 1978 an der Frankfurter Universität entstehenden Frauenseminare bewußt von klar definiertem methodischen Vorgehen distanziert, um sich ihren Freiraum zu schaffen, in dem sie ihren Interessen und Fragestellungen ungestört von Männern nachgehen konnten:

»Frauenseminare sind für uns notwendig, weil viele Frauen im traditionellen Uni-Betrieb nicht mehr arbeiten wollen. (...) Wir wollen uns hinter der neutralen und abgehobenen Allgemeinheit der heutigen Wissenschaft, die zu wenig mit uns zu tun hat, nicht mehr verstecken.

(...) Wissenschaftliche Methoden sowie Inhalte behandeln immer nur Teilbereiche und blenden komplexe, widersprüchliche Zusammenhänge und tägliche Probleme eher aus.«[23]

Diese radikale und allgemeine Distanzierung der Frauen trug jedoch dazu bei, daß feministische Vorstellungen von wissenschaftlicher Arbeit nicht ernstgenommen und als methodisch unhaltbar bewertet wurden. Frauenseminare wurden im Wissenschaftsbetrieb als »wissenschaftlich unrelevant« betrachtet.[24]

Hatten sich Frauenforscherinnen dem Methodenzwang zunächst entzogen, so wurde bald deutlich, daß das Problem der Methode der Klärung bedurfte. In den vergangenen Jahren führten feministische Literaturwissenschaftlerinnen kontroverse Diskussionen über den Zusammenhang von Theorie und Material wie auch über das Problem der Entwicklung und Anwendung einer Methode, die diesen Zusammenhang reflektiert. Es hatte sich z. B. gezeigt, daß bei der Analyse von Frauenbildern und Weiblichkeitsentwürfen in den Texten männlicher Autoren ein Werk in verschiedenen Untersuchungen völlig konträr eingeschätzt wurde:

So werden Werke »(...) teils kritisiert wegen der mythisierenden oder sexualisierenden Darstellung von Frauen, teils werden ihre Autoren quasi als Vorläufer für die Ideen weiblicher Selbstentfaltung und Emanzipation und als Kritiker zeitgenössischer Weiblichkeitsvorstellungen zitiert.«[25]

In den Diskussionen des VII. Internationalen Germanistenkongresses 1985 zeigte sich das Problem auf zwei Ebenen. Zum einen wurde die Bedeutung von Theorien im literaturwissenschaftlichen Kontext diskutiert.

»Wurde den primär auf der theoretischen Ebene argumentierenden Vortragenden zu große Abstraktheit vorgeworfen, so lauteten die gegenteiligen Vorwürfe ›Naiver Zugang‹, ›Steckenbleiben in bloßen Spiegelungen eigener Ansichten im Text‹.«[26]

Zum anderen entstanden Kontroversen um konkrete Interpretationen. So wurde etwa das Schweigen der Frauen in Grimms Märchen von den einen als Zeichen der Machtlosigkeit und Entmündigung verstanden, während die anderen es als Ausdruck der Macht von Frauen bewerteten.[27]

»Das methodische Problem solcher Deutungskontroversen besteht darin, daß ungeklärt bleibt, ob und wie man die literarischen Präsentationen eines mythischen Weiblichkeitsbildes und des beschränkten weiblichen Lebenszusammenhanges als affirmativ und ideologisch oder als kritisch bewerten könne.«[28]

Es stellte sich also die Frage nach dem Ort, von dem aus feministische Literaturinterpretation geleistet wird oder geleistet werden kann.

Der doppelte Ort der Frau

Unsere Geschichte, Gelerntes und Erfahrenes, die Zugehörigkeit zur neuen Frauenbewegung und damit unsere theoretische Orientierung führte uns zu den Theoretikerinnen Luce Irigaray und Julia Kristeva, deren Gedanken über die Frau und deren Ort in der Welt uns wichtige Impulse für unseren Forschungsweg gaben.

Als Feministinnen, die sich als Forscherinnen in einer ihnen feindlich begegnenden Ordnung der Männer verstehen, haben sie sich bemüht, den Ort der Frauen in diesem Raum zu bestimmen. Nach ihren Vorstellungen ist das wichtigste Problem für Frauen das Machtverhältnis zwischen Mann und Frau. Sie gehen davon aus, daß die symbolische Ordnung dieser Gesellschaft die Ordnung der Väter ist, die für die Frau nur durch den männlichen Blick geprägte Muster bereitstellt und ihr nur begrenzte Möglichkeiten zuweist, sich im herrschenden Diskurs einzurichten. Eine Funktion der Frau sieht Kristeva darin, die Ordnung der Väter stützen zu müssen, ohne jedoch selbst in Erscheinung zu treten. Diese Position nennt sie »Effekt-Frau«.[29] Die männliche Ordnung bildet sich also gerade über den Ausschluß der Frau heraus.[30]

Luce Irigaray bindet die Problematik der verdrängten Weiblichkeit konsequent an das weibliche Geschlecht und leitet sie auch von der Geschlechtlichkeit der Frau her. Sie sieht den Eintritt in die symbolische Ordnung, das heißt, den Eintritt in die

Sprache, als den Übergang, an dem die Frau von wesentlichen Aspekten ihres Seins abgeschnitten wird.

»Hingegen wird alles unternommen, um ihr die Selbstberührung zu verbieten, d. h. daß die Bewertung des einzigen, männlichen Geschlechts, die Herrschaft des Phallus sowie seine Logik des Sinnes und sein Repräsentationssystem alles Mittel sind, das Geschlecht der Frau von sich selbst fernzuhalten und die Frau ihrer ‹Selbstaffektion‹ zu berauben. Und dies erklärt übrigens, weshalb die Frauen angeblich keine Wünsche haben, weshalb sie nicht wissen, was sie eigentlich wollen; da sie von dieser ›Selbstaffektion‹ dermaßen unwiderruflich abgeschnitten sind, daß sie von vornherein und u. a. über den Ödipuskomplex von sich selbst vertrieben werden und ohne die Möglichkeit der Kontinuität-Kontiguität mit ihren ersten Begehren-Lustempfinden in eine andere Ökonomie importiert werden, in der sie sich, um es kurz zu sagen, überhaupt nicht mehr wiederfinden.«[31]

Die Folge für die Frau ist, sich bestimmter Verstellungen und Maskeraden bedienen zu müssen.

»In der Maskerade unterwerfen sie sich der herrschenden Ökonomie des Begehrens, um trotzdem auf dem ›Markt‹ zu bleiben.«[32]

Irigaray versteht unter Maskerade unter anderem das, was Freud die Weiblichkeit nennt:

»Der weibliche Ödipuskomplex ist im Endeffekt das Eintreten der Frau in ein Wertsystem, das nicht das ihre ist, und in dem sie nur ›erscheinen‹ und zirkulieren kann, wenn sie in den Bedürfnissen-Wünschen-Phantasmen der anderen – Männer – eingewickelt ist.«[33]

Wie kann die Frau nach Irigaray eine selbstbestimmte Position einnehmen? Wie läßt sich das verborgene weibliche Begehren wiederfinden?

Irigaray will weder einen Begriff von Weiblichkeit[34] noch eine Theorie der Frau[35] entwickeln. Ihr Ausgangspunkt ist die These vom doppelten Ort der Frau, nämlich einerseits in der herrschenden Ordnung zu leben und zugleich auch noch anderswo zu sein.[36] Mit diesem Blick auf die Existenz der Frau plädiert sie dafür, den herrschenden Diskurs zu durchqueren.

»Ein spielerisches und verwirrendes Wiederdurchqueren, das der Frau erlaubte, den Ort ihrer ›Selbstaffektion‹ wiederzufinden.«[37]

Sie selbst hat dies mit dem psychoanalytischen Diskurs[38] getan, den sie zu durchbrechen versucht aus der Perspektive der Frau, deren Begehren und Wünsche nie aufgehen im herrschenden Diskurs, sondern im Gegenteil von den psychoanalytischen Theoretikern als die Kehrseite der männlichen Existenz konstituiert werden.

Aber die Durchquerung des herrschenden Diskurses ist nur eine der Möglichkeiten, das Andere, das Verborgene der Frau aufzuspüren. Der zweite Weg ist der des Frau-Sprechens.[39]

»Frau-Sprechen heißt nicht, über die Frau zu sprechen. Es geht nicht um die Produktion eines Diskurses, dessen Objekt bzw. Subjekt – die Frau wäre. Das heißt, *in dem man Frau-spricht,* kann man versuchen, dem ›Anderen‹ als Weiblichen einen Ort einzuräumen.« (Hervorhebung im Original, H. u. K. K.)[40]

Frau-Sprechen meint also nicht ein Sprechen über, sondern ein Sich-Finden der Frau im Sprechen, mit der Sprache.

»Es impliziert eine andere Artikulationsweise zwischen dem Begehren und der Sprache. (...) Frau-Sprechen würde unter anderem den Frauen ermöglichen, *mit* den Männern zu sprechen.« (Hervorhebung im Original, H. u. K. K.)[41]

Das heißt, im Frau-Sprechen können die Frauen sich finden, ihre Identität festigen und auf diesem Hintergrund auch mit den Männern in einen (gleichberechtigten?) Dialog eintreten.

»Das Problem des Frau-Sprechens besteht gerade im Finden einer möglichen Kontinuität zwischen jener Gestik oder Sprache des Begehrens, die zur Zeit nur in Form von Symptomen und Pathologie erkennbar sind, und einer Sprache, die auch eine verbale Sprache umfaßt.«[42]

Wenn Frauen unter sich sprechen, so ist das nicht zwingend Frau-Sprechen, jedoch ist Irigaray sicher, daß, wenn Frauen unter sich sind, sich das Frau-Sprechen eher zu artikulieren wagt.

»Die herrschende Sprache ist so mächtig, daß die Frauen es nicht wagen, ›Frau‹-zu-sprechen wenn Männer anwesend sind.«[43]

Neben der Gestik der Frauen, ihrem Leiden, ihrem Lachen, sieht Irigaray auch in immer mehr Texten von Frauen deren spezifische Syntax.

»Es gibt immer mehr Texte von Frauen, in denen eine andere Schreibweise anfängt, sich ausdrückt, auch wenn sie noch oft vom herrschenden Diskurs unterdrückt wird.«[44]

Entscheidend bei Irigaray im Gegensatz zu anderen feministischen Theoretikerinnen ist, daß sie das Uneigentliche, das Verborgene in Rede und Schrift von Frauen nicht als das ›Weibliche‹ versteht.

»Es ist vielmehr Zeichen einer unmöglichen Identität, weil die Frau nicht aufgeht in dem ihr zugewiesenen Ort im Symbolischen.«[45]

Irigaray geht davon aus, daß sich nur im engen Bezug zum herrschenden Diskurs und dessen Durchquerung das Andere finden läßt. Sie benennt klar Bereiche der Frau, die aus dem herrschenden Symbolsystem herausfallen. Dazu gehört zum einen die Differenz der Geschlechter. Sie möchte

»(...) dem Weiblichen seinen Ort in der Differenz der Geschlechter besorgen.«[46]

Zum anderen weist sie auf die Verdrängung von Frauenbeziehungen im herrschenden Diskurs hin:

»Ich könnte trotzdem sagen, daß in der Theorie des Unbewußten eines besonders verkannt, kaum umrissen worden ist, nämlich das Verhältnis der Frau zur Mutter und das Verhältnis der Frauen untereinander.«[47]

Für die Erforschung von Frauenrealität und Frauenbegehren in unserer Kultur sind die Gedanken und Ideen Irigarays insbesondere dort wichtig, wo vieles noch ungesagt, noch nicht formulierbar, nur in der Gefühlswelt von Frauen als Bewegung wahrnehmbar ist.

Die Ideen vom doppelten Ort der Frau in der Ordnung der Väter und der Ansatz vom Frau-Sprechen brachte auch für unsere Arbeit Erhellendes, gab uns Begriffe für Selbstverständlichkeiten unseres Schwesternalltages, die wir bis dahin zwar lebten, genossen und fühlten, aber nicht benennen konnten.

Vor allem der Begriff des Frau-Sprechens hat uns dazu angeregt, unser schwesterliches Miteinander unter dieser Perspektive zu betrachten. Von Kindheit an hatten wir gemeinsame Räume, in denen wir ungestört unser Schwester-Sprechen entwickeln konnten, das wir nach wie vor vielfältig zu nutzen wissen. Wir haben die Möglichkeit, Informationen so auszutauschen, daß sie für Außenstehende nicht zu verstehen sind. Wir verfügen über eine Sprachkultur, die wir je nach Situation einsetzen können. Daß diese Kommunikationsmöglichkeit, die zwischen uns zur Perfektion reifen konnte, nicht Ausdruck einer Folie-à-deux ist, erleben wir in unseren Privat- und Arbeitszusammenhängen mit anderen Frauen. Dort treffen wir mit manchem unseres Schwester-Sprechens auf Resonanz. Und das Entdecken solcher Verständigungsmöglichkeiten läßt uns gemeinsam in Gelächter ausbrechen. Es freut uns, daß unser Schwester-Sprechen in Frau-Sprechen münden kann.

Die Idee vom doppelten Ort der Frau konnten wir bald mit eigenen Erfahrungen in der Institution Universität füllen. Aus Gründen frauenpolitischer Hartnäckigkeit war es uns sehr wichtig, unsere Arbeit in dieser Institution unterzubringen. Dies sollte uns mit unserem ersten Exposé nicht gelingen.

Nach einer Phase aufregender und auch ängstigender, letztlich aber stabilisierender Zusammenarbeit und Selbsterfahrung hatten wir Entwürfe geschrieben, in die auch die Lust und Last des gemeinsam Erlebten eingegangen war und die wir als Texte des Frau-Sprechens verstanden. Wir waren in die Tiefen und Unwägbarkeiten unserer Beziehung eingestiegen und hatten diesem Prozeß gemäße Texte produziert. Sie wurden zwar als »phantasievoll« und »ungewöhnlich« beurteilt, doch letztlich des Forschungsortes verwiesen. Wir hatten uns der ›symbolischen Ordnung‹ der Väter zu beugen, hatten umzuformulieren und die Inhalte in eine ›wissenschaftsgerechte‹ Form zu bringen, ohne daß diese Auflage inhaltlich hergeleitet worden wäre. Die Mühe, die Texte entsprechend der institutionellen Anforderungen umzuschreiben und uns für unser ungewöhnliches Forschungsvorhaben dennoch Freiheiten der Darstellung zu bewahren, hat uns viel Mehrarbeit gekostet. So erlebten wir sehr konkret, wie weit das Frau-Sprechen und die symbolische Ordnung der Väter auseinanderklaffen. Da es noch keine entfaltete Kultur der Vermittlung gibt, sich die beiden Welten dichotom gegenüberstehen, läuft der Versuch der Vermittlung Gefahr, in die Unterordnung unter die männliche Welt zu münden.

Den Einstieg mit den Exposés haben wir so erfahren. Im weiteren Verlauf arbeiteten wir an der Integration.

Methoden hermeneutischer Textinterpretation

Da wir vom doppelten Ort der Frau ausgehen, die wissenschaftliche Betrachtung von Frauenbeziehungen mit unserer Untersuchung zu Schwestern vorantreiben wollen, durchqueren wir auch Räume, die von Männern gemacht sind, die wir aber für unsere Literaturinterpretation nutzen können.

Die methodischen Vorschläge, die wir aus der Ordnung der Väter für uns übernehmen werden, sind konkrete Muster, die uns vor diffusen Tiefen und nur schwer zu artikulierendem Ungesagten schützen sollen. Aus der Vielzahl der Methoden der Literaturinterpretation haben wir die tiefenhermeneutische Textinterpretation nach Alfred Lorenzer[48] und die qualitative Inhaltsanalyse ausgewählt, wie Jürgen Becker und Egon Ritsert[49] sie verstehen.

Zum Gehalt von Literatur

Bei beiden Methoden wird davon ausgegangen, daß Literatur auf zwei Ebenen Gehalte transportiert: auf einer manifesten Ebene und auf einer latenten. Allerdings unterscheiden sie sich darin, wie sich diese beiden Ebenen konstituieren und wie sie methodisch zu erfassen sind.

Nach Becker und Ritsert geht es bei der Analyse von Texten darum, den »gesellschaftlichen Gehalt«[50] von Texten zu erarbeiten, wobei sie zwischen manifestem und latentem Sinngehalt unterscheiden.[51]

Während der manifeste gesellschaftliche Sinngehalt sich auf Textbestandteile bezieht, die direkt gesellschaftliche Tatbestände thematisieren, meint »latenter gesellschaftlicher Sinngehalt« die »(...) Textbestandteile, (...), in denen Merkmale gesellschaftlicher Sachverhalte zum Ausdruck kommen (gemeint sind), ohne daß direkt darüber gesprochen wird.«[52]

Der latente gesellschaftliche Sinngehalt ist somit gleich dem »ideologischen Gehalt«, denn Ideologien »(...) treten nicht im manifesten Gehalt von Texten als Ideologien auf, sondern sind gerade deshalb als Ideologien sozial relevant, weil auf den ersten Blick kaum zu erkennen ist, daß sie einen Schleier über die wirklichen Verhältnisse legen und einen falschen Schein der Wirklichkeit erzeugen.«[53]

Qualitative Inhaltsanalyse hat dementsprechend zum Ziel, den ideologischen Gehalt eines Textes bzw. »ideologische Syndrome« herauszuarbeiten.[54]

Da nach Becker/Ritsert Ideologien aber immer an »realen Interessen, Absichten und Bedürfnissen der Adressaten anknüpfen«[55], beziehen sie auch deren Herausarbeitung aus Texten mit ein.

»Daher wird die ›qualitative Inhaltsanalyse‹ auch jene Elemente im Material zu beachten haben, in denen durch das ideologisch ›verstellte Bewußtsein‹ hindurch noch emanzipatorische Hoffnung, verschüttete Phantasie und unterdrückte Bedürfnisse zum Vorschein kommen.«[56]

Latenter gesellschaftlicher Sinngehalt in Texten heißt für Bekker/Ritsert also beides: sowohl verstelltes, ideologisches gesellschaftliches Bewußtsein als auch Elemente, die über schlechte gesellschaftliche Realität hinausweisen, »Elemente der Auflehnung«[57] enthalten.

Auch für Lorenzer transportieren Texte auf der manifesten und der latenten Ebene Sinngehalte, wobei für ihn die latenten Sinnstrukturen von Texten all die Gehalte umfassen, die vom allgemeinen gesellschaftlichen Bewußtsein ausgeschlossen sind.

»Die Enträtselung der unbewußten Bedeutungen ist das Leitmerkmal der psychoanalytischen Kulturanalyse. Deshalb nennen wir sie Tiefenhermeneutik. (...) Das Unbewußte, auf das diese Hermeneutik zielt, sind die vom gesellschaftlichen Konsens ausgeschlossenen Lebensentwürfe. (...) Das Unbewußte ist das Verbotene. Es sind die Wünsche, die der allgemeine Konsens verpönte; sie widersprechen den Normen und Werten der geltenden Kultur.«[58]

Was Ritsert als gesellschaftlich falsches Bewußtsein bezeichnet und als ebenfalls erst herauszuarbeitendes dem latenten Gehalt zuordnet, gehört für Lorenzer zur Ebene des manifesten Gehaltes. Latenter Gehalt umfaßt bei ihm lediglich die Inhalte, die nicht mit gesellschaftlich gebilligten Mustern übereinstimmen, also das, was Becker/Ritsert als »Elemente der Auflehnung« bezeichnen.[59]

Sowohl bei der qualitativen Inhaltsanalyse als auch bei der Tiefenhermeneutik geht es darum, »eingefrorene gesellschaftlich relevante Denkmuster« aufzuspüren und kritisch zu hinterfragen. Dabei liegt der Schwerpunkt bei der Inhaltsanalyse darauf, die ideologischen Muster (z. B. in der Bild-Zeitung oder der Regenbogenpresse) herauszuarbeiten, während der Erarbeitung der Elemente, die über bestehende Realitäten hinausweisen, eher weniger Raum gegeben wird.

Die kritische Tiefenhermeneutik hingegen legt den Schwerpunkt eben gerade auf das Verpönte, auf das gesellschaftlich Ausgeschlossene. Literaturinterpretation hat nach Lorenzer die Aufgabe, das unbeliebte und tabuisierte Material herauszuarbeiten und offenzulegen.

Die Methoden, sich dem latenten Gehalt zu nähern

Sowohl für die Inhaltsanalyse als auch für die Tiefenhermeneutik sind die Theorien, auf deren Hintergrund die Interpretationen stattfinden, von großer Bedeutung, allerdings wird die Theorie jeweils verschieden in den Interpretationsprozeß miteinbezogen.

Für die qualitative Inhaltsanalyse sind zwei Theoriestränge notwendig: eine kritische Gesellschaftstheorie, die die Einordnung des zu untersuchenden Materials in den gesellschaftlichen Kontext ermöglicht[60], und eine gegenstandsspezifische Theorie[61], die sich im engeren Sinne auf die in den Texten behandelten Inhalte bezieht. Aus letzterer werden Dimensionen und Kategorien entwickelt, die in einem Prozeß der Applikation und Reapplikation an den Text auf ihre Triftigkeit überprüft werden.[62]

Die Entwicklung der Dimensionen und Kategorien sowie deren Anwendung auf den Text hat in einem dialogischen Prozeß einer Gruppe von Forschenden zu erfolgen, die die Kategorien nach Übereinstimmung bei der Zuordnung entsprechender Textbestandteile als brauchbar oder wenig zutreffend einstufen. Die kollektive Organisation und Durchführung der qualitativen Inhaltsanalyse ist von Anfang an erforderlich: »(...) denn gerade über das Vorverständnis und den theoretischen Rahmen müssen sich die Interpreten im Verlauf der Auswertung immer wieder von neuem, und von Pretest zu Pretest mit nach Möglichkeit zunehmendem Erfolg, einigen.«[63]

Lorenzer versteht die tiefenhermeneutische Textinterpretation auch als eine Kulturanalyse, da sie auf »Veränderung von Bewußtsein und Lebenspraxis«[64] zielt. Als ihren notwendigen Hintergrund erachtet er zum einen psychoanalytische Theorien[65], zum anderen »kritische Gesellschaftstheorie, die kulturelle Phänomene als soziale durchsichtig machen kann, die klarmachen kann, wie die kulturellen Gestalten aus der Wirklichkeit der Lebenstätigkeit und der Lebensverhältnisse einer Gesellschaft hervorgehen und hervorgingen.«[66]

Lorenzer gibt nun nicht, wie Becker und Ritsert, eine genaue Methode an, wie Kategorien aus der Theorie herzuleiten sind, um sie dann an den Text anzulegen – im Gegenteil: er warnt davor, vorgegebene Theorien auf die jeweiligen Erkenntnisfelder aufzupfropfen.[67] Für ihn liegt der Schwerpunkt auf der psychoanalytischen Methode. Angewandt auf Literaturinterpretation bedeutet dies:

»Genau wie sich der klinisch arbeitende Analytiker emotional auf die vom Analysanden initiierte Szene einlassen muß, um zu einem Verstehen der unbewußten Inhalte zu gelangen, ist auch bei der Textinterpretation entscheidend, daß sich die Interpretierenden auf die ›szenische Erfahrung‹ einlassen, d. h. in das Drama, das die Literatur bietet, emotional einsteigen.«[68]

Die Betroffenheit, die bei der Lektüre eines Textes bei den LeserInnen entsteht, gilt es wahrzunehmen und als Erkenntnismittel für die Aussage des Textes zu nutzen.

»Es gilt, die Wirkung, die sich beim Leser einstellt, zu verstehen und im ›Leser/Interpreten‹ einsichtig zu machen, um so die Grenze zu den noch nicht bewußtseinsfähigen Lebensentwürfen zu verändern.«[69]

Ein Schlüssel zu den noch nicht bewußtseinsfähigen Inhalten sind z. B. Irritationen, die der Text in den LeserInnen hervorruft und denen sie nachgehen sollten.

»Aus der szenischen Anteilnahme erwächst das szenische Verstehen. Beides gelingt nur dann, wenn der Leser/Interpret seine eigenen Lebensentwürfe als ›Vorannahmen über das Erlebnis des anderen Menschen‹ einsetzt – um die Differenz im Spiel mit den Situationsbildern aufzubauen, und zwar so lange, bis sich die Struktur der dargestellten Szenen von der eigenen Lebenserfahrung her buchstabieren und zusammenfügen läßt zu einer ›szenischen Aussage‹.«[70]

Dieser Prozeß läuft nun keineswegs theorielos. Auch hier geht es um einen Wechselprozeß von theoretischen Vorannahmen und den aus den Texten herausgearbeiteten szenischen Aussagen.

»Sie (die Tiefenhermeneutik, H. u. K. K.) muß auf zwei Beinen stehen: dem emphatischen Sich-Einlassen auf den Text einerseits und der Ausrichtung der Annahmen auf systematische Theorie andererseits.«[71]

Das komplexe Zusammenspiel von theoretischem Hintergrund, szenischer Erfahrung und Rückwirkung auf Theorie führt Lorenzer nicht aus. Dies, so Lorenzer, müsse an jeweils konkretem Material vorgeführt werden.[72]

Genau wie für Becker/Ritsert ist auch für Lorenzer eine Gruppe, die gemeinsam einen Text interpretiert, der ideale Rahmen, um dem unbewußten Bedeutungsgehalt eines Textes auf die Spur zu kommen. Allerdings entwirft er diese Gruppe nach dem Modell einer Balintgruppe, in der es einen Leiter gibt, der den unbewußten Faden der Diskussion herauszufiltern sucht.[73]

Hier bevorzugt er ein hierarchisch strukturiertes Modell, während Becker/Ritsert ein dialogisches Konzept verfolgen, bei dem es keine übergeordnete, beobachtende Instanz gibt, sondern die Beteiligten im Diskussionsprozeß konsensfähige Zuordnungen treffen müssen.

Unsere Methode

1. Ideologiekritische, tiefenhermeneutische Textinterpretation

Schwesternbilder in der Literatur transportieren neben realen Elementen schwesterlicher Existenz verformte Bilder von Schwesternbeziehungen und damit auch Frauenbeziehungen in unserer Gesellschaft. Aber sie enthalten auch, wie die meisten literarischen Produkte, über gängigen gesellschaftlichen Konsens hinausweisende Momente.

Da wir diese verschiedenen Ebenen in der von uns ausgewählten Literatur erfassen möchten, ist für uns die Integration bestimmter Aspekte der oben dargestellten Methoden notwendig. Auf die Inhaltsanalyse beziehen wir uns insofern, als wir die vorliegenden wissenschaftlichen Ausführungen zu Schwestern auf der Suche nach erklärungskräftigen Aussagen einer kritischen Prüfung unterziehen und einen eigenen theoretischen Ansatz zum Thema entwickeln.[74] Dazu gehört die Explikation unserer Vorannahmen und Interessen.

Der Wechselprozeß zwischen theoretischer Auseinandersetzung und Literaturinterpretation ermöglicht uns, ideologische Muster im Material zu erkennen.

Dem methodischen Ablauf der Inhaltsanalyse folgen wir aus verschiedenen Gründen nicht. In unserem Themenbereich ›Frauenbeziehungen‹ steht die Theoriebildung erst am Anfang, so daß innovativer Umgang mit literarischen Texten, der zur Erweiterung vorliegender Theorien führt, wichtiger ist als ein Verfahren, das zwar den Güte- und Prüfkriterien empirischer Untersuchungen entspricht, aber gemessen am Stand der Theoriebildung verfrüht eingesetzt wäre. Die Inhaltsanalyse als soziologisches Instrument ist zur Analyse von Massenprodukten entwickelt. Sie zielt auf Quantifizierung ideologischer Muster. Gegenüber differenzierten Texten bleibt sie stumpf, da sie kein Instrumentarium zur Verfügung stellt, deren Vielschichtigkeit gerecht zu werden.

In Anlehnung an die Tiefenhermeneutik werden wir versuchen, auch den vom gesellschaftlichen Konsens ausgeschlossenen Strukturen und Inhalten auf die Spur zu kommen. Sie läßt uns auch für die Theoriebildung mehr Freiraum. Der radikale Blick auf die emotionalen Bewegungen der Interpretierenden fordert im ersten Arbeitsschritt das Aufgeben der vorab ordnenden Kategorienbildung. Unbewußte, verdrängte Inhalte werden darüber erkannt, daß die Interpretierenden sich dem Texterleben hingeben und emotionale Irritationen nutzen, den latenten Text aufzuspüren.

Da Lorenzer keine weiteren technischen Hilfsmittel zur Umsetzung seiner Methode gibt, sondern fordert, die Methode müsse an jedem Gegenstand vorgeführt werden, läßt er sehr viel Raum, Interpretationsprozesse entsprechend den Themen, Interessen und Voraussetzungen, die die Interpretierenden jeweils mitbringen, zu gestalten. Deshalb ist sein Ansatz für uns, die wir ein Frauenthema bearbeiten, das dringend nach methodischem Freiraum verlangt, so wertvoll.

Allerdings entspricht diese Methode erst in Kombination mit den oben erwähnten Aspekten der Inhaltsanalyse, nämlich der Explikation theoretischer Voranahmen und Interessen, unseren Vorstellungen, Zusammenhänge zwischen subjektiver Erfahrung und Theoriebildung über den Weg der Literaturinterpretation herstellen zu können.

2. Die Erweiterung des szenischen Verstehens

Um zu einem kontrollierten Umgang mit unserem emotionalen Erleben der untersuchten Texte zu gelangen, haben wir Lorenzers Ansatz um zwei Aspekte erweitert.

Lorenzer fordert das emotionale Einsteigen auf das »Drama des Textes« und die Arbeit am eigenen Erleben. Er stellt jedoch kein Konzept zur Verfügung, das eine Distanzierung von den durch den Text ausgelösten Gefühlen nahelegt. Das Konzept der Gegenübertragung eröffnet für uns diese Perspektive. Unter ›Gegenübertragung‹ wird die Gesamtheit der unbewußten Reaktionen der Analytikerin auf die Person der Analysandin und ganz besonders auf deren Übertragung verstanden.[75]

Ohne auf die verschiedensten Definitionen und Abgrenzungen des Begriffes einzugehen, soll hier der Aspekt herausgegriffen werden, der für die Interpretation von Texten, insbesondere für das Auffinden des latenten Gehaltes, bedeutsam ist.

Nach Freud »(...) besitzt jeder Mensch in seinem eigenen Unbewußten ein Instrument, mit dem er die Äußerungen des Unbewußten beim anderen zu deuten vermag.«[76] Der Zugang zu dieser unbewußten Ebene wird durch das Wahrnehmen der Gefühle eröffnet, die sich im Analytiker abspielen. Je klarer dem Analytiker seine eigene Konfliktstruktur in bezug auf ein vom Analysanden dargestelltes Konfliktfeld ist, um so deutlicher kann er dessen Konfliktstruktur verstehen und entsprechend deuten.

Der gleiche Prozeß spielt sich bei der Lektüre eines Textes ab: ein Text löst immer Gegenübertragungsgefühle und -reaktionen aus, deren Verständnis einen Zugang zum latenten Gehalt des Textes eröffnet. Je weniger der vom Text in den Interpretierenden angesprochene Konflikt diesen bewußt ist und von diesen bearbeitet ist, um so bedrohlicher kann die Interpretationsarbeit werden.

Wie und warum diese Prozesse gerade für Frauen so bedrohlich sein können, aber dennoch für den Forschungsprozeß produktiv gemacht werden können, stellt Maya Nadig sehr anschaulich dar:

»Das Ernstnehmen der eigenen Reaktionen, also der Gegenübertragung auf den Forschungsgegenstand und die Daten, erlaubt Rückschlüsse auf unsichtbare Strukturen im untersuchten Thema, Feld oder Gegenüber. Es ist für eine Frau besonders schwierig, mit dem Thema Frau umzugehen, wenn eigene tief verdrängte Wunden und Verletzungen angerührt werden und die Abwehr zusammenzufallen droht. In einem solchen Augenblick kommen existentielle Probleme mit ins Spiel, deren Bewältigung zentral ist. Wird das Problem als zwar durch die Forschungsarbeit ausgelöstes, aber eigenes biographisches erkannt, so können darin Hinweise auf Strukturen des Forschungsgegenstandes gefunden werden. Die eigenen unbewußten Konflikte sprechen auf etwas Unsichtbares im Forschungsgegenstand oder Forschungs-Setting an. Von hier aus kann nun ein roter Faden in neue vielleicht unvermutete Zusammenhänge des Themas führen. Werden die eigenen Spannungen hingegen auf den Forschungsgegenstand verschoben und projektiv ausagiert, so erstarrt der Erkenntnisprozeß und die Grenzen der alten Denk- und Wertstrukturen können nicht überschritten werden.«[77]

Der zweite Aspekt, der uns wichtig erscheint und der ebenfalls aus der psychoanalytischen Theorie stammt, ist der der Wiederspiegelung. Dieses Phänomen ist insbesondere von Argelander in bezug auf die Balint-Gruppe ausgeführt worden.[78] In der Balint-Gruppenarbeit stellen ÄrztInnen PatientInnen vor, mit denen sie Schwierigkeiten im Umgang und in der Behandlung haben. Die PatientInnen sind meist in ein kompliziertes soziales Beziehungsgefüge eingebettet, das zur Komplikation der Behandlung beiträgt und dessen Dynamik verstanden werden muß.

Auch die Balintgruppe selbst ist ein vielfältiges Beziehungsgefüge, das durch das Mobilisieren eigener unbewußter Prozesse der TeilnehmerInnen zum Verstehen der unbewußten Sinnzusammenhänge führt, in denen die Patientin oder der Patient steht.[79]

Argelander legt großen Wert darauf, daß die zu verstehende Situation und die Forschungssituation Strukturähnlichkeiten aufweisen, um ein besseres Verständnis zu ermöglichen.

Wir erweitern also die Methode der Tiefenhermeneutik um den Begriff der Gegenübertragung sowie um die konsequente Beachtung der Strukturähnlichkeiten zwischen unserer Forschungssituation und dem untersuchten Thema.

3. Der Altersunterschied wird zur Methode

Ein vorgegebenes und folgenreiches Strukturmerkmal von Schwesternbeziehungen ist der Altersunterschied. Er bestimmt die Konfliktfelder zwischen Schwestern mit. Wir setzen dieses Moment methodisch so um, daß sich die ältere von uns, Helga, in allen theoretischen und literarischen Materialien mit der

Erstgeborenen beschäftigt, während sich die jüngere, Karin, mit all dem befaßt, was uns zur Zweitgeborenen vorliegt.

Damit wollen wir die Kompetenz nutzen, die wir als erste und zweite für die Betrachtung der jeweiligen Schwesternfiguren mitbringen. Dieses Vorgehen entspricht auch unserem Interesse, über die theoretische und interpretatorische Arbeit die eigene (reale) Schwesternposition noch einmal genauer zu betrachten und verstehen zu wollen.

Wir stellen uns gleichberechtigt und zu zweit den literarischen und theoretischen Texten. Wir konfrontieren uns mit ihnen nicht in einer Gruppe ohne LeiterIn wie bei der Inhaltsanalyse und auch nicht in einer Gruppe mit LeiterIn wie in der Tiefenhermeneutik.

4. Die Initialszene

Bevor wir mit den Interpretationen begannen, setzten wir uns einen klaren Arbeitsrahmen für unseren Umgang mit den literarischen Texten. Nach einer ersten Lektüre wollten wir jedes einzelne Werk zunächst in einer festgesetzten Zeit von eineinhalb Stunden gemeinsam diskutieren. Wir wollten über den Text sprechen, über unsere Gefühle und Assoziationen dazu. Aus diesem gemeinsamen Diskussionseinstieg sollten sich weitere Fragestellungen ergeben.

Schon gleich bei der ersten in dieser Weise angelegten Diskussion entwickelte sich zwischen uns eine emotional aufgeladene soziale Szene, deren Dynamik uns überraschte, erstaunte und erschreckte.[80] Wir waren in einen Streit verwickelt, standen uns mit anscheinend unauflösbar gegensätzlichen Einschätzungen zum Text gegenüber, konnten die Gefühle und Beweggründe der jeweils anderen nicht teilen.

Zum Verständnis dieser Szene und zur Auflösung unseres Konfliktes war die intensive Interpretation des gesamten Werkes nötig. In ihrem Verlauf verstanden wir die verschiedenen Facetten der Szene, die sich zwischen uns ereignet hatte.

Die methodische Einsicht, daß Texte Gegenübertragungsgefühle auslösen und daß Strukturähnlichkeiten bestehen zwischen den Inhalten des Textes und der Szene zwischen uns Leserinnen, hat uns geholfen, diese Szene als durch den Text induzierte zu verstehen. Diese Einsicht gab uns trotz des Konfliktes genügend Distanz, um unser Interesse aufrechtzuerhalten, die Szene über die genaue Interpretation verstehen zu wollen.

Im Nachhinein können wir sagen, daß wir uns mit unserem strengen Arbeitsrahmen intuitiv ein Arbeitssetting gegeben haben, das sich an therapeutischen Settings orientiert und zwei Funktionen erfüllt. Es eröffnet einen Raum, in dem sich eine bedeutsame Szene entwickeln kann. Durch den zeitlich vorgegebenen Rahmen können Diskussionen nicht willkürlich abgebrochen werden, um Konflikten auszuweichen oder Auseinandersetzungen zu verhindern. Zugleich bietet die Begrenzung auch Schutz, die Diskussion ist deutlich unterschieden von unserer Alltagsbeziehung, wird im Zusammenhang mit der Textinterpretation verstanden.

Die Heftigkeit dieser ersten Szene wiederholte sich mit jeweils anderen Inhalten bei jeder ersten Diskussion der anderen Werke. Allerdings waren wir nun schon darauf vorbereitet und weniger überrascht. Zunehmend klarer sahen und verstanden wir, daß und wie wir von Gegenübertragungsgefühlen erfaßt wurden. Dadurch waren wir der Dynamik nicht mehr in gleicher Weise ausgeliefert wie zu Beginn.

So haben wir ein methodisches Instrument gefunden und entwickelt, das es erlaubt, den latenten Gehalt von Texten, in denen eine Beziehung gestaltet wird, mit Hilfe der Beziehungsstruktur, die sich zwischen den Forschenden bei der Interpretation ergibt, zu entschlüsseln. Wir nennen diese Szenen, unser methodisches Instrument, Initialszene.

Die Initialszene erhält ihre Dynamik aufgrund der unterschiedlichen Gegenübertragungsgefühle, die der Text in jeder von uns auslöst. Außerdem gestaltet sich unsere Beziehung in der Initialszene spiegelbildlich zu der in den Texten latent enthaltenen Szene zwischen Schwestern. So wird nicht nur das Nebeneinander der Gefühle und Gedanken jeder einzelnen erfaßt, sondern zugleich die Beziehung.

Hier wird klar, welche zusätzliche Erkenntnismöglichkeit zum Thema »Schwestern« sich dadurch ergibt, daß es gemeinsam von zwei Schwestern bearbeitet wird: die latenten Beziehungsstrukturen zwischen Schwestern können aufgedeckt und erkenntnisfördernd genutzt werden.

Im Kapitel III der Arbeit dokumentieren wir die erste Initialszene und die Interpretation, in deren Verlauf wir diese Szene verstehen lernten. Die Stationen unseres Verstehens beschreiben wir unter der Überschrift »Neue Perspektiven im Arbeitsprozeß«. Im Kapitel V interpretieren wir weitere literarische Texte zu Schwestern auf der Grundlage der Initialszenen.

Das Material

Weil wir grundlegende Strukturen von Schwesternbeziehungen aufdecken und unsere Beziehung als Medium der Erkenntnis nutzen wollten, haben wir uns auf das Motiv des Schwesternpaares im Gegensatz zur Schwestern- oder Geschwistergruppe beschränkt.

Wir haben die Auswahl unseres Materials außerdem auf das Motiv ›erwachsene Schwestern‹ eingegrenzt, die Darstellung der Beziehung zwischen den Schwestern sollte zentrales Thema des Schwesternmotivs sein, und wir wollten moderne Schwesternbilder untersuchen, die von Frauen entworfen sind. Hinsichtlich der literarischen Gattungen, sei es Erzählung, Roman oder Buch zum Film, haben wir uns keinerlei Beschränkungen auferlegt.

Zur Interpretation wählten wir schließlich »Bindungen« von Barbara Frischmuth, »Die Liebesgeschichte der Jane Somers« von Doris Lessing, »Getrennte Wege« von Deborah Moggach, Christa Wolfs »Kassandra« und die beiden Filmbücher »Schwestern – oder die Balance des Glücks« und »Die bleierne Zeit« von Margarethe von Trotta.[81]

An die ausgewählten Autorinnen und ihre Werke knüpften wir die Hoffnung, »positive Heldinnen« im Sinne Margit Brückners zu finden:

»Ich habe mich auf die Suche nach einer positiven Liebesgeschichte aus weiblicher Sicht in der gegenwärtigen Literatur gemacht: nach einer Heldin, die die Möglichkeit zur Identifikation bietet – nicht mit ihrem Leid, sondern mit ihrer Kraft, mit ihrer Entdeckung von lebbarer Beziehung, also nach einer Heldin, die Hoffnung macht.«[82]

Wir suchen die Schwesternbeziehung, die Hoffnung macht.

Die Veränderung des theoretischen Bezugs

Die traditionelle Geschwisterforschung rüstet lediglich Alltagswissen zu Schwestern wissenschaftlich auf, indem sie Oberflächenphänomene in aufwendigen empirischen Untersuchungen festschreibt, ohne sie klären zu können. Sie eignet sich deshalb nicht als theoretischer Hintergrund für unsere Literaturanalyse, die wir mit dem Interesse durchführen, Perspektiven für egalitäres Miteinander von Schwestern zu finden. Diese Erkenntnis zwingt uns, einen anderen, unseren Fragen angemessenen theoretischen Rahmen zu entwickeln.

Für die folgende Interpretation von Frischmuths Erzählung, in deren Mittelpunkt die Beziehung zweier Schwestern steht, überlassen wir uns entsprechend der tiefenhermeneutischen Methode dem Text mit dem Interesse, die Beziehungsdynamik der dargestellten Schwestern erkennen und verstehen zu wollen.

In diesen Prozeß gehen wir natürlich nicht ›leer‹, ohne jegliche Vorstellungen. Doch sind unsere Entwürfe noch vage, haben nicht den Status einer Theorie. Vorstellungen von Kränkungen, die Frauen sich zufügen können, aber auch von Auseinandersetzungen, in denen Schwestern aufeinander zugehen, sind inhaltliche Stränge, die wir verfolgen werden.

Teil III

Ein Weg zu neuen Wahrnehmungen

Interpretation von Barbara Frischmuths Erzählung »Bindungen«

Die Entscheidung für Frischmuths »Bindungen«

Von Anfang an war uns klar, daß die Untersuchung literarischer Werke eine herausragende Rolle in unserer Arbeit einnehmen würde. Für eine ausführliche Interpretation haben wir die Erzählung »Bindungen« von Frischmuth ausgewählt. Frischmuth stellt im Vergleich zu anderen Autorinnen ›ganz normale‹ Schwestern dar, die weder explizit frauenbewegt sind noch sich in besonderer Weise in der Öffentlichkeit exponieren. Auch fehlen dramatische Zuspitzungen wie Tod oder Wahnsinn einer der Schwestern oder gar beider.

Fanny ist Archäologin und hat eine Stelle an der Universität. Durch das Scheitern ihrer Liebesbeziehung ist sie in eine schwere psychische Krise gekommen. Sie verbringt den Sommer im Haus ihrer jüngeren Schwester Malwine, die dort mit Mann und Sohn lebt. Fanny verläßt die Schwester in deutlich stabilisiertem Zustand und wendet sich wieder ihrer Arbeit zu.

Die Ich-Erzählerin Fanny steht im Mittelpunkt der Erzählung. Der Handlungsverlauf und die Reflexionen zum unglücklichen Ausgang der Liebesbeziehung, die durch kursiv gedruckte Einschübe formal abgehoben sind, werden aus ihrer Perspektive erzählt.

Unter Verzicht auf Spektakuläres und Sensationelles gelingt es Frischmuth, eine Schwesternbeziehung zu gestalten, die die innere Dramatik zwischen den beiden Frauen deutlich werden läßt. Die Sprengkraft des Prozesses der Frischmuthschen Schwestern hat sich uns unmittelbar mitgeteilt. Bei unseren ersten Diskussionen hat uns Frischmuths Text in eine spannungsgeladene Debatte gelockt. Diese Brisanz haben wir ernst genommen und als Zeichen dafür gewertet, daß der Text Konflikte transportiert, die es zu analysieren lohnt.

Initialszene

Mit der Diskussion um Frischmuths »Bindungen« steigen wir in eine mit Spannung und Freude erwartete neue Phase der Arbeit ein: die Interpretation von Literatur.

Die Atmosphäre zwischen uns ist nervös, atemlos.

Schon als wir unsere ersten Eindrücke zu der Erzählung austauschen, prallen konträre Einschätzungen aufeinander. Wir verwickeln uns in einen heftigen Streit, sind jeweils mit einer der Schwesternfiguren identifiziert.

Helga empfindet ein Gefühl der Genugtuung bei der Betrachtung der Figur Fanny. Diese hat sich während des Aufenthaltes bei der Schwester genommen, was sie brauchte, um sich schließlich wieder besser zu fühlen. Sie hat sich auch die eine oder andere Grenzüberschreitung erlaubt, ist ihren spontanen Bedürfnissen nachgegangen. Erleichternd und wohltuend erlebt Helga die Gestaltung dieser Frauenfigur. Sie ist sicher, daß Fanny mit ihren unbekümmerten Zugriffen die jüngere Schwester sei.

Karin empfindet Fanny als scham- und rücksichtslos. Sie sieht Malwine als Opfer der ausbeuterischen Schwester. Malwine will Fanny helfen, sie stellt ihr vieles zur Verfügung, eine gemütliche Umgebung, Zeit und Aufmerksamkeit, doch am Ende bleibt sie als Betrogene zurück. Malwine kann sich nicht wehren, durchschaut die Spiele der Schwester nicht, geht immer wieder vertrauensvoll auf Fanny zu. Karin hält Malwine für die Schwächere und geht davon aus, daß sie die jüngere Schwester ist.

Wir sind beide schockiert, wie bedingungslos wir so gegensätzliche Positionen vertreten. Jede von uns war davon ausgegangen, daß die andere selbstverständlich ihre Einschätzung teilen würde. Helga war sicher, daß Karin Fanny auch als Frau sieht, die kraftvoll ihren Interessen und Bedürfnissen folgt. Karin erwartete selbstverständlich, Helga teile ihre Position, daß Malwine die von Fanny Ausgenutzte sei.

Bedrohlich ist für uns beide die Intensität unserer Auseinandersetzung, die Starrheit, mit der jede von uns an ihrer Einschätzung fest-

hält. Wir haben keine Distanz zu den Figuren. Es geht offensichtlich um mehr als um die Interpretation von Literatur.

Karin erlebt in der Diskussion Gefühle der Schwäche, die sie längst überwunden geglaubt hatte.

Helga wird in der Szene immer mehr zur Dominierenden, die sich ihren Raum nimmt.

Um das Machtgefälle aufzulösen, versucht jede, die andere auf ihre Seite zu ziehen, sie von der Richtigkeit ihrer Einschätzung zu überzeugen. Wir wollen den Machtkampf zwischen uns überwinden, indem wir uns gegenseitig mit Macht zu überzeugen versuchen. Das mißlingt.

Nur mühsam finden wir am Ende der Diskussion über unsere Methode wieder zusammen. Wir waren davon ausgegangen, daß Texte Gegenübertragungsgefühle evozieren. Offenbar haben wir dies gerade szenisch erlebt. Zwischen uns hat sich eine Beziehungsdynamik hergestellt, wir haben tatsächlich eine Auseinandersetzung gehabt, die etwas über die Konflikthaftigkeit der literarischen Schwesternbeziehung aussagt. Wir waren aber nicht darauf eingestellt gewesen, mit einer solchen Heftigkeit in einen Streit zu geraten.

Angestrengt und erschöpft vertagen wir uns und beschließen, diese Erzählung genau zu interpretieren, um die Ursachen unserer brisanten Auseinandersetzung im Rahmen der Textinterpretation aufzuklären.

Bei der folgenden Darstellung unserer Interpretationsarbeit beschreiben und ergründen wir die Figuren der älteren und der jüngeren Schwester. Danach wenden wir uns den Konflikten zwischen den Schwestern zu.

In den Abschnitten »neue Perspektiven« dokumentieren wir unseren Arbeitsprozeß. Dabei schreibt die ältere von uns, Helga, über die ältere literarische Figur, Fanny, und die jüngere, Karin, über Malwine.

Die mit denselben Zahlen gekennzeichneten Arbeitsprozesse der beiden Teile über Fanny und Malwida sind inhaltlich aufeinander bezogen und verdeutlichen parallel gelesen die Dynamik unseres Erkenntnisgangs.

Fanny, die Ältere

Offensichtliches

Die erfolgreiche Wissenschaftlerin

Frischmuth zeichnet die Figur der Erstgeborenen Fanny als unverheiratete promovierte Wissenschaftlerin, die in der Stadt lebt. Als Assistentin an der Universität hat sie einen vielseitigen Arbeitsalltag. Sie unterrichtet Studenten, arbeitet an Veröffentlichungen und unternimmt Forschungsreisen. Innerhalb der Familie steht ihre Position als Wissenschaftlerin nicht in Frage. So stellt ihr Schwager sie bei einem Fest als »unser gelehrtestes Stück« vor.[1] Für sie selbst ist die Arbeit ein Bereich, in dem sie sich sicher und wohl fühlen kann.

»Wenn ich nachts dann noch am Schreibtisch sitze, freiwillig, mit überwachen Sinnen, die mein Interesse stimuliert hat, komme ich manchmal in eine bestimmte, beinahe glückhafte Seelenlage, der ich mit einem Zigarillo begegne, von der Sorte, wie Maurice sie gelegentlich geraucht hatte. Da ist mir dann, als könnte nichts und niemand mir etwas anhaben.«[2]

Maurice, der Professor, bei dem Fanny als Assistentin arbeitet, ist der Förderer ihrer wissenschaftlichen Karriere. Er hat sie eingestellt, weil er ihre Fähigkeiten schätzt.

»Als ich damals kurz vor der Promotion als Assistentin zu ihm kam, sagte er, ich nehme dich, weil du nicht nur Hirn, sondern auch einen Sinn für die Dinge hast.«[3]

Von ihm fühlt Fanny sich als gleichberechtigte Diskussionspartnerin ernstgenommen, wie bei einer gemeinsamen Grabungsreise deutlich wird. Von Maurice erhält Fanny wertvolle Hinweise zur Gestaltung ihrer Karriere, er sorgt sich auch um ihr privates Wohl, wünscht ihr jemanden, der sich um sie kümmert, so wie seine Frau sich zeitlebens um ihn gekümmert hat.

Er stirbt kurz nach der Rückkehr von der Grabungsreise bei einem Autounfall.

Fanny hat nicht nur diesen guten Freund verloren, sondern auch eine Liebesbeziehung zu einem anderen Mann ist gerade in die Brüche gegangen, als sie zu Malwine kommt. Seit Beginn ihres Studiums hatte Fanny immer wieder wechselnde Liebesbeziehungen zu Männern. Ursachen und Zusammenhänge des Scheiterns ihrer letzten Beziehung versucht sie während des Aufenthaltes bei der Schwester zu ergründen.

Für Fanny als beruflich emanzipierte Frau steht die Arbeit im Mittelpunkt ihres Lebens. Sie übernimmt nicht die traditionelle Frauenrolle, einen Mann bei seiner Karriere zu unterstützen, hat aber auch selbst nicht wie ihr verheirateter Kollege Maurice die Unterstützung und Begleitung durch einen Partner.

Die Schwester als Gegenpart

Skeptisch bis ablehnend steht Fanny ihrer Schwester gegenüber, die ein anderes Leben führt. Fanny findet es typisch für Malwine, daß sie immer im richtigen Moment weiß, was zu tun ist.

»Meine kleine Schwester Malwine, die im richtigen Augenblick kommt, sonst nie, aber wenn es soweit ist, kommt sie, ungerufen, zumindest von mir ungerufen.«[4]

Distanziert und ironisch nennt Fanny Malwine immer wieder »meine kleine, glückliche Schwester« und grenzt sich von ihr ab. So stellt Fanny sich im Gegensatz zu Malwine als diejenige dar, die sich vorgegebenen Mustern nicht beugt und den Reiz der Grenzüberschreitung liebt: Während Malwine immer wieder betont, daß der Hund im Wald an der Leine geführt werden muß, will Fanny ausprobieren, ob er auch gehorcht, wenn sie ihn frei laufen läßt. Bei einem Spaziergang läßt sie die Leine absichtlich zu Hause. Der Hund reißt einen Hasen.

Zu dem Sohn der Schwester findet sie nur schwer Kontakt, zumal sie die Rolle der Versorgenden nicht einnimmt. Über ihre Arbeit stellt sie schließlich eine Beziehung zu dem Kind her: sie veranstaltet eine Grabung auf dem gepflegten Rasen der Schwester. Malwine reagiert wütend auf diese Aktion.

Ihr Schwager wird im Laufe des Aufenthaltes immer interessanter für Fanny, und sie schreckt nicht davor zurück, sich mit ihm auf eine Affäre einzulassen.

Im direkten Zusammensein mit der Schwester macht Fanny deutlich, daß Malwines Art, mit Problemen umzugehen, für sie keine Lösung ist. Im Gegensatz zu ihr möchte sie die Konflikte ergründen und benennen.

Malwine schlägt Fanny vor, sich wie sie selbst mit etwas Handwerklichem zu beschäftigen, das sei beruhigend. Fanny lehnt ab. Auf Malwines Frage, was sie denn wolle, antwortet Fanny:

»›Was ich wirklich will? Ihn.‹
›Aber Fanny.‹ Malwine schreit beinahe. ›Du hast selbst gesagt, daß du das nicht willst. Daß es nicht geht. Es ist sinnlos.‹
›Eben.‹ Und zum ersten Mal bleibe ich ruhig in einem Gespräch wie diesem. ›Aber da kann ich mir keinen Schal drumherumstricken.‹
Malwine seufzt. Gleich wird sie malen gehen. Meine Hände liegen noch immer auf dem Tisch, vollkommen ruhig.«[5]

Fanny konfrontiert sich radikal mit ihren Wünschen, auch wenn sie, wie der nach dem verlorenen Geliebten, nicht zu erfüllen sind. Danach fühlt sie sich ruhiger.

Im Gespräch mit der Schwester über die Mutter profiliert sich Fanny als die Kritischere und Distanziertere. Während Malwine betont, die Mutter habe den ganzen Tag »gerackert«[6], sieht Fanny die Mutter als Frau, die viele Träume hatte, ohne sie erfüllen zu können.

»Sie war ein bißchen verhindert, das ist alles. Sie war eine verhinderte Operndirektorin, eine verhinderte Trapezkünstlerin (...) Und weil so viele Verhinderte in ihr waren, mußte sie immer der Big Boß sein, der das Geld nach Hause brachte und dafür Ruhe haben wollte.«[7]

Mit ihrer unerbittlichen Art, die Mutter zu sehen, provoziert Fanny die Schwester schließlich so, daß Malwine entsetzt sagt:

»Du bist wie sie, genauso wie sie, nur irgendwie schwächer.«[8]

Und auch hier konfrontiert sich Fanny radikal. Sie nimmt Malwines Vorwurf an, führt ihn unter Bezug auf das Leben der Mutter ohne Mann weiter und erschreckt die Schwester damit.

»›Ja‹, sage ich zu Malwine, ›es gibt gewisse Ähnlichkeiten.‹ Und dann hole ich tief Luft. ›Sogar Parallelen, wenn du darauf anspielst (...)‹
›Nein, nein, das meine ich ganz bestimmt nicht (...)‹ Malwine schüttelt abwehrend den Kopf.
›Aber ich.‹
›Das bildest du dir ein.‹ Malwine schreit fast.
›Aberglaube, der reinste Aberglaube (...)‹«[9]

Was Malwine erschreckt, ist für Fanny beruhigend: das kritische Durchdringen ihrer Situation, das Anschauen der ungeschminkten Wahrheit, die radikale Konfrontation mit ihren Wünschen und das teilweise kompromißlose Umsetzen derselben, ohne strategische Überlegungen und ohne Rücksicht auf Konventionen.

Die Schwester ist für sie eine Person, an der sie in Abgrenzung ihre Sicht entwickelt.

Die Mutter

Fannys Mutter hat ihren Mann im Krieg verloren. Sie ist selbständige Geschäftsfrau, die für den Haushalt eine Hilfe beschäftigt. Eine neue Beziehung zu einem Mann will sie nicht eingehen.

»Ein Mann kommt mir nicht ins Haus, diesen Scherereien bin ich nicht gewachsen. Ich lasse mich nicht herumkommandieren.«[10]

Als Fanny noch zu Hause lebt, gibt es zwischen ihr und der Mutter Szenen großer Vertrautheit. Zum gemeinsamen Schwätzchen lassen sich die beiden von der Haushälterin Kaffee servieren, während Malwine an diesen Kaffeestunden nicht teilnimmt.

»Und wenn wir einmal alle gemeinsam ins Kino gingen, lachten Mutter und ich immer an den gleichen Stellen. Dazu unterhielten wir uns auch noch laut, so daß Malwine und die Emmi ganz verzweifelt waren.«[11]

Die Mutter betont, daß Fanny mehr wie sie sei, wenn es um den Umgang der Töchter mit Männern geht. Auch in bezug auf Fannys Fähigkeiten hat die Mutter klare Vorstellungen. Fanny ist ihre Intellektuelle. Dementsprechend wird sie von der Mutter gefördert und anstatt zu Musikstunden in den Italienisch-Unterricht geschickt.

»Sprachen, das ist es, wofür du begabt bist (...)«[12]

Während des Studiums sorgte sich die Mutter in Prüfungszeiten um Fannys Wohl und unterstützte sie mit ihren Mitteln.

»(...) und Mutter, die die Emmi veranlaßt hat, frische Haselnüsse zu kaufen – Gehirnnahrung, wie sie sagte –, wenn ich Prüfungen hatte, meinte, ›du gehörst von Zeit zu Zeit in die Dunkelkammer, damit dein Hirn ausraucht.‹«[13]

Fanny hat die Aufträge der Mutter, intellektuell zu sein und ihr in bezug auf Männer zu gleichen, anscheinend angenommen und bruchlos umgesetzt. Sie lebt, so wie die Mutter, nicht in einer festen Beziehung und hat es erreicht, als Dozentin zu arbeiten.

Die inneren Konflikte

Die zunächst bruchlos erscheinende Identifikation Fannys mit dem Lebenskonzept der Mutter und mit deren Vorstellungen von ihrer Erstgeborenen zeigt sich bei genauerer Betrachtung als konflikthaft und wenig stabil.

Die alleinlebende Frau

Fanny hat sich nicht sicher und selbstverständlich für das Alleinleben entschieden, sie lebt vielmehr in dem Gefühl, immer wieder an die falschen Männer zu geraten.

In ihrer letzten Liebesbeziehung hat sie sich aus ihrer Sicht von dem Geliebten zu großer Offenheit verführen lassen, wollte sich mit ihm auf neues emotionales Terrain begeben, doch letztlich wurde sie nicht von ihm begleitet.

»Nur in Spontaneität ist Rettung. Spring, ohne zurückzuschauen. Vielleicht entgehen wir so dem Infarkt. Unseren Krebs tragen wir ohnehin schon in uns. Eine Möglichkeit der Heilung also? Dann aber bist du am

Ufer stehen geblieben und hast gefunden, daß man mehr erfährt, wenn man anderen zuschaut, die springen.«[14]

Immer wieder taucht dieses Motiv auf: eine zwar skeptische Fanny, die sich aber dann doch öffnet und sich schließlich fallengelassen, ausgenutzt, ja benutzt fühlt.

»Du konntest gar nicht genug bekommen. Welch ein Irrtum. Du mußtest nur rasch etwas Brustnahrung haben, zwischen den nicht stillenden Zeiten. Ein bißchen Holzfeuerung inmitten von all den Etagenheizungen. Aber bereits das Zerkleinern des Holzes war ein Aufwand, den du persönlich nicht treiben wolltest.«[15]

Erst gegen Ende des Aufenthaltes bei der Schwester, als Fanny ihre innere Stabilität wieder zurückgewonnen hat, tauchen auch Gedanken zu ihrer eigenen Beteiligung am Werden und insbesondere am Vergehen der Beziehung auf.

»Es ist dir gelungen, mir glauben zu machen, es wäre etwas zwischen uns, etwas Unausweichliches. Etwas, das in dieser Form nur zwischen dir und mir stattfinden könnte, etwas, das der Mühe wert wäre. Aber es genügte, daß ich auch nur einen Schritt zur Seite trat, als du losstürmtest. Und schon war da nichts mehr einzuholen, keine Gemeinsamkeit, keine Abhängigkeit, ja auch nicht einmal Leidenschaft.«[16]

Fanny ist also selbst kurzfristig aus der Beziehung ausgestiegen und hat damit den Beginn der Trennung ausgelöst. Es bleibt offen, wieso sie zur Seite trat, in welcher Weise sie die Beziehung auf die Probe stellte.

Und schließlich konfrontiert sie sich noch damit, daß sie von Anfang an wußte, die Beziehung würde nicht von Dauer sein, und daß sie selbst auch nicht bereit war, alles zu geben.

»Ich war heiter damals und vor Freude offen. Ich hielt dich für einen Fund aus einer mir unbekannten Erdschicht, und möglicherweise war mir von Anfang an klar, daß ich dich in Kürze würde abtreten müssen. Ich gestatte mir sogar die Ehrlichkeit zuzugeben, daß ich in Wahrheit gar nicht zu allem bereit war.«[17]

Diese Überlegungen bleiben seltsam folgenlos. Sie werden nicht noch einmal aufgegriffen oder überdacht. Am Ende der Erzählung nimmt Fanny wieder die Perspektive derjenigen ein, die Opfer geworden ist und als Täterin versucht, dieser Position zu entkommen.

»Was habe ich dir noch vorzuwerfen? Du hast mir wehgetan, ich habe den Schmerz weitergegeben, es hat andere getroffen.«[18]

Neue Perspektiven im Arbeitsprozeß (I.)

Der ideologisch verformte Blick auf die Frau in Beziehung zu Männern

An Fannys »Schritt zur Seite« in der Beziehung zu dem verlorenen Geliebten entzündet sich eine Diskussion, in der sich unsere Positionen hart gegenüberstehen. Karin sieht Fanny als Frau, die immer wieder in bösartiger Weise Beziehungen abbricht und Nähe nicht zuläßt. Ich vertrete die These, sie könne nicht anders, sie tue das nicht aus bösem Willen, sondern wiederhole immer wieder Beziehungsabbrüche, wie sie sie in der Beziehung zur Mutter erlebte.

Unsere Diskussionsatmosphäre verändert sich, als ich, Helga, bei der Interpretation einer Szene zwischen Fanny und ihrer Schwester hervorhebe, daß Fanny sich mit ihren Wünschen radikal konfrontiert, auch wenn diese unerfüllbar erscheinen. Dieser Gedanke, den Karin wertvoll und anregend findet, ermöglicht uns beiden einen neuen Zugang zur Figur Fanny. Ich habe einen Aspekt dieser Frauenfigur ausgemacht, der in uns beiden etwas anspricht, woran wir uns gemeinsam freuen, mit dem wir uns beide identifizieren: den radikalen Blick auf die eigenen Wünsche.

Auf der Basis dieser Einigung betrachten wir noch einmal unsere Kontroverse. Es wird deutlich, daß unser beider Blick auf die Figur in derselben Ideologie befangen ist: wir gehen beide implizit davon aus, daß Frauen in Beziehungen alles geben, bedingungslos verfügbar sein müssen, um die Beziehungen zu erhalten. Unsere Sichtweise unterscheidet sich nur in der Erklärung und Bewertung von Fannys Verhalten.

Karins Position: Fanny tritt einen Schritt zur Seite, sie will nicht alles geben. Das ist böse und schlecht.

Meine Position: Fanny tritt einen Schritt zur Seite, sie gibt nicht alles, weil sie nicht anders kann.

Nachdem wir das aufgedeckt haben, können wir den »Schritt zur Seite« anders sehen: weder als Boshaftigkeit noch als Ausdruck von Unfähigkeit, sondern als ein Versuch, innerhalb der Beziehung etwas Eigenes zu wollen.

Und Fannys Gefühl, in der Beziehung von Anfang an nicht zu al-

lem bereit gewesen zu sein, läßt sich nun verstehen als Weigerung, völlig aufzugehen in der Beziehung zu dem Mann.

In unserer Diskussion ist es gelungen, unseren Blick auf die Figur Fanny als Schuldige zu relativieren und ihre verborgenen Wünsche zu sehen.

Fanny wünscht sich Verbindlichkeit und Nähe in einer Beziehung, möchte auch einmal beiseite treten können, ohne gleich die Beziehung zu verlieren. Sie wünscht sich Liebe und Leidenschaft ohne die Schrecknisse der Gewohnheit, ohne alles geben zu müssen, ohne sich aufgeben zu müssen.

Aber Fanny wagt es nicht, genau weiterzufragen: Was heißt es für mich, einen Schritt zu Seite zu treten? Was bedeutet es, nicht alles geben zu wollen? Sie bleibt in dem zunächst auch von uns empfundenen und aufgegriffenen Gefühl stecken, sie habe Ungehöriges gewollt und getan. Sie gestattet sich nicht die Ehrlichkeit, ihrer Liebe Grenzen gesetzt zu haben, als seien die eigenen Wünsche ungehörig und verboten. Mit diesem Empfinden hat sie es schwer, ihren Bedürfnissen ernsthaft nachzugehen. Fanny zieht sich auf den beruhigenden Standort zurück, sie sei verletzt worden. So bleiben ihre Wünsche im Dunkeln und die Ursachen des Scheiterns der Beziehung auch.

Fannys Überlegungen zum Verlust des Geliebten führen nicht zu einer veränderten Sicht ihres Tuns, die ihr neue Perspektiven eröffnen könnte. Am Ende der Erzählung fällt sie zurück in die Haltung der Anklagenden, die ihren Schmerz nicht wirklich bewältigt, sondern weitergegeben hat.

Die Wissenschaftlerin

Im Leben der Figur Fanny spielt die Arbeit eine zentrale Rolle. Entsprechend hart trifft es sie, daß sie ihren inneren Bezug dazu verloren hat.

»Arbeiten. Natürlich arbeiten. Ich bin nicht im Sanatorium. Die Zigaretten, die Brille, Papier. Schon die Bücher sind nur mehr Attrappen. Aber wie hineinfinden, wenn man aus allem herausgerissen ist? Wie einer Arbeit nachgehen, wenn man sie hinter sich gelassen? Wenn man kaum mehr ans Papier glaubt? Der Weg zum Tisch hin ist so lang geworden.«[19]

In der Erzählung entsteht der Eindruck, daß Fanny zusammenbricht, weil die Beziehung zu ihrem Geliebten scheitert. Dies steht aber im Widerspruch zu der Funktion, die die Arbeit für Fanny oft hat. Wenn sie arbeiten kann, dann gibt ihr das Sicherheit und Stabilität, so daß sie ihre privaten Probleme kaum berühren.

»Und die Skrupellosigkeit, mit der ich plötzlich über Epochen und Ideen verfüge, um mein Denken nicht am eigenen Schwung zu hindern, läßt mich weit über mich hinauswachsen, und ich vermag zu lachen über das Groteske meiner persönlichen Situation.«[20]

Diesmal ist es ihr offenbar nicht gelungen, sich mit Hilfe ihrer Arbeit über die gescheiterte Beziehung hinwegzusetzen.

Neue Perspektiven im Arbeitsprozeß (I.)

Der ideologisch verformte Blick auf die Wissenschaftlerin

In unserer Diskussion kommt es zu einer heftigen Auseinandersetzung darüber, ob Fanny auch eine sexuelle Beziehung zu ihrem Hochschullehrer und späteren Vorgesetzten Maurice hatte oder nicht.

Karin vertritt die These, Fanny sei auch seine Geliebte gewesen. Ich, Helga, habe die Position, Maurice sei nur als Begleiter und Förderer ihrer wissenschaftlichen Karriere von Bedeutung. Obwohl ich Karins These spannend finde und nachvollziehen kann, wie sie zu dieser Einschätzung kommt, kann ich sie lange nicht mit meiner Sicht der Bedeutung von Maurice für Fanny vereinbaren.

Im Verlauf der Interpretation wird mir der Widerspruch deutlicher, daß Fanny sich einerseits oft mit ihrer Arbeit über Beziehungsprobleme hinweghelfen kann, ihr dies im letzten Falle aber nicht gelungen ist. Meine Idee, ihr aktueller Zusammenbruch sei eher durch den Tod von Maurice bestimmt als durch den Verlust des Geliebten, zumindest aber habe sie das Zusammenfallen beider Verluste so sehr geschwächt, leuchtet Karin unmittelbar ein.

Auch hier sind es ideologische Muster in uns, denen wir langsam auf die Spur kommen. Wir sind beide sehr lange Frischmuths Fährte gefolgt und haben die Ursache für Fannys Zusammenbruch in dem Verlust des Geliebten gesehen. Und auch in unserer Sicht von Fannys Arbeitsbeziehung zu Maurice verharrten wir in zwei gängigen Mustern: Das eine ist die Beziehung zwischen Vorgesetztem und Untergebener, die ihre Emotionen auch in einer sexuellen Beziehung leben. Das andere ist die väterlich-unterstützende Variante.

Die Idee, Fannys Zusammenbruch sei wesentlich durch den Verlust von Maurice verursacht, eröffnet uns eine neue Perspektive: den Blick auf eine Frau, für die eine Beziehung – in diesem Fall zu einem Mann – in der sie sich als Wissenschaftlerin gesehen, unterstützt und aufgehoben fühlen kann, von solch existentieller Bedeutung ist, daß der Verlust eine tiefe Krise herbeiführt.

Die Schwierigkeit lebendigen Forschens

Im Verlauf ihrer wissenschaftlichen Karriere erlebt Fanny wenig konstruktive Unterstützung. Im Gegenteil, oft muß sie sich gegen Versuche wehren, sie von ihren Plänen abzubringen. Als sie während des Studiums mit inhaltlichen Problemen kämpft, rät man ihr, sie solle Archäologie vielleicht doch besser im Nebenfach studieren.[21]

Ihre Mutter, die zwar wünscht, die Tochter möge Wissenschaftlerin werden, kann ihr dennoch oder trotzdem keine vorbehaltlose Unterstützung bieten. Als Fanny ihre erste Grabungsreise plant, will sie sie nicht fahren lassen und warnt vor den politischen Unruhen im Grabungsgebiet.[22]

Auch in ihren aktuellen Beziehungen erlebt Fanny oft die Infragestellung ihres Forscherinnendranges. Als sie mit Interesse die medizinischen Apparate ihres Schwagers betrachtet, meint dieser:

»Du mußt immer alles genau wissen. Daß dir das nicht irgendwann einmal zu dumm wird?«[23]

Auf diese dumme Frage antwortet Fanny nicht.

Neben aktiven Versuchen, ihren Wissensdrang zu sabotieren, erlebt Fanny auch die Enttäuschung ihres Wunsches, ihre Lust an der Arbeit möge gesehen und gewürdigt werden. Als sie noch mit dem Geliebten zusammen ist, gibt es Zeiten, in denen sie sich mit ihm und auch mit ihrer Arbeit gut fühlt. Er macht ihr dies aber zum Vorwurf.

»Einmal hast du mir zum Vorwurf gemacht, wie gut ich *danach* arbeiten könne, im Gegensatz zu dir, der viel länger brauche, um sich umzustellen, ich sei eben nicht vereinbar mit dem, was du sonst machst.«[24]

Während ihres Aufenthaltes bei der Schwester arrangiert Malwine ein Fest. Fanny läßt sich dazu verführen, sich auch als Wissenschaftlerin darzustellen, wird aber enttäuscht durch die Art des Umgangs der Gäste mit ihr. Sie kann sich nicht vorstellen, von ihrem realen beruflichen Alltag zu erzählen. Sie zieht sich innerlich zurück und zeigt sich nur scheinbar.

»Und während ich sie mit all den oft erzählten Geschichten abspeise und Zusammenhänge, die mich interessieren, nicht einmal andeute, werden in ihnen Sehnsüchte wach, wie sonst nur noch bei den Studenten im ersten Semester, die bei mir eine Vorlesung über Grabungstechnik hören.«[25]

So fühlt sich Fanny immer wieder auf sich selbst zurückgeworfen in ihren Versuchen, ihre berufliche Tätigkeit mit ihren übrigen Wünschen und Bedürfnissen als Frau zu vereinbaren. Schon während des Studiums hat sie die Trennung zwischen Arbeit und Beziehungen sehr leidvoll erlebt und wenig befriedigende Integrationsversuche gemacht. Tagsüber hat sie in der Bibliothek gesessen, versunken, ja aufgesogen von dem Forschungsmaterial bis hin zum Verlust des Gefühls für den eigenen Körper. Nachts hat sie dann die Nähe von Männern gesucht, um sich ihr Körpergefühl zurückzuerobern und es am folgenden Tag in der Bibliothek wieder zu verlieren.

»Da mußt du dann hin und wieder mit jemandem schlafen, einfach um zu spüren, daß deine Glieder noch alle intakt sind, daß du dich unter Umständen noch für etwas anderes interessieren könntest.«[26]

Nur eine Beziehung gibt es für Fanny, in der sie sich mit ihrer Lust an der Arbeit aufgehoben fühlt und doch auch als Frau gesehen wird: in der Freundschaft mit Maurice. Er hat ihre Fähigkeiten erkannt und sie als Assistentin eingestellt. Er nennt sie ›Max‹, aber nie hat sie sich so sehr als Fanny gefühlt.[27]

Bei einer gemeinsamen Grabungsreise gibt es viele befriedigende Gespräche zwischen ihm und Fanny. Vor allem tauschen sie die gemeinsamen Erfahrungen und ihre unterschiedlichen Sichtweisen aus. Dabei erlebt sich Fanny in einer Beziehung, in der ihre Gedanken gefragt sind, aufgegriffen und ernstgenommen werden.

»Wir konnten uns aneinander nicht satthören. Jeden Abend ließ Maurice mich erzählen, was wir tagsüber gesehen hatten. So mache ich neue Erfahrungen, sagte er lachend, immer noch neue. Und dann erzählte er, was *er* gesehen hatte. Wir tauschten Unvoreingenommenheit im Blick gegen Erfahrung im Sehen.«[28]

Maurice sorgt sich um Fannys Zukunft als Wissenschaftlerin, unterstützt sie in ihren Karrierebestrebungen.

Maurice stärkt und fördert Fanny in ihrer beruflichen Identität, ohne ihre private Situation auszuklammern. Er drückt Fannys Problematik, als Frau in einer Männerdomäne zu arbeiten, darüber aus, daß er sie Max nennt und ihr wünscht, sie hätte wie er eine sichere Beziehung im Hintergrund, auf deren Basis sie ihre Karriere leichter aufbauen könnte. Er ist ein Begleiter, der die gegenseitige Zuneigung und die gemeinsame Lust an der Arbeit nicht umsetzt in eine sexuelle Beziehung. Wenn er diese Möglichkeit anspricht, zeigt er nur, wie nahe er Fanny ist.

Im Schutz dieser Grenzen kann Fanny sich sicher fühlen und Freude an der Arbeit entfalten.

Mit Maurices Verlust droht Fanny der Rückfall in die vorher oft empfundene Einsamkeit und Beziehungslosigkeit der Forscherin. Maurice kann als äußere, Sicherheit spendende Figur verstanden werden, der Fannys ungenügend gefestigte Identität als Wissenschaftlerin kompensiert. Mit ihm verliert Fanny auch den inneren Bezug zu ihrer Arbeit.

Frischmuth läßt die Figur Fanny kein Bewußtsein von diesem Zusammenhang erlangen. Fanny verharrt in dem Gefühl, keine funktionierende Wissenschaftlerin mehr zu sein, weil wieder einmal die Beziehung zu einem Geliebten gescheitert ist. Ihre Depression ist ihr kein Ausdruck der Versagungen, die sie in beruflicher Hinsicht oft zu bewältigen hat. Fehlende emotionale Unterstützung ihrer wissenschaftlichen Karriere und der Verlust einer entscheidenden väterlichen Bezugsperson in ihrer Arbeit sind für sie keine Gründe für ihren Zusammenbruch. Sie gibt die Schuld an ihrem gesamten Leid ihrer gescheiterten Liebesbeziehung.

Neue Perspektiven im Arbeitsprozeß (II.)

Die Entscheidung für die Schwester

Zu Beginn unserer Interpretationsarbeit gibt es in mir, Helga, eine starke Tendenz, die Mutterfigur und ihren Einfluß auf die Töchter in den Mittelpunkt zu stellen. In diesen Diskussionen liegt es für mich nahe, die Mutter für Fannys Verhalten verantwortlich zu machen. Sie war für mich die erklärte Verursacherin von Fannys Leid und der spezifischen Beziehungsstruktur zwischen den Schwestern.

Karin plädiert hingegen dafür, die Mutter außer acht zu lassen. Sie will, daß wir uns zunächst ausschließlich den Schwestern und deren Beziehung zuwenden.

Obwohl ich sicher bin, die Bedeutung der Mutter müsse in jedem Fall auch bearbeitet werden, lasse ich mich auf Karins Argumentation ein. Zum einen habe ich selbst auch das Interesse, qualitativ Neues über Schwesternbeziehungen zu erforschen. Diesem Ziel scheint mir Karins konsequenter Blick auf die Schwestern angemessen. Zum anderen gibt es in mir auch das Empfinden, zu sehr festzuhalten an der Bedeutung der Mutterfigur, und die Befürchtung, dadurch dem Schwesternthema möglicherweise nicht gerecht zu werden. Deshalb der Wunsch, mich davon zu lösen, gepaart mit der Neugier auf das, was sich daraus ergäbe. Wir bearbeiten also zuerst die Schwesternfiguren, ohne daß ich jedoch die Frage nach der Bedeutung der Mutter ganz aufgebe.

Erst gegen Ende dieses Arbeitsabschnittes wende ich mich im Gespräch mit Karin erneut und diesmal mit genügend Klarheit wieder der Frage nach der Bedeutung der Mutter zu. Jetzt ist es möglich, die

Thematik zu diskutieren und gemeinsam zu überlegen, welchen Stellenwert wir der Mutter in der Interpretation einräumen wollen. Erst nach der gemeinsamen Betrachtung der Schwesternfiguren habe ich genügend Sicherheit, für die Einbeziehung der Mutter zu plädieren, jetzt kann ich sicher ausschließen, daß die Betrachtung der Mutter ein Ausweichen vor der Brisanz der Schwesternbeziehung wäre.

Das Fehlende

Frischmuth legt in ihrer Erzählung als Erklärung für Fannys Beziehungsprobleme und ihre labile berufliche Identität das Verhalten der Mutter und deren Beziehung zur Tochter nahe.

Die Mutter kann sich für sich selbst keine befriedigende Beziehung zu einem Mann vorstellen. Er würde sie bloß zwangsläufig herumkommandieren. Gelingen kann eine Beziehung zu einem Mann nach ihren Vorstellungen nur, wenn die Frau »die Krallen einziehen« kann.[29] Den Entwurf einer Beziehung zwischen Mann und Frau, der auf gegenseitiger Achtung und auf Vertrauen beruht, vermittelt sie der Tochter nicht.

Fannys berufliches Fortkommen wird von der Mutter zwar einerseits gewünscht und praktisch, insbesondere in Prüfungszeiten, unterstützt. Andererseits gibt es aber auch subtile Formen der Sabotage.

»›Ich stelle immer die höchsten Ansprüche für mein Geld‹, sagte Mutter immer. ›Bedingung Nummer eins: über dem Durchschnitt sein.‹ Sie wollte nicht behelligt werden. ›Ich gebe dir eine Chance, und du hast gut genug zu sein.‹ Die Emmi mußte ihr dann von meinen Erfolgen erzählen. Und wenn sie sich so richtig sattgehört hatte, sagte sie: ›Das habe ich auch erwartet.‹«[30]

Die Mutter stellt sehr hohe Anforderungen an die Tochter. Sie verlangt viel – für ihr Geld.

Sie möchte vom Erfolg ihrer Tochter hören, aber nicht unbedingt von dieser selbst. Und wenn sie vom Erfolg hört, sagt sie, sie habe nichts anderes erwartet. Mit dieser Aussage entwertet sie die Anstrengungen und Leistungen Fannys. Ihr Erfolg ist nichts Besonderes, sondern alltäglich, normal, selbstverständlich.

Ein solcher Umgang mit ihren Leistungen muß Fanny verunsichern, weil die Mutter sich just im Moment der Selbstdarstellung der Tochter distanziert und ihr die Anerkennung dessen verweigert, wozu sie sie anspornte.

Die Mutter war offensichtlich nicht in der Lage, Fannys Erfolgen eine emotionale Grundlage zu geben. Sie brauchte deren Erfolge für sich. Fanny selbst hat dafür eine Erklärung. Für sie ist die Mutter auf verschiedenen Ebenen eine Verhinderte gewesen.

»Sie war ein bißchen verhindert, das ist alles. Sie war eine verhinderte Operndirektorin, eine verhinderte Trapezkünstlerin, eine verhinderte Landschaftsgestalterin, eine verhinderte Großplastikerin, eine verhinderte Oberschulinspektorin und was weiß ich, woran man sie noch Zeit ihres Lebens gehindert hat, nur nicht am Schreiben. Da hat sie sich ausgelebt, in den unzähligen Leserbriefen, die sie an alle Redaktionen geschickt hat, deren Adressen sie habhaft werden konnte.«[31]

Eine in vielen Bereichen verhinderte Mutter hat es schwer, eine erfolgreiche Tochter bewußt zu unterstützen. Schließlich stirbt die Mutter ausgerechnet, während Fanny auf der für sie wichtigen Grabung ist.

»Die einzige Grabung, an der ich wirklich teilnehmen konnte. Ausgerechnet da mußte Mutter sterben. Als ich dann nach dem Begräbnis wieder an den Grabungsort zurückkam, waren nur noch ein paar Tage von der Grabungsbewilligung übrig.«[32]

Fanny ist in die Zuweisungen der Mutter verstrickt, lebt sie in ihren Beziehungen und auch beruflich.

Einerseits soll sie so sein wie die Mutter, andererseits aber auch erreichen, was die Mutter nicht schaffte. Sie wird von der Mutter zu großen Leistungen gedrängt, zugleich aber auch sabotiert.

In der Beziehung zur Mutter erhält Fanny nicht die Stabilität, um verbindliche, nahe Beziehungen gestalten zu können. Darüber hinaus fehlt ihr die einfühlsame mütterliche Begleitung ihrer Karriere.

Es gibt keine Szenen im Text, die Hinweise darauf geben, ob und wie die Mutter auf das schwesterliche Miteinander von Fanny und Malwine direkt Einfluß nimmt. Hier hat Frischmuth einen Freiraum gelassen.

Die Schwester

Neue Perspektiven im Arbeitsprozeß (III.)

Die Lösung der Identifikation mit der Erstgeborenen

Während unserer Gespräche über Malwine und Fanny habe ich, Helga, oft das Gefühl, daß alles, was ich über Malwine sage, falsch ist, da es von Karin nicht aufgegriffen, ja nicht einmal stehengelassen wird. Manchmal traue ich mich kaum zu sagen, was ich zu Malwine denke, weil ich Angst habe, meine kritische Einschätzung könnte Karin kränken. Unsere Diskussionen beginnen also für mich mit Zurückhaltung und Vorsicht, zumal ich mir meiner kritischen Haltung gegenüber der Figur Malwine auch nicht ganz sicher bin. Und sie enden in einer Atmosphäre, in der ich mit Karin klar und offen über alle problematischen Anteile dieser Figur sprechen kann.

Zunächst bruchlos identifiziert mit der Erstgeborenen, freue ich mich, daß sie eine Grenzüberschreitung gewagt und den Ehemann der Schwester verführt hat. Ich sehe nur sie und spüre die erotische Spannung zwischen ihr und dem Schwager. Malwine und ihre Gefühle zu diesem Ereignis sind mir fern. Über sie will ich nicht nachdenken, glaube, sie müsse sich eben wehren. Für mich ist Malwine in erster Linie Hausfrau, und da ich diesen Status innerlich abwerte, befinde ich, sie sei neidisch auf Fannys Beruf, könne dies aber nicht äußern und ziehe sich deshalb ständig zurück. Warum Malwine die Schwester zu sich geholt hat, um sie zu pflegen, kann ich mir nicht recht erklären.

Im Verlauf unseres Arbeitsprozesses kann ich zunehmend sehen, wie egoistisch, entwertend und wenig einfühlsam ich auf die Figur Malwine reagiere. Karins beharrliches Festhalten insbesondere an der These, Malwine sei nicht neidisch auf Fanny, und ihre Hinweise auf deren kreative Fähigkeiten haben mir langsam den Blick geöffnet für die Seiten der Figur, die mir zunächst völlig verborgen waren: ihre künstlerische Tätigkeit und ihr Sorgen für ein angenehmes Miteinander in ihren Beziehungen. Auf diesem Hintergrund erst wird es mir möglich, die Figur Fanny und deren Beteiligung an der Gestaltung der Schwesternbeziehung kritischer zu betrachten.

Am Ende des Genesungsurlaubes bei der Schwester hat Fanny ihre Arbeitsfähigkeit wiedererlangt.

Ist es ihr gelungen, in der Beziehung zur Schwester einen Ausgleich zu finden für den Mangel, den sie in der Beziehung zur Mutter erlebt hat? Konnte sie den Freiraum, keine festen Vorgaben für den Umgang mit der Schwester zu haben, produktiv nutzen?

»Meine kleine, glückliche Schwester Malwine«

Früher, in der Familie, war Malwine immer die Ruhige, die Besonnene, so daß sich alle darauf einigten, Malwine habe eben ein glückliches Temperament.[33] Für Fanny war es damals selbstverständlich, sich bei der Schwester Rat und Hilfe zu holen. Sie stürmte dann in Malwines Zimmer, und diese ließ sich von Fannys Verzweiflung und Ungeduld nicht beirren, bis Fanny sich wieder beruhigte.

»›Da beredete Malwine mich, und meine kleine Schwester fand immer Worte, die mir einleuchten konnten. Nicht gerade tröstende, die hätte ich auch zurückgewiesen, vernünftige, objektive Sätze, denen ich mit der Zeit recht geben mußte. Und natürlich tat es mir in solch einer Situation dann wohl, von ihr zu hören, ›schau, der war dir eben nicht gewachsen. Darum ist er davongelaufen‹.«[34]

Die Schwestern haben sehr verschiedene Wege gewählt und sich seit Jahren nicht mehr gesehen. Fanny kommt nicht selbst auf die Idee, sich an Malwine zu wenden, als es ihr schlecht geht. Sie ist erstaunt darüber, daß die Jüngere zu ihr kommt, um sie zu sich zu holen.[35] Fanny läßt sich auf das Angebot der Schwester ein und entscheidet sich während des Aufenthaltes noch einmal bewußt dafür, bei ihr zu bleiben.

»Wenn ich bloß wüßte, was ich tun soll. Ich bin hilflos. Ich könnte meinen Koffer packen, meinen Paß nehmen und Geld von meinem Konto abheben. Das könnte ich. Und woanders hinfahren. Ich bin in keinem Sanatorium.«[36]

»Ich will nicht allein woanders hinfahren. Hier ist Malwine, meine kleine Schwester Malwine, meine hilfsbereite Schwester Malwine, meine glückliche Schwester Malwine.«[37]

Hier ist Fanny nun massiv konfrontiert mit Malwines Leben.

Ganz gleich, was Malwine sagt, tut oder zeigt, in Fanny entsteht immer dieses Bild der glücklichen, unanfechtbaren Schwester, das sie mit ihren inneren Kommentaren karikiert. Wenn Malwine sagt: »Ich bin froh, daß ich Jakob habe«[38], dann faßt Fanny Malwines Situation für sich so zusammen:

»Malwine hat Jakob, Jakob hat Malwine. Malwine hat die Blumen, Jakob den Hund. Jakob und Malwine haben Zeno, sie haben das Haus. Jakob fährt einen Volvo, Malwine irgendeinen Combi, wegen der Einkäufe.«[39]

Malwine hat vieles und vor allem Dinge, die Fanny nicht hat. Und sie scheint glücklich zu sein. Aber Fanny ist sich dessen nicht sicher. Sie wehrt sich dagegen, das Bild der unangreifbaren Schwester, die keine Probleme zu haben scheint, stehen zu lassen. Sie fragt sich, wie Malwine es schafft, so zu erscheinen.

»Kann es sein, daß hinter ihrem Einssein mit sich nur eine enorme seelische Trägheit steckt (...)? Oder ist sie auf etwas draufgekommen, was ich nicht begreifen werde? Aber auf irgendeine Weise muß doch auch sie irritierbar sein.«[40]

Aus der Vergangenheit kennt Fanny eine Szene, in der sie gespürt hat, daß Malwine getroffen war:

»Meine kleine glückliche Malwine, der alles gerät, was sie in die Hand nimmt. Die es sich nicht anmerken läßt, wenn es mir endlich gelungen ist, sie doch zu treffen, und sei es nur mit der Feststellung, sie habe eben ein glückliches Temperament.«[41]

Den Höhepunkt ihrer Überlegungen, womit Malwine heute zu treffen und zu irritieren wäre, bildet Fannys innere Frage, ob Malwine wohl mehr unter dem Verlust des Mannes oder des Sohnes leiden würde.[42] Fanny möchte, daß Malwine Gefühle zeigt, und denkt über entsprechende Provokationen nach.

Was Malwine ihr anbietet, wird von Fanny entwertet, oder sie versteht es nicht. So fragt sie sich, ob die Gesten zwischen Jakob und Malwine echt sind.[43] Spüren kann sie es offenbar nicht. Spüren kann Fanny nur ein Gefühl, und das ist ihre eigene Eifersucht.

»Ich werde also mit Malwine in der Küche stehen und Saucen rühren nach ihrer Anleitung, damit abends die Gäste sich über ihre geschickte, reizende Malwine freuen, die einfach alles kann, Bilder malen, Kinder

erziehen (Zeno wird sich den ganzen Abend über anständig aufführen), ein Haus instandsetzen und noch himmlisch für ihre Gäste sorgen.
Ich habe aufgehört, mich für diese kindische Eifersucht zur Rechenschaft zu ziehen.«[44]

Fanny nennt ihre Eifersucht kindisch und verweist sie damit in die Vergangenheit. Ein Gefühl, das sie aktuell erlebt, aber meint, dieses Gefühl sollte sie eigentlich nicht mehr haben. Für ein solches Gefühl hat sie sich lange zur Rechenschaft gezogen. Annehmen kann sie es nicht.

Anstatt ihren eigenen Gefühlen zu folgen, möchte sie bei Malwine Gefühle provozieren. Malwine soll fühlen.

Fannys innere Beschäftigung mit Malwine ist die Auseinandersetzung mit dem von früher bekannten Bild der kleinen, glücklichen, tüchtigen Schwester, das Fanny aktuell wiederfindet. Diesem Bild steht sie ambivalent gegenüber. Einerseits nimmt sie es ernst und beneidet Malwine um vieles, andererseits traut sie diesem Bild nicht, sucht nach der anderen Malwine, die auch Probleme hat, ohne sie zu finden.

Es fällt Fanny schwer, ihre eigenen Gefühle anzunehmen. Auch ihre Eifersucht auf Malwine muß sie abwehren. Sie bindet sie nicht in ihre Realität ein. So gelingt es Fanny auch nicht, einen Zugang zur Realität der Schwester zu finden. Sie bleibt gefangen in der Vorstellung der »kleinen, glücklichen Schwester«, von der sie sich nur mit zynischer Ironie distanzieren kann.

Abbrüche

Malwine organisiert ein Fest, um Fanny etwas Abwechslung zu bieten. Sie lädt ihre Freunde und Bekannten ein und bemüht sich sehr bei den Vorbereitungen. Fanny ist innerlich distanziert, und das Fest erscheint ihr wie ein Gesellschaftsspiel, in das sie ›eingebaut‹ werden soll.

»›Malwine hat alle um sich versammelt, die behäbigen Pseudogenies, die friedlich in ihren fachmännisch restaurierten Häusern sitzen und sich für Kunst und Wissenschaft interessieren, um ihre einträglichen

Berufe zu ertragen. ›Du bist ungerecht‹, flüstert Malwine, die mich denken gehört hat.«[45]

Fanny nimmt Malwines Freunde nicht ernst und entwertet sie innerlich. Allerdings ist diese Haltung nicht ungebrochen. Fanny möchte sich unbedingt amüsieren, aber sie weiß nicht wie. Wie soll sie mit den Fremden sprechen?

»Was soll ich ihnen denn sagen? Daß es die einzige Grabung war, an der ich aktiv teilnehmen konnte? Daß auch in dieser Wissenschaft das meiste am Schreibtisch passiert, daß es nur ganz wenigen gegönnt ist, Feldforschung zu treiben? Daß es, wie alles, eine Frage der Mittel ist?«[46]

Diese Realität ihres Forschungsalltags teilt Fanny den anderen nicht mit und den Party-Small talk wertet sie ab. Sie kommt mit niemandem ernsthaft ins Gespräch.

Ein Gast fragt Fanny, ob sie sich mit etruskischen Vasen auskenne, er wolle in solche investierten.

»›Schon‹, sage ich. ›Aber warum investieren Sie nicht in ägyptische Tiermumien, da wüßte ich eine Dame, die Ihnen von großem Nutzen sein könnte.‹

›Oder in Draculazähne?‹ fragt Malwine lachend, die mit Jakob neben mir tanzt. ›So schön vampirige?‹

Ich lache über alles. Jetzt muß ich unbedingt die Stimmung halten. Wenn ich jetzt abstürze, dann war das Ganze vergebens, die zahme Unterhaltung, meine Freundlichkeit, das Anmichhalten, ja sogar der Wein.«[47]

Fanny droht in dem Moment abzustürzen, als Malwine sich fröhlich auf sie bezieht. Es entsteht kein gemeinsames Gefühl der Freude. Fanny steigt nicht ein auf Malwines Angebot, sie bricht innerlich ab und spielt nach außen das Spiel mit.

Als Malwine und Fanny an einem der nächsten Tage alleine sind, entwickelt sich ein langes Gespräch. Fanny spricht über ihre Arbeit, Malwine folgt aufmerksam und interessiert. Fanny erzählt von Maurice, der ihre berufliche Karriere unterstützte, von seinem Tod und ihrer Bearbeitung seines Nachlasses. Einen Aufsatz Fannys, den sie populärwissenschaftlich verfaßt hat, kennt Malwine, und darüber nähern sich die Schwestern an. Fanny hat etwas Verständliches geschrieben, Malwine hat es gelesen und zeigt Interesse dafür. Aber auch hier ist es den Schwestern nicht möglich, das zarte Gemeinsame, das sich zu zeigen beginnt, zu halten und weiterzuspinnen. Das Gespräch nimmt schon bald wieder eine andere Wendung und schlägt um in das bekannte Muster.

Malwine erzählt, die Mutter habe den Professor, der ihre Tochter Max nannte, immer kennenlernen wollen.

»›Er nannte mich Max, aber ich war nie so sehr Fanny.‹
›Verklärst du ihn nicht zu sehr, ich meine, jetzt, seit er tot ist?‹
›Ich? Maurice? Er war der einzige Mensch, mit dem ich wirklich ein Gespräch führen konnte.‹
›Sei nicht so hochmütig.‹
›Er war der einzige, mit dem ich mir alles Leben hätte vorstellen können, nämlich das Leben. Aber mir widerfährt immer das Groteskeste. Nicht genug damit, daß Maurice an die fünfzig Jahre älter war, er war auch noch seit fünfundvierzig Jahren *glücklich* verheiratet.‹
›Ach Fanny.‹ Malwine rührt aufgeregt mit ihrem Pinsel im Terpentinglas. ›Du siehst alles zu extrem, besonders das, was du aus irgendeinem Grund nicht haben kannst. Und so sitzt du immer wieder einer anderen Deutung deines Lebens auf.‹«[48]

Malwine fällt es schwer, die große Bedeutung, die Maurice für Fanny hatte, anzuerkennen. Fanny wehrt sich und entwertet im gleichen Moment das Gespräch mit Malwine, als sie sagt, nur mit Maurice habe sie wirklich ein Gespräch führen können.

Am Ende steht Malwines Blick auf Fanny als Frau, die sich immer das Falsche wünscht, neben Fannys Selbstbild als Frau, der in Beziehungen immer nur Groteskes geschieht.

Es kommt nicht zur Verständigung.

Die Chance des direkten Austausches über die verschiedenen Lebenskonzepte – Malwine ist schließlich wie Maurice seit Jahren glücklich verheiratet – wird nicht ergriffen.

Das Gespräch bricht ab.

Den Höhepunkt der Zurückweisung Malwines durch Fanny und ihrer Verweigerung von Malwines emotionalem Angebot bildet eine Szene, in der sich die beiden über den Vater unterhalten. Fanny eröffnet das Gespräch mit der Mitteilung, sie könne sich noch an den Vater, der im Krieg gefallen ist, erinnern.[49]

Malwine hat davon nichts gewußt. Sie reagiert erschrocken und überrascht. Fanny kostet ihre Überlegenheit gegenüber Malwine, den Vater noch kennengelernt zu haben, in kindlich-konkurrenter Weise aus.

»Malwine wird immer wieder darauf zurückkommen. Auch das habe ich ihr also voraus.«[50]

Da die Mutter nie vom Vater gesprochen hat, ist Malwine besonders gespannt und interessiert, mehr über den Vater zu erfahren, bis sie schließlich eine für sie sehr bedeutsame Frage an Fanny richtet, mit der sie sich der Schwester öffnet und zeigt.

»Glaubt du, ich bin ihm ähnlich?«[51]

Und Fanny antwortet nach kurzer Überlegung:

»›Nicht im geringsten‹, sage ich, ›nicht im allergeringsten.‹ Malwines Gesicht erstarrt, als hätte ich sie geschlagen, als hätte ich sie mit aller Gewalt an ihrem wundesten Punkt getroffen.«[52]

Wohlwissend, daß sie Malwine treffen wird, schlägt Fanny zu und verweigert ihr die Befriedigung ihres Bedürfnisses, dem Vater ähnlich zu sein.

»So hat sie sich das also vorgestellt. Ich sei wie Mutter. Ich soll mein ganzes Leben mit dem Stigma *wie Mutter zu sein* herumlaufen. Ich muß mit all den Jahren, in denen sie mit uns gelebt und es uns nicht gerade leicht gemacht hat, fertig werden, nur weil ich diese verdammte Lache von ihr habe. Während sie sich wie Vater vorkommt. Wie ein unschuldiger, vorzeitig entrückter, sich nie bloßgestellt habender Vater. Der negative Abdruck von Mutter, in diesem Fall mit positiver Bedeutung.«[53]

Fanny leidet unter dem Stigma, so zu sein wie die Mutter. Sie neidet der Schwester die Möglichkeit, sich dem Vater ähnlich zu fühlen.

Über ihr Verletztsein und ihr Leiden gibt es für Fanny keine Solidarität mit der Schwester, die daran leidet, den Vater nicht zu kennen. Es ist Fanny unmöglich, sich gegenüber Malwine zu öffnen.

An der Schwester wehrt sich Fanny gegen die Mutter.

Die Aktion ersetzt die Verständigung.

Wieder bricht ein Gespräch ab.

Heimliche Teilhabe

Während Fanny im direkten Kontakt mit Malwine immer wieder Abbrüche inszeniert, stellt sie in der Phantasie eine Nähe zu ihr her, die die Grenzen zwischen ihr und der Schwester verschwimmen läßt.

Als Fanny abends vergeblich auf einen Anruf ihres Geliebten wartet, hört sie, wie Malwine mit ihrem Mann schläft.

»Ich schlich ins Stiegenhaus und hockte mich ans Telefontischchen. Ich konnte hören, wie Jakob und Malwine miteinander schliefen. Verhalten und im gleichen Rhythmus, wie nach langer Gewöhnung. Ihre Seufzer kamen gleichzeitig.«[54]

Diesem eher zufälligen Eindringen in Malwines Intimraum folgen weitere Übergriffe Fannys. In ihrer Phantasie beschäftigt sich Fanny damit, daß sie auch gerne so ein Haus hätte wie Malwine.

»Ich würde auch gerne so ein Haus haben. Aber einfach so, ohne mich jahrelang damit beschäftigen zu müssen. Und dann mit der Sonne wandern. Morgens im ostseitigen Zimmer, nachmittags im südseitigen, abends im westseitigen. Aber da schlafen Jakob und Malwine. Auch Zeno hat ein helles Zimmer. In meines scheint nur morgens die Sonne.«[55]

Während Fanny phantasiert, wechselt sie die Perspektive. Von dem Wunsch, selbst so ein Haus zu besitzen, geht sie über zu dem konkreten Haus der Schwester. Um dieses rundum bewohnen zu können, müßte sie die Schwester vertreiben.

Während eines Tages, den Fanny mit Jakob und Zeno am See verbringt, probt sie spielerisch den Rausschmiß der Schwester aus deren Realität. Es ist der Tag nach der Auseinandersetzung mit Malwine um den Vater.

»So ist es also, wenn sie zu dritt sind, nur daß anstelle von Malwine jetzt ich neben Jakob gehe.«[56]

Beim Picknick zu dritt nimmt Fanny genüßlich die Rolle der Hausfrau ein.

»Es tut mir unendlich wohl, den beiden etwas zu essen zu geben, es ihnen tatsächlich mit meiner Hand zu reichen, auch wenn ich es nicht selbst zubereitet habe, aber inzwischen erliege ich bereits der Fiktion, ich, und nicht Malwine, hätte den Korb gepackt.«[57]

Noch ist es Fiktion, aber im Verlauf des Tages rutscht Fanny immer mehr von der Ebene der Phantasie und des Spiels in Malwines Realität. Sie beschäftigt sich intensiv mit ihren Gefühlen zu Jakob und überlegt, ob er gegen alles gefeit sei oder ob er sich auf ein Abenteuer mit ihr einlassen würde.

Zwischen Fanny und Jakob entsteht im Laufe des Tages eine starke erotische Spannung. Fanny spürt die Gefahr der Situation, ohne mit Jakob darüber zu sprechen. Immer mehr fühlt sie sich ihren Gefühlen ausgeliefert. Ihre innere Spannung steigert sich schließlich soweit, daß sie nur noch durch die Tat meint, sich davon befreien zu können.

»Vielleicht wäre es am besten, die Sache so rasch wie möglich auszuleben. Damit hat es sich und Jakob wird Malwine, meine kleine, glückliche Schwester Malwine, danach wieder so richtig zu schätzen wissen. Vor lauter beschwörender Argumente schmeckt mir das nicht einmal bitter.«[58]

Als die drei von ihrem Ausflug zurückkommen und Zeno ins Bett gebracht ist, sagt Malwine, der Hund sei in den Wald gelaufen. Jakob will den Hund suchen und Fanny kommt mit ihm.

»›Ich komme mit.‹ Sowie ich das gesagt habe, fällt alles Quälende mit einemmal von mir ab, und ich fühle mich frei wie jemand, der etwas gegen eine peinigende Ungewißheit getan hat.«[59]

Im Wald, auf der Suche nach dem Hund, schlafen Fanny und Jakob zusammen. Es wird allerdings zu einem unbefriedigenden Erlebnis für beide, weil Jakob eine Potenzstörung hat.

»Ich sollte entspannt sein, nach all der Zärtlichkeit, doch mein Hunger ist geblieben.«[60]

Dennoch fühlt sich Fanny am nächsten Morgen sehr wohl. Sie überdenkt das Geschehene.

»Ein Mann wie Jakob. Jetzt ist mir also auch das widerfahren. Nur daß es ganz anders ist. Es gibt also keinen Mann wie Jakob für mich.
Mit einemmal freue ich mich. Ich finde sogar ein Zigarillo in meiner Tasche, rauche, trinke noch eine Schale Kaffee. (...) Ich werde endlich mit der schon seit langem geplanten, großen, zusammenfassenden Arbeit über das frühe Anatolien beginnen. Vielleicht sollte ich sogar reisen.«[61]

Fanny hat alles getan, um mit Jakob zu proben, ob sie Malwines Leben leben könnte. Der Ausgang der Probe stand schon zu Beginn fest. Für Fanny ist jetzt wieder klar, was das ihre ist. Ihre Lust gehört der Arbeit.

Als Malwine die Schrammen in Fannys Gesicht entdeckt und deren Bedeutung versteht, möchte Fanny für sie am liebsten alles ungeschehen machen. Doch dazu ist es zu spät.

»Malwine wirkt zerstreut, Jakob auf eine merkwürdige Weise zuvorkommend. Ständig fragt er, ob wir nicht etwas trinken möchten, und dabei gießt er sich selber immer wieder ein. Ich weigere mich, mir einzugestehen, daß ich an dieser allgemeinen Veränderung schuld sei. Und doch habe ich mit einemmal Mitleid mit Malwine, aufrichtiges Mitleid. Ich würde sie gerne umarmen und beschwichtigen, vielleicht sogar trösten, soweit ich dazu imstande bin.«[62]

Fanny hat den Schmerz weitergegeben an ihre Schwester. Sie hat ihr Ziel erreicht und die Sicherheit Malwines gründlich erschüttert. Jetzt leidet die Schwester, und nur so kann Fanny ihr gegenüber fühlen, sich in sie einfühlen.

Sie selbst ist wieder arbeitsfähig.

Fanny hat die mütterlichen Erwartungen verinnerlicht und setzt sie auch um. Sie ist eine erfolgreiche Wissenschaftlerin und sie hat, wie die Mutter, Probleme, eine stabile Liebesbeziehung zu leben. Aber sie leidet auch darunter. Sie leidet, keine verläßliche Beziehung zu haben, sie leidet an dem Stigma, so zu sein wie die Mutter. Sie sieht sich im Gegensatz zur jüngeren Schwester, die anscheinend ein glückliches Familienleben führt und die nicht mit der Zuschreibung leben muß, das Ebenbild der Mutter zu sein.

Weil sie labil in ihrem eigenen Lebenskonzept ist, fällt es Fanny schwer, sich der Schwester zu öffnen. Die Jüngere wird zur Projektionsfläche für all das, was Fanny selbst nicht zu haben glaubt, so daß sie die Schwester in ihrer Realität nicht wirklich sehen kann. Mit ironischer Distanz steht Fanny Malwine gegenüber, gefangen in dem Bild der kleinen, glücklichen Schwester, der alles gelingt. Mit diesem Phantom der Unangreifbaren, die keine Probleme kennt, kann es keinen direkten Dialog geben. Andererseits transportiert Fanny auch den entwertenden Blick der Mutter auf Malwine, die deren praktische Fähigkeiten zwar gelobt, aber nicht ernstgenommen hat.

Im Miteinander der Schwestern versucht Fanny Malwines vermeintliche Sicherheit durch Provokationen zu erschüttern. Dies führt nicht zur Verständigung, sondern zu Abbrüchen. Dort, wo Malwine sich zeigt, weist Fanny sie massiv zurück.

Weder ihre Motive der Provokation noch die der Zurückweisung legt sie offen. Fanny kämpft einen stummen Kampf mit der kleinen, glücklichen Schwester, die sie treffen und verunsichern möchte, um sie und sich zu spüren.

Den Wunsch, an Malwine Gefühle wahrzunehmen, behält sie ebenso für sich wie ihre Wünsche nach Teilhabe am Leben der Schwester. Heimlich bedient sie sich bei Malwine und benutzt sie schließlich als Abgrenzungsobjekt. Der mißlungene sexuelle Akt mit dem Schwager beweist ihr, daß Malwines Lebenskonzept für sie nicht erstrebenswert ist, ohne allerdings zu realisieren, daß unter den Bedingungen, unter denen sie diese Prüfung inszeniert, gar kein anderes Ergebnis möglich ist.

Die ständige Beschäftigung mit der Schwester, die Versuche, bei dieser Gefühle auszulösen, und der Zugriff auf deren Mann verhindern, daß Fanny sich den eigenen Gefühlen und dem damit verbundenen Leid stellt. Sie bleibt in den mütterlichen Zuschreibungen gefangen, distanziert sich nicht davon, sondern wehrt sich stellvertretend an der Schwester gegen die Mutter.

In Malwine hat Fanny keine Partnerin, die ihr helfen kann, aus diesen Zuschreibungen einerseits und ihrem Muster distanziert-ironischer Provokation andererseits auszusteigen. Fanny bleibt in den Bildern von früher gefangen, beschwört sie von neuem herauf, anstatt die gemeinsame Vergangenheit mit der Schwester solidarisch zu thematisieren und dadurch eine eigenständige, von familiären Vorgaben unabhängigere Beziehung zur Schwester zu entwickeln.

Malwine

Schattenriß

Die Frischmuthschen Schwestern Fanny und Malwine sind nicht nur im Sinne ihrer Lebensentwürfe ›normale Schwestern‹, sondern auch ihre Darstellung entspricht einer Norm: Im Mittelpunkt der Geschichte steht Fanny, die Erstgeborene und Ich-Erzählerin. Sie wird über ihre inneren Monologe, ihre Reflexionen und ihr aktives Erzählen zu einer plastischen Frauenfigur. Ihre jüngere Schwester Malwine wird nur vermittelt über die ältere Schwester Fanny beschrieben.

Dieser Stil ist uns bereits bekannt.

Auch in der Wissenschaft sind es die großen, die älteren Schwestern, die die Geschichten ihrer Schwesternschaften und ihre Theorien dazu veröffentlichen. Frischmuth beauftragt die Figur der Erstgeborenen, nicht die Zweitgeborene, mit der Erzählung der Geschichte.

Wir haben uns trotzdem nicht abschrecken lassen. Auch hier haben wir den Wunsch, die Figur von Erst- und Zweitgeborener gleichgewichtig nebeneinander zu stellen und zu interpretieren, nicht aufgegeben.

Die nun folgende Interpretation der Figur Malwine war, ebenso wie die Ausführungen zu den wissenschaftlich-theoretischen Materialien, unter dem Stern des Mangels zu erstellen. Malwine ist in der Erzählung immer nur als Schattenriß, als Figur, die durch die Schwester gesehen wird, zu verstehen. Das Material über sie ist ungleich geringer als das zur erstgeborenen Schwester.

Offensichtliches

Malwine, Fannys jüngere Schwester, ist mit einem Augenarzt verheiratet, mit dem sie einen Sohn hat. Seit einigen Jahren lebt sie mit ihrer Familie auf dem Land. Dort haben sie ein altes Anwesen mit einem großen Garten gekauft.

Als Fanny nach einer gescheiterten Liebesbeziehung in eine psychische Krise gerät, holt Malwine ihre ältere Schwester zu sich nach Hause. Hier bietet sie Fanny einen Sommer lang die Möglichkeit, sich von ihr versorgen zu lassen und wieder gesund zu werden.

Malwines Leben

Während Fanny als Archäologin in der Stadt lebt, ist Malwine verheiratet und Mutter. Sie liebt die Natur und das ruhige, ungestörte Leben.

»Ich könnte es mir nicht mehr vorstellen, an einer Straße zu wohnen. Oder, wo immer ich gehe, an Schaufenstern vorüberzumüssen, die meine Aufmerksamkeit auf sich ziehen«[63],

sagt Malwine in einem Gespräch zu Fanny, und an anderer Stelle bemerkt sie:

»Ich könnte in keiner Stadt mehr leben (...) ich muß spüren, wie das Gras wächst.«[64]

Malwine hat viel Arbeit und Zeit investiert in das Haus und damit in ihr Landleben. Um Stilbrüche zu vermeiden, hat sie bei der Renovierung keine Mühen gescheut. Sie hat Türen abgebeizt und viel geleistet, um das verkommene Haus wieder herzurichten. Die idyllische Gemütlichkeit des Eigenheims, in der die ganze Familie nicht auf Bequemlichkeit verzichten muß, hat die Hausfrau, so erzählt sie es der großen Schwester, »Jahre ihres Lebens« gekostet.[65]

Diese Jahre haben sich für Malwine offenbar gelohnt. Sie lebt mit ihrer Familie in einer Atmosphäre, in der man sich wohlfühlen und gut erholen kann. Denn über die äußeren Bedingungen hinaus versteht es Malwine auch, das Familienleben so zu gestalten, daß es dem Mann gut geht, sich der Sohn zu einem aufgeweckten Kind entwickeln kann. Als gute Hausfrau und Mutter hat sie stets das Wohlbefinden der Familienmitglieder im Sinn.

Ihrem Sohn Zeno steht Malwine jederzeit zur Verfügung, auch wenn er sie in ihren eigenen Bestrebungen stört. Als Zeno die Schwestern in ihrer Unterhaltung unterbricht, reißt Malwine sich zusammen.

»Malwine ärgert sich, versucht aber ruhig zu bleiben.«[66]

Immer wieder macht sie ihm geduldig Beschäftigungsvorschläge. Malwine läßt es geschehen, daß Zeno sich einmischt und Aufmerksamkeit verlangt.

»Er (Zeno, H. u. K. K.) hält Malwine den Mund zu oder er setzt sich auf meinen (Fannys, H. u. K. K.) Schoß, damit Malwine nur über ihn hinweg mit mir sprechen kann.«[67]

Ebenso wie sie sich im Umgang mit ihrem Kind diszipliniert, verständnisvoll auf es einzugehen versucht, hat sie zu Beginn ihrer Beziehung zu Jakob, ihrem Mann, eine Menge Selbstdisziplin walten lassen, um ihn für sich zu gewinnen.

In Malwines Ehealltag nimmt die Bereitstellung einer gemütlichen und ausgeglichen privaten Atmosphäre breiten Raum ein. Abgestimmt auf den Arbeitsrhythmus ihres Mannes bereitet sie die Abendmahlzeit zu und zieht sich allabendlich für Jakob um:

»Malwine zieht sich immer um, bevor Jakob nach Hause kommt. Als hätte er ein Anrecht auf absolute Frische und ein mattes Glänzen der Oberfläche.«[68]

Die ›frische Malwine‹ erwartet abends ihren erfolgreichen Mann und steht ihm zu Verfügung:

»Wenn Jakob nicht erzählen will, kann Malwine was sagen, über ihr letztes Bild, über die Farbmischung für die äußeren Jalousien und daß sie in der alten Kapelle dort oben am Hügel ein Fresko entdeckt hat.«[69]

Malwine ist das Bild einer vorbildlichen Ehefrau und Mutter. Nett zurechtgemacht erwartet sie ihren Mann, sorgt für dessen Entspannung. Wenn er Ruhe braucht, weiß sie den gemeinsamen Sohn »still zu beschäftigen«, und in die Gespräche mit dem Gatten streut sie immer wieder »kleine zärtliche Gesten« ein.[70]

Der harmonische Ehealltag der Arztfamilie endet dann oft mit dem gemeinsamen Anhören eines klassischen Musikstückes.

Dabei ist für Malwine immer klar, daß sich ein solch harmonisches Familienleben nicht von selbst herstellt. In einem Dialog mit Fanny läßt sie ihre große Schwester in bezug auf die Beziehung zu ihrem Mann wissen:

»›Man bekommt nichts geschenkt‹, sagt Malwine. ›In eine Beziehung mußt du investieren. Du brauchst nicht zu glauben, daß es immer so gut gegangen ist. Wir haben auch unsere Probleme gehabt.‹«[71]

Malwine und Fanny

Auch in die Beziehung zur älteren Schwester hat Malwine immer viel investiert. Als die beiden noch zu Hause wohnten, hat Fanny oft die Hilfe und den Rat der besonnenen jüngeren Schwester in Anspruch genommen.

Von der Beraterin in Liebesfragen für die ›kopflose‹ Ältere ist Malwine zur mütterlichen Versorgerin geworden. Fanny hat wieder einmal Liebeskummer, und Malwine hilft. Fanny ist krank, und Malwine stellt ihr von sich aus einen Erholungsraum bereit. »Du mußt zu uns kommen. Wie du aussiehst«[72], sagt sie zu ihrer kranken Schwester, die sich über die Hilfsbereitschaft und den Versorgungswillen der Jüngeren wundert.

Malwine bereitet auch Fanny eine Atmosphäre, in der sie sich entspannen kann. Sie sorgt nicht nur auf das Vorbildlichste für Fannys leibliches Wohl, sie erklärt auch ihrem Mann und dem Sohn deren Situation, damit es nicht zu Konflikten kommt.

»Während ich das Geschirr wasche, kann sie Jakob erzählen, was sie tagsüber mit mir erlebt hat. Inwieweit sie sich noch oder nicht mehr Sorgen um mich macht und ob Zeno sich nun endlich an mich gewöhnt hat.«[73]

Wie ihrem Kind, bietet Malwine auch der Schwester Unterhaltsamkeiten an. Sie lädt ihre Bekannten ein, um Fanny den Erholungsaufenthalt abwechslungsreich zu gestalten. Selbstverständlich sorgt sie auch perfekt für die Bewirtung ihrer Gäste. Über das Kurzweilangebot hinaus macht Malwine Fanny den

Vorschlag, sich wie sie selbst mit kunsthandwerklichen Dingen zu beschäftigen. »Hast du nie Lust«, so fragt sie einmal ihre Schwester, »etwas mit deinen Händen zu machen?« Und dann fügte sie noch hinzu:

»Es beruhigt, und man hat das Gefühl, daß etwas entsteht.«[74]

Malwine ist während Fannys Genesungsaufenthalt immer bemüht, ihre Schwester physisch wie psychisch optimal zu versorgen. Mit großer Umsicht bereitet sie für Fanny eine Atmosphäre, in der die Kranke die Ruhe des Landes ebenso genießen kann wie die Geborgenheit eines geordneten Familienlebens. Darüber hinaus begegnet Malwine der Großen immer gesprächsbereit, so daß diese auch ihre Bedürfnisse nach Aussprache und Auseinandersetzung über ihre Probleme jederzeit befriedigen könnte.

Malwine und die Mutter

Selbst in bezug auf die Mutter war Malwine in der Rolle der Versorgenden. Gemeinsam mit der Hausangestellten Emmi hat sie sie bis zum Tod gepflegt. Hier muß nicht von der treusorgenden Mutter, sondern vielmehr von der treusorgenden Tochter die Rede sein. Obgleich es im Text eine Menge Hinweise darauf gibt, daß die Mutter nur wenig liebevoll mit ihren Töchtern umgegangen ist, tritt Malwine ihrer älteren Schwester gegenüber für sie ein und verteidigt sie gegen Fannys Kritik.

Die Mutter hat sich immer bedienen lassen, so sieht es Fanny. Sie hat alle dominiert und unterdrückt. So sagte sie einmal über ihre Kinder:

»Sie habe uns nämlich beide im gleichen Ausmaß satt, ihr Vorrat an Mutterliebe sei ein für allemal verbraucht. Es sei langsam Zeit, daß uns so etwas wie Tochterliebe wüchse.«[75]

Malwine rechtfertigt den Umgang der Mutter damit, daß sie sie ein »Original« nennt, die noch auf dem Sterbebett einen Fensterplatz verlangt habe.[76]

Die Mutter hat von ihren Töchtern sehr klare Vorstellungen. Fanny erinnert sich:

»Und Mutter hätte in der Volksschulzeit schon erklärt: ›Fanny ist meine Intellektuelle und Malwine meine Tüchtige‹.«[77]

Und in der Tat, Malwine ist keine Intellektuelle. Sie befaßt sich mit handwerklichen Dingen, sie malt Bilder, arbeitet im Garten, versorgt die Familie und ist Zeno eine gute Mutter.

»›Malwine denkt mit den Händen‹, habe ich (Fanny, H. u. K. K.) Mutter einmal zu Emmi sagen hören.«[78]

Ihre Existenz als Hausfrau erfordert viel Arbeit mit den Händen. Für Malwine ist Haus- und Handarbeit eine wichtige Ausdrucksform.

Mit dieser Orientierung an praktischen Dingen wird Malwine den Vorstellungen der Mutter gerecht, die sie als ihre »Tüchtige« charakterisiert. Im Auftrag der Mutter ist Malwine zu einer Frau geworden, die ihr Leben tatkräftig in die Hand nimmt.

Darüber hinaus entspricht Malwine auch den mütterlichen Vorstellungen von Tochterliebe. Malwine hat nicht nur die Mutter bis zu ihrem Tod gepflegt, sie schützt sie noch über den Tod hinaus vor den Aggressionen der Schwester. In dem sicheren Bewußtsein, daß man für Beziehungen arbeiten muß, daß Investitionen notwendig sind, erfüllt Malwine ohne Widerstand die Vorstellungen der Mutter.

Brüche und Widersprüche

Die genaue Betrachtung des Textes läßt Brüche und Risse in dem zunächst so glatten Bild der Zweitgeborenen deutlich werden.

So ist die verständnisvolle Malwine im Konflikt mit ihrem Kind oft autoritär und ohne liebevolles Verstehen. Auch in der glücklichen Ehe von Malwine und Jakob existieren Merkwürdigkeiten und Sonderbares, die schließlich mit dem sexuellen Miteinander von Fanny und Jakob auf die Spitze getrieben werden. Auch die liebevoll-versorgende Haltung gegenüber der kranken Schwester ist durchzogen von konkurrenten und unehrlichen Momenten.

Malwine, die Ehefrau und Mutter

Für die anderen Figuren in der Erzählung ist Malwines konsequente Art, ihr Leben zu organisieren, befremdend. Sie staunen über die Kraft und Klarheit und über die Konsequenz ihres Handelns, mit der sie ihre Lebensvorstellungen realisiert. Oft verleitet Malwine ihre große Schwester zu Gedanken wie:

»Meine kleine glückliche Schwester Malwine, der alles gerät, was sie in die Hand nimmt.«[79]

Malwine ist die Kleine, die Jüngere, die mit ebenso großem Energieaufwand ihr altes Bauernhaus instandsetzt, wie sie sich in jungen Jahren für ihre Beziehung zu Jakob engagiert.[80]

Schon die Mutter staunt und wundert sich über die Geschicklichkeit und Beharrlichkeit, mit der Malwine als junges Mädchen an der Liebesbeziehung zu Jakob arbeitet.

»›Schau dir die kleine Malwine an‹, habe ich (Fanny, H. u. K. K.) die Mutter einmal zur Emmi sagen hören, ›wie die die Krallen einziehen kann, wenn's ihr auf jemanden ankommt‹.«[81]

Gerade weil diese Frauenfigur in ihrer kraftvollen Handlungs- und Entscheidungsfähigkeit ein so glattes Bild gutsituierter Bürgerlichkeit und Sicherheit abgibt, fällt es schwer, Malwine als Person mit eigenen Interessen und Neigungen aufzuspüren. Ihr Dasein verläuft in streng vorgezeichneten Bahnen, von dort aus glättet sie Widersprüche und beseitigt Konflikte.

So wirkt sie als Hausfrau und Gastgeberin ebenso vorbildlich und perfekt wie als Ehefrau. Sie läßt in bezug auf ihr Hausfrauendasein Hilfe und Entlastung kaum zu. Fanny beschreibt das einmal so:

»Sie (Malwine, H. u. K. K.) zündet die Kerzen an, und ich trage das Geschirr hinaus in die Abwasch, die einzige Art Arbeit, die ich ihrer Fürsorge abgetrotzt habe.«[82]

Auch in ihrem Ehealltag gibt es strenge Regeln, von denen sie nicht abweicht, wie die ritualisierte Vorbereitung auf das Kommen ihres Mannes.

Malwine verbirgt sich hinter den Notwendigkeiten, die nach ihrer Vorstellung zu den Rollen gehören. Sie nutzt Haus- und Gartenarbeit und andere ihrer Pflichten, um sich der Nähe zu den anderen und auch den Konflikten, die sich im Kontakt zu ihnen ergeben, zu entziehen.

Im Umgang mit Zeno werden Malwines Schwierigkeiten mit ihrer Mutterrolle deutlich: einerseits hat sie das Bedürfnis nach Ruhe, andererseits will sie ihre erzieherischen Vorstellungen durchsetzen. Sie versucht häufig, Zeno gegen seinen Willen davon zu überzeugen oder ihn zu überreden, daß er sich mit anderen beschäftigen soll.

So schickt sie Zeno mit Fanny ins Schwimmbad, und als er einmal keine Lust hat, das kleine Mädchen, das ihn besuchen will, zu sehen, zwingt Malwine ihn förmlich dazu, sich mit der Kleinen zu befassen. Ohne ihre eigenen Interessen offenzulegen, versucht Malwine das Kind wegzuschicken, ihm einen scheinbar besseren und schöneren Zeitvertreib anzubieten. Sie selbst gibt in solchen Situationen vor, sie habe Arbeit im Haus.

Als für einen Sonntag ein Familienausflug mit der Schwester zum See geplant ist, schließt sie sich nicht an. Sie leidet unter Menstruationsbeschwerden. Mit »stumpfem Haar und Ringen unter den Augen«[83] bleibt sie zu Hause, versäumt es aber nicht, den Picknickkorb zu packen.

»Malwine setzt sich durch, und als ich (Fanny, H. u. K. K.) mit meinen Badesachen nach unten komme, steht sogar der Picknickkorb schon im Auto.«[84]

Abends, als die anderen vom Baden zurückkommen, steht Malwine auf und macht das Abendbrot.

Um Zeno den Schreck über das Verschwinden des Hundes zu ersparen, erzählt sie davon erst, als Zeno schon im Bett liegt. An der Suche nach dem Tier beteiligt sie sich nicht. Sie nimmt ein Schlafpulver, das ihr Jakob verabreicht und legt sich ins Bett.

Malwine hat zwei Strategien, sich der Nähe und dem Kontakt zu den anderen zu entziehen. Entweder macht sie den anderen Vorschläge zu deren Freizeitgestaltung, um ihre Ruhe zu haben, ohne jedoch offenzulegen, wo ihre eigenen Bedürfnisse liegen, oder sie entwickelt ein körperliches Symptom, das ihr gestattet, sich zurückzuziehen. Mit Malwine zeichnet Frischmuth eine Frauenfigur mit einem zunächst glatten Charakterbild. Auf den ersten Blick gibt es keinen Widerspruch zwischen dem äußeren

Leben und den inneren Bedürfnissen der Gestalt. Bei genauer Analyse zeigt sich allerdings, daß die Figur in der Erfüllung ihrer Aufgaben keineswegs aufgeht, sondern daß sie es systematisch vermeidet, ihre Interessen den anderen gegenüber offenzulegen.

Neue Perspektiven im Arbeitsprozeß (I.)

Der ideologisch verstellte Blick auf die Hausfrau

Im Mittelpunkt unserer Diskussion über Malwine steht immer wieder deren Rückzugsstrategie. Während Helga diese Figur als unwillig und extrem widerständig in der Auseinandersetzung begreift, bin ich, Karin, in der Position, Malwine zu verteidigen, auf ihre Stärken im Sinne von Kreativität und Integrationsfähigkeit hinzuweisen.

Unsere Meinungen stehen sich ebenso unvereinbar gegenüber wie in den Diskussionen über Fanny.

Helgas strenger Blick trifft Malwine immer dort, wo sie sich konfliktscheu den Problemen entzieht, während ich ihre Offenheit und künstlerische Begabung wahrnehme.

Beide Seiten dieses Charakterbildes lassen sich im Text nachweisen, jede von uns hat aber große Mühe, beide Seiten der Figur Malwine anzuerkennen. Helga sieht nur Malwines Verschlossenheit, während ich Helga beweisen will, daß sie doch aber viele Qualitäten hat.

Wir diskutieren in angespannter Atmosphäre.

Unsere Kontroverse löst sich ein wenig auf, als Helga eine Vorstellung von der Kreativität Malwines entwickelt und deren künstlerische Begabung deutlicher wahrnimmt. Dadurch fühle ich mich weniger unter Druck, Malwine verteidigen zu müssen. Auf dem Hintergrund der gemeinsamen Perspektive auf Malwine als kreative Frau kann ich Helgas Argumente, Malwine sei zurückgenommen und konfliktscheu, besser annehmen.

Durch Helgas Betrachtungsweise war für mich die Figur Malwine als Ganze bedroht und entwertet. Jetzt sehe ich, daß Helgas Kritik nicht als umfassende Entwertung gemeint war. Mit der Differenzierung zwischen mangelnder Konfliktbereitschaft und Zurückgenom-

menheit einerseits und Kreativität andererseits widme ich mich erneut dem Text. Ich begebe mich auf die Suche nach Belegen für Helgas Argumentation und stelle mit Erstaunen fest, daß ich zweierlei übersehen habe: Malwine, die sich so fürsorglich um ihre Familie und die Schwester bemüht, malt ihre Bilder nicht nur als Hobby, sie verkauft sie auch. Auch die Restaurierung ihres Hauses und der darin befindlichen Kunstgegenstände ist nicht nur Freizeitbeschäftigung, sondern die Fortführung einer beruflichen Tätigkeit, denn Malwine ist ausgebildete Restaurateurin.

In der nächsten Diskussion mit Helga zeigt sich, daß auch sie die beiden Fakten, daß Malwine mit ihrer Kunst Geld verdient und daß sie eine qualifizierte Berufsausbildung hat, überlesen hatte. Es fehlte uns beiden offenbar die Vorstellung, daß beides zusammen möglich ist – Hausfrau sein und beruflich qualifiziert.

Nach der Auseinandersetzung mit unseren eigenen blinden Flecken stellte sich aber auch die Frage, ob nicht die Gestaltung der Figur Malwine dieses Übersehen nahelegt. Mit dieser Frage bearbeite ich erneut den Text. Ich muß Malwine nun nicht mehr verteidigen und kann mich auf die von Helga eingangs betonte Seite der Figur, ihre Verschlossenheit, besser einlassen. Ist es möglicherweise diese Eigenart Malwines, die ihre Kompetenzen zum Verschwinden bringt?

Malwine, die Malerin und Restaurateurin

Ebenso selbstverständlich, wie sie Salate für die Gäste zubereitet, malt Malwine Bilder und restauriert alte Kunstwerke.

Fanny, die Malwines Bilder als »naive Malerei«[85] begreift, fühlt sich an die Beschreibungen von Dekorationen ihrer Geburtstagstische in der Kindheit erinnert, wenn ihre Schwester von einem neuen Bild erzählt.

Für Malwine hat die Malerei eine große Bedeutung, sie ist mehr als nur das Hobby einer nicht ausgefüllten Hausfrau. Sie sieht in ihrer Arbeit an den Bildern eine Ausdrucksmöglichkeit, die sie beruhigt, und sie genießt das Gefühl, daß etwas entsteht. Künstlerische Arbeit macht ihr Freude, sie kann sich dabei stabilisieren, und die Malerei hilft ihr »beim Nachdenken«.[86]

Malen und Restaurieren sind Bereiche für Malwine, in denen sie sicher ist und die ihr die Möglichkeit des Ausdruckes, aber auch des Rückzuges bieten. Sie kann sich mit etwas Konkretem befassen, und es entsteht ein Kunstwerk oder ein Gebrauchsgegenstand.

Allerdings steht Malwine mit ihrer Tüchtigkeit im Bereich der Kunst und des Kunsthandwerks in der Familie meist allein. Die Mutter, die zwar die Begabung ihrer Zweiten wahrnimmt, lehnt für sich selbst eine Beschäftigung mit den Händen ebenso ab wie ihre Erstgeborene.

Fanny interessiert sich nicht dafür, und sie bemerkt nicht einmal, daß eine Hinterglasmalerei im Wohnzimmer ein Werk ihrer Schwester ist. Sie hält es zunächst für das eines anderen Künstlers. Als sie dann weiß, daß es von Malwine ist, stellt sie verwundert fest, daß es ihr sogar gefällt.

»›Schön‹, sage ich. (Fanny, H. u. K. K.) Und da gefallen mir die zwei Heiligen wirklich.«[87]

Staunend betrachtet Fanny die künstlerischen Ambitionen der Jüngeren, denen die Mutter mit großer Distanz begegnet war.

Fannys Schwager Jakob steht Malwines Malerei wohlwollend gegenüber. Er nimmt ihren Erfolg zur Kenntnis und führt ihn auf die Farben ihrer Bilder zurück.

»Ihre Bilder sind ansprechend in den Farben – lusterweckend, sagt Jakob – und werden auch gekauft.«[88]

Weder Malwines Erfolg mit dem Verkauf ihrer Bilder noch die Tatsache, daß sie gelernte Restaurateurin ist, wird in der Erzählung ausführlich dargestellt. Beides erscheint nur in Nebensätzen:

»›Dieses Haus‹, sagt Malwine. ›Es ist schon gut, daß ich restaurieren gelernt habe. In einigen Zimmern sind die Holzdecken übergipst gewesen, und ich habe die ganzen Schichten abgetragen.‹«[89]

Bei dieser Frauengestalt müssen auch erst einige ›Schichten‹ ihrer Lebensumstände abgetragen werden, um einen Zugang zu ihr als Künstlerin zu erreichen.

Malwine ist Künstlerin im Verborgenen. Ihr kreativer Entfaltungsraum breitet sich hinter ihren Pflichten als Ehefrau,

Schwester, Hausfrau und Mutter aus. Es wird zwar im Text deutlich, daß Malwine diesen Raum für sich in Anspruch nimmt, ihn braucht und ausfüllt, sie vertritt dieses Bedürfnis allerdings nicht offensiv. Sie spricht kaum darüber.

Es findet keine Auseinandersetzung über Malwines Kunst statt, Malwine vertritt ihre Kunstformen nicht im Kontakt mit anderen. So kommt es, daß Jakob und Fanny ihre Malerei nicht ernstnehmen, sie ihr die Beschäftigung damit nur als spielerisches Vergnügen zugestehen. Obgleich sie ihre Bilder erfolgreich verkauft, werden ihre künstlerischen Ambitionen in der Familie nur als Hobbybeschäftigungen verstanden.

Neue Perspektiven im Arbeitsprozeß (II.)

Angst vor der Mutter

Während unserer Interpretationsarbeit an Frischmuths Erzählung diskutierten wir häufig über die Analyse der Mutter-Figur. Helga fragte sich immer wieder, ob, wann und wie wir an dieser Figur zu arbeiten hätten.

Eigentlich wollte ich, Karin, mich damit überhaupt nicht befassen. An dieser Figur wollte ich nicht arbeiten und vertrat hartnäckig die Position, daß unser Thema die Schwestern und deren Beziehung zueinander seien. Diesen Inhalten, so hatten wir es doch zu Beginn der Arbeit vereinbart, sollte unsere Aufmerksamkeit gelten. Obgleich ich diese Perspektive konsequent vertreten habe, blieb mir das ungute Gefühl, mich auf diese Schwesternbeziehung zurückzuziehen, um den Blick auf die Mutter-Thematik zu vermeiden.

Erst als das Ende der Interpretation in Sicht ist, sehe ich die Ursache meiner Weigerung klarer: dahinter stand die Befürchtung, es bliebe für das Schwesternthema kein Raum, wenn wir den Blick zuerst auf die Mutterfigur richten würden. Ich hatte Angst, die Mutter-Tochter-Thematik bekäme mehr Gewicht als die Auseinandersetzung mit den Schwestern.

Dabei hätte ich mich doch trotz Interpretation der Mutter-Figur für eine Schwesternanalyse in vollem Umfang einsetzen können. Gehe ich jetzt meiner irrational wirkenden Angst auf den Grund, so stoße ich auf eine reale Erfahrung, die sich an dieser Stelle mit der Interpretationsarbeit vermischt hat und in meine Argumentation eingeflossen ist: befaßt sich die Große intensiv mit der Mutter, so bedeutet das oftmals den Ausschluß der Kleinen, die es nur durch große Kraftanstrengung schaffen kann, in die Zweisamkeit mitaufgenommen zu werden. Dementsprechend hatte ich Angst, wenn Helga als Erstgeborene sich mit der Mutter-Figur auseinandersetzt, bliebe kein Raum mehr für die Schwestern und damit für mich.

Helga hat meine Argumente aufgegriffen, sie hat sich zunächst auf meine Position eingelassen. Sie hat die Mutter-Figur ab und zu eingebracht, aber nicht darauf bestanden, ihrem Bedürfnis nach einer klärenden Analyse sofort nachzugehen.

Dadurch erlebte ich, daß auch ich Einfluß habe, daß meine Argumente ernst genommen werden. Die reale Erfahrung gleichberechtigter Diskussion und Arbeit mit Helga gab mir Sicherheit. Ich mußte nun nicht mehr fürchten, meinen Raum zu verlieren. Auf diese Weise haben wir eine Konstellation schwesterlicher Realität nicht wiederholt: die Koalition der Älteren mit der Mutter gegen die jüngere Schwester und deren Unterwerfung. Auf diesen Hintergrund konnte ich mich der Interpretation der Mutter-Tochter-Beziehungen widmen.

Im Dienste der Mutter

Es mutet merkwürdig an, daß Malwine die Mutter gegenüber Fanny immer in Schutz nimmt, daß sie deren Willkür und Ungerechtigkeiten mit ihrer Originalität erklärt und gleichzeitig entschuldigt. Im Gegensatz zu Fanny bringt Malwine viel Verständnis für die Mutter auf. Es ist auch Malwine, die die Mutter im Alter pflegt und versorgt.

Für die Mutter ist Malwine eine Vertraute. In Konfliktsituationen nimmt sie Malwine häufig als Ratgeberin in Anspruch.

»Selbst Mutter hatte Malwine immer ins Vertrauen gezogen. ›Wie eine Pythia sitzt sie in ihrem Zimmer‹, sagte Emmi zu mir (Fanny, H. u. K. K.).«[90]

Indem die Mutter Malwine ins Vertrauen zieht, deren Ratschläge ernstnimmt und sich danach richtet, wertet sie Malwine auf. Die als lebenstüchtig und entscheidungsfähig beurteilte Jüngere genießt durch das Vertrauen der Mutter eine besondere Position, sie wird ernstgenommen, sie hat etwas zu sagen.

Malwine sorgt für ihre Mutter. Wenn sie einen ihrer »Tobsuchtsanfälle« hat, ist es Malwine, die sie durch ein Leistungsangebot zu beruhigen versucht:

»Soll ich deinen Rock aufdünsten, bevor du zum Bridge gehst, ich bin gerade beim Bügeln.«[91]

Malwine arbeitet für die Mutter, während Fanny mit ihr Kaffee trinkt oder im Kino mit ihr über die gleichen Szenen lacht. Die Gemeinsamkeit zwischen Malwine und der Mutter liegt im Bereich konkreter Hilfen und lebenspraktischer Ratschläge.

Die Kehrseite der mütterlichen Zuwendung ist, daß die Mutter ihre Zweite auf die Rolle der praktischen und tüchtigen Tochter festlegt.

»Fanny ist meine Intellektuelle und Malwine meine Tüchtige.«[92]

Mit dieser Zuweisung spricht sie Malwine jegliche Intellektualität ab.

Die Mutter selbst delegiert alle praktischen Dinge des Lebens an eine Haushälterin. Nicht einmal Suppe kann sie kochen, stellt Emmi fest, worauf die Mutter selbstbewußt und arrogant reagiert:

»Mutter lachte dröhnend: ›Wie sagt Madame Curie? Wer sich auf die Wissenschaft einläßt, kann nicht auch noch nach Staub unterm Bett suchen‹.«[93]

Eine Existenz als Wissenschaftlerin, so wie Madame Curie sie gelebt hat, erscheint ihr interessant. Ein solches Lebenskonzept hat sie für Fanny, die Erstgeborene, reserviert. Für Malwine, die die Lebenstüchtige in der Familie ist, kommt das aufgrund der mütterlichen Zuweisung nicht in Frage.

Malwine zahlt einen hohen Preis für die Anerkennung der Mutter, weil ihre praktischen Hilfeleistungen und ihre Arbeiten zugleich deren abwertendem Blick auf alles Praktische ausgesetzt sind. Betrachtet Malwine ihre Fähigkeiten aus der Perspektive der Mutter, so muß sie deren Abwertung ihres Könnens spüren. Diese Entwertung erklärt Malwines Scheu, mit ihren selbstgeschaffenen Produkten, ihren Kunstwerken offensiv nach außen zu gehen. Es fehlt ihr die innere Sicherheit ob des Wertes ihrer Fähigkeiten.

Hier stellt sich die Frage, ob Malwine es schaffen kann, sich von diesem bewertenden Blick der Mutter in der Beziehung zur Schwester zu lösen und mehr Stabilität zu gewinnen.

Schwestern

Neue Perspektiven im Arbeitsprozeß (III.)

Die Lösung der Identifikation mit der Zweitgeborenen

Statt eines harmonischen Austausches vor dem Hintergrund unserer, wie ich, Karin, glaubte, ähnlichen Einschätzungen über die ›böse‹ Schwester Fanny und ihr Opfer Malwine kommt es zwischen uns in der Arbeit um das Schwesternverhältnis immer wieder zu hitzigen Auseinandersetzungen.

Nur mit Malwine identifiziert, ringe ich um deren Rechte, um die Rechte der ›naiven Hausfrau‹, die, so stellt es sich für mich dar, von ihrer älteren, intellektuellen Schwester mißbraucht und ausgebeutet wird. Meine Identifikation ist so stark, daß ich kalte distanzlose Wut auf meine Schwester spüre, die Fanny verteidigt und Freude an deren unkonventionellem Verhalten hat. Verbissen mit der für mein Gefühl Schwächeren identifiziert, wehre ich mich lange gegen Helgas Argumente und deren Ansatz, Fannys Verhalten verstehen zu wollen.

Es gelingt mir erst, mich von meiner moralischen Perspektive auf die ›egoistische‹ Fanny zu lösen, als Helga mir deren Verhalten als Versuch zeigt, an dem Leben ihrer jüngeren, oft glücklicheren Schwester teilzuhaben. Erst da löse ich mich auch aus meiner Verbissenheit, mit der ich ›meine gute, schwache Malwine‹, das arme Opfer, verteidigte. Jetzt sehe ich, daß auch Malwine stark ist, daß auch sie ihrer in-

tellektuellen Schwester gegenüber eine ganze Reihe von Fähigkeiten und Begabungen hat, um die diese sie beneidet.

Meine zunächst steifen Argumente dafür, daß auch Malwine vieles kann, verändern sich nach diesem wichtigen Erkenntnisschritt, so daß ich der defensiv starren Verteidigungsposition entkomme und eine neue Perspektive einnehmen kann. Ein wenig abgerückt von den platten Mustern von der Großen als der ›Starken‹ und der Kleinen, die nur als ›Opfer‹ der Rücksichtslosen auftritt, können wir schließlich über die Schwestern und deren verschiedene Fähigkeiten sprechen, ohne sofort zu bewerten. Dabei stellen wir beide fest, daß wir den Beischlaf Fannys mit Jakob als befriedigend in Erinnerung haben. Das entspricht aber überhaupt nicht dem Text.

Fanny ist also gar nicht die strahlende Geliebte, als die ich sie phantasiert habe. Jetzt erst ist mein Blick frei für Malwines Einfluß auf die Beziehung zwischen ihr und Fanny.

Die Helferin

Malwine und Fanny haben vor Fannys Zusammenbruch kaum Kontakt. Sie leben in verschiedenen Welten. Fanny ist überrascht darüber, daß ihre jüngere Schwester sie eines Tages abholt. Die Schwestern haben sich lange nicht gesehen, und Fanny stellt fest:

»Nicht einmal das Haus kannte ich, aber auf einmal war sie (Malwine, H. u. K. K.) da.«

Für Malwine scheint klar zu sein, daß ihre Familie jetzt für ihre Schwester der richtige Ort ist:

»Du mußt zu uns kommen. Wie du aussiehst. Zeno geht bereits zur Schule, du hast ihn seit Jahren nicht gesehen. Diesen Sommer bleibst du bei uns.«[94]

Malwine holt ihre große Schwester ab, als diese, psychisch und physisch völlig am Ende, in einer schweren Krise steckt. Die Krankheit von Fanny, ihre Arbeitsunfähigkeit und Orientierungslosigkeit ist die Voraussetzung für Malwines aktive Kontaktaufnahme. Fannys Krankheit ist für sie eine Chance, sich ihrer älteren Schwester noch einmal anzunähern. Fanny ist hilflos, und Malwine leistet aktive Hilfe.

Für die Zweitgeborene ist dieses Muster nicht neu. Schon in der Pubertät hat Malwine Fanny unterstützend und ordnend zur Seite gestanden, wenn sie aufgrund ihrer unglücklichen Liebesgeschichten völlig verwirrt nach Hause kam. So wie in der Pubertät, steht Malwine ihr auch jetzt zur Verfügung.

Während Malwine damals nur die Rolle der analytisch beobachtenden Beraterin einnahm, ihre eigenen Gefühle und Lebensumstände nicht deutlich wurden, zeigt sie sich jetzt mehr. Malwine bietet Fanny über die Bereitstellung ihrer familiären Umgebung hinaus auch ihre Bekannten an, die sie für sie einlädt. Ihre Offenheit geht sogar so weit, daß sie Fanny ihre eigenen Konfliktbewältigungsstrategien zeigt. Malwine führt der Älteren vor, wie sie lebt, und sie nutzt jede Gelegenheit, um Fanny ihre Vorstellungen und Lebensformen deutlich zu machen.

Eine erste Annäherung der beiden Schwestern läuft über Malwines Orientierung an der Kunst und dem Kunsthandwerk. Sie hat Lust, ihre Schwester in diese Arbeitsformen einzuführen, weil sie sicher ist, daß es ihr guttun würde.

»›Soll ich dir zeigen, wie man sowas macht?‹
›Lieber nicht. Du weißt, ich bin nicht fürs Händische‹.«[95]

Fanny läßt sich nicht auf Malwines Angebot ein, sie erlebt Malwines künstlerisches Tun als reizlos für sich. Es bleiben »Beschwichtigungsrituale« für sie, die sie nicht hilfreich findet.[96]

Als Malwine für Fanny ihre Bekannten einlädt, um für ein bißchen Abwechslung zu sorgen, bemerkt sie bald, daß ihre Schwester sich langweilt und die Gäste uninteressant findet:

»›Du bist ungerecht‹, flüstert Malwine, die mich denken gehört hat.«[97]

Mit vielfältigen Hilfsangeboten versucht Malwine sich ihrer großen Schwester zu nähern, mit der Vorführung der eigenen Wege sucht sie das Interesse der Großen zu wecken und ihr damit Möglichkeiten zu zeigen, ihre Lebensfreude wiederzugewinnen. Trotz großer Mühen will es Malwine allerdings nicht gelingen, daß sich die intellektuelle Fanny wohlwollend mit ihren Angeboten befaßt. Fanny bleibt skeptisch, verhält sich im

Kontakt zu Malwine distanziert und kritisch. Sie weist Malwine immer wieder zurück.

Malwine lernt nichts daraus, sie zieht keine Konsequenzen und macht Fanny immer wieder Angebote.

Der Streit

Trotz ständig mißlingender Versuche, sich Fanny über praktische Lebenshilfe zu nähern, startet Malwine einen neuen Versuch, mit ihr in Kontakt zu kommen.

Malwine und Fanny reden über ihre Mutter, und es zeigt sich schnell, daß die Schwestern völlig verschiedene Vorstellungen von ihr haben. Während Malwine die Mutter als originelle Persönlichkeit begreift, sieht Fanny eher deren Schwächen und deren unsensibles und liebloses Umgehen mit ihren Töchtern.

Malwine wirft Fanny noch immer vor, daß sie auf Reisen war, als die Mutter starb. Fanny ist beleidigt über diesen moralischen Vorwurf ihrer Schwester, spricht das aber nicht aus.

Nach diesem auf beiden Seiten unaufrichtigen Gesprächsbeginn sind die Weichen für die folgende Auseinandersetzung gestellt. Sie streiten über die Mutter. Fanny ist aggressiv und bezeichnet die Mutter als Egoistin, während Malwine bei ihrem Standpunkt bleibt, daß sie als Original zu verstehen sei, dem man keine Vorwürfe machen könne. Statt einer Verständigung über Schönes und Schwieriges in der gemeinsam und getrennt verlaufenden Geschichte der Schwestern verhärten sich die Positionen im Gespräch über die Mutter. Fanny wertet sie ab, Malwine versucht, sie aufzuwerten. Die Gesprächsatmosphäre wird immer gespannter, bis Malwine aggressiv aus dem Dialog aussteigt.

»Malwine schaut mich (Fanny, H. u. K. K.) entsetzt an. ›Du bist wie sie, genau wie sie, nur irgendwie schwächer‹.«[98]

Obwohl Malwine gleich darauf versucht, diesen Vergleich zu entkräften und zumindest teilweise zurückzunehmen, wird klar, daß sie eigentlich denkt, Fanny sei auch in ihren Beziehungen zu Männern ebenso unfähig, wie es die Mutter gewesen ist.

Selbst wenn sie das sofort vehement verneint, bleibt der Eindruck, daß Malwine die Schwächen der Schwester mit denen der Mutter gleichsetzt.

»›Nein, nein, das meine ich ganz bestimmt nicht (...)‹ Malwine schüttelt abwehrend den Kopf.
›Aber ich.‹
›Das bildest du dir ein‹. Malwine schreit fast. ›Aberglaube, der reinste Aberglaube (...)‹«[99]

Dem Streit über die Mutter folgt eine Auseinandersetzung der Schwestern über ihren im Krieg gefallenen Vater. Fanny erzählt von ihren Erinnerungen an ihn. Malwine wußte nicht, daß Fanny sich noch an ihn erinnern kann. Während des Gespräches entwickelt Malwine den Wunsch, mehr über ihren so früh verstorbenen Vater zu erfahren, sie zeigt das in einer kindlich-naiven Neugierde und ist dabei voller Aufregung und Anspannung.

Für einen kurzen Moment scheint es, als könnte Fanny Malwines Wunsch, etwas über den Vater wissen zu wollen, erfüllen. Die Mutter hatte nie darüber gesprochen. Malwine legt ihre Hoffnungen und Gefühle offen, Fanny spürt die Erregung und Spannung ihrer kleinen Schwester.

In der folgenden entscheidenen Frage von Malwine, ob sie vielleicht dem Vater ähnlich sei, steckt der Wunsch, ihre eigene Identität durch Ähnlichkeiten zum Vater erklären zu können. Malwine zeigt sich schutzlos und bedürftig. Fanny überlegt eine Weile, bevor sie sehr klar ihr Urteil spricht:

»›Nicht im geringsten‹, sage ich, ›nicht im allergeringsten.‹
Malwines Gesicht erstarrt, als hätte ich sie geschlagen, als hätte ich sie mit aller Gewalt an ihrem wundesten Punkt getroffen.«[100]

Die Schwestern reden nicht direkt über sich und ihre Gefühle zueinander. Sie streiten nicht offen. Indirekt ringen sie, Malwine hoffnungsvoll, Fanny verbissen. Schauplatz ist die Beziehung zu den Eltern.

Der Kontroverse um die Mutter folgt der Kampf um den Vater.

Fanny trifft heimtückisch. Malwine steckt ein, steckt weg. Annäherung und gegenseitiges Verstehen bleiben auf der Strecke.

Neue Perspektiven im Arbeitsprozeß (IV.)

Der Rückzug aus Furcht vor Schwächen und Beteiligungen der Malwine-Figur

Nachdem ich, Karin, über Malwine als Helferin und über den Streit der Schwestern geschrieben habe, gerate ich in eine unfreiwillige und ungewöhnlich lange Arbeitspause.

Ohne rechten Antrieb, ohne neue Ideen, bin ich sicher, nichts mehr weiter zu Malwine sagen zu können. Interpretatorische Gedanken wollen nicht gelingen, obgleich eine abschließende Auswertung der bisherigen Arbeit geplant ist.

In der Diskussion mit Helga kann ich die Ursachen meines Rückzuges verstehen und mich deshalb aus meiner defensiven Position lösen. Intensiv mit Malwine identifiziert, sehe ich nur noch das Mißlungene und bin eingenommen davon, daß sie weder ihre Interessen vertreten noch sich ihrer Schwester annähern kann. Niedergeschlagen finde ich mich vor der Aufgabe, mich den offenbar gewordenen Schwächen und Problemen der Malwine-Figur noch einmal stellen zu müssen. Sie sind zu meinen Schwächen geworden. Ich fürchte die weitere Arbeit, habe Angst, daß auch mir alles mißlingt. Ich bin in Gefahr, die Interpretation abzubrechen, ohne den Schluß zu schreiben.

Im Gespräch mit Helga wage ich es, meine Ängste zu formulieren. Helga sieht den Fortgang unserer Arbeit dadurch nicht bedroht. Gemeinsam arbeiten wir heraus, daß ich offenbar von einem Gegenübertragungsgefühl erfaßt bin. Langsam kann ich die Differenz erkennen, die zwischen mir und Malwine besteht. Warum soll ich als Zweitgeborene zwangsläufig genauso scheitern müssen wie die Figur in der Erzählung? Mit diesen Überlegungen kann ich mich wieder meiner Arbeit widmen.

Die reale Erfahrung, daß ich in der Beziehung zu meiner Schwester Ängste, Schwächen und Unvermögen zeigen kann, ohne daß dies ausgebeutet wird, stärkt mich.

Der Rückzug

In einer kindlich-naiven Art sucht Malwine immer wieder die Nähe der Schwester. Ihr euphorisch begonnener Weg hin zur missionarischen Rettung der leidenden Fanny endet für sie allerdings in einer Sackgasse des Rückzuges. Doch zunächst beginnt Malwines Rückzug laut und aggressiv.

Mit Zeno allein, beschließt Fanny an einem Nachmittag eine Grabung durchzuführen, weil er gerne einen Schatz finden möchte. Wie zu einer richtigen Grabung spannen sie eine Schnur und beginnen im Garten auf der Wiese einen Graben auszuheben. Zeno hat großes Vergnügen dabei, Fanny gräbt sich in einen Arbeitsrausch. Gerade in dem Moment, als Zeno eine lasierte Scherbe in der Erde entdeckt hat, kommt Malwine in den Garten. Sie ist entsetzt.

»›Was macht ihr denn hier?‹ fragt sie völlig entgeistert. Ich (Fanny, H. u. K. K.) habe sie schon lange nicht mehr so fassungslos gesehen.«[101]

Es kommt zu einer Diskussion zwischen Zeno und Malwine, die eigentlich zwischen den Schwestern hätte geführt werden müssen. Malwine schreit Zeno an und verbietet ihm, mit der Grabung fortzufahren.

»›Hör auf‹, schreit Malwine, offensichtlich froh darüber, daß sie ihre Vorwürfe nun gegen Zeno richten kann. ›Hör sofort auf. Siehst du nicht, wie es hier aussieht? Die schöne Wiese. Das kann lang dauern, bis hier wieder alles so ist, wie es war.‹«[102]

Zeno ist sauer, weil Malwine kein Verständnis für sein Interesse hat, und Fanny hält sich zurück.

»Da dreht Malwine sich zu mir (Fanny, H. u. K. K.) um und sagt: ›Erklär es ihm, daß hier nichts zu finden ist. Offensichtlich war es deine Idee (...) und dann kommt zum Abendessen.‹«[103]

Malwine greift aggressiv und autoritär ein, als sie von Zeno und Fanny ihre Gartenwiese zerstört sieht.

Als Jakob dann während des Abendessens von der Geschichte hört, ist er amüsiert und kommentiert die Angelegenheit so:

»›Statt deinen Sohn etwas lernen zu lassen‹, sagt er zu Malwine, ›denkst du nur an deine Wiese.‹«[104]

Zu einem klärenden Gespräch zwischen den Schwestern kommt es nicht.

In dieser Szene setzt sich Malwine lautstark gegen den Übergriff der Großen durch. Problematisch für sie ist hier, daß niemand in der Familie ihre Position teilt. Zeno ist sauer, Fanny ist distanziert und Jakob lacht über den Konflikt. Ihr Interesse an der schönen Gartenwiese wird von niemandem gesehen und auch von ihr nicht nachdrücklich genug verteidigt. Nach ihrem aggressiven Ausbruch geht sie ohne weiteren Kommentar zum Abendessen über. Mit der Rückkehr zur Tagesordnung distanziert sich Malwine von dem Konflikt und setzt sich zu den anderen Familienmitgliedern in ihrer alten Rolle als Hausfrau in Beziehung.

Ähnlich defensiv reagiert Malwine nach dem mißlungenen Gespräch über den Vater. Sie hat auf ihren naiv und offen geäußerten Wunsch von Fanny eine schroffe Ablehnung erfahren und zieht sich kraftlos und frustriert zurück.

Für den nächsten Tag ist ein Familienausflug an einen Badesee geplant.

»Aber Malwine geht mit stumpfem Haar und Ringen unter den Augen umher, und als ich das Frühstücksgeschirr in die Küche bringe, sagt sie, ›ich komme nicht mit, meine Regel ist diesmal zu stark, und bei der Hitze ist das am Strand eine Qual.‹«[105]

Zurückgezogen in ihre Menstruationsbeschwerden bleibt Malwine zu Hause und überläßt der älteren Schwester die Familie. Als die drei abends zurückkommen, leidet Malwine noch immer. Aufgestanden ist sie nur, um ihrem Mann zu sagen, daß der Hund verschwunden ist. Bevor sich Jakob mit Fanny auf die Suche nach dem Tier begibt, läßt sich Malwine von ihm noch ein Schlafmittel mischen.

Die letzte Szene zwischen den Schwestern, die für Malwine ein schmerzliches Ende im Rückzug nimmt, ereignet sich am folgenden Morgen. Fanny geht es deutlich besser. Malwine, die im Garten Blumen holt, freut sich, als sie die Schwester am Frühstückstisch rauchend und offenbar wohlgelaunt sieht. Fanny eröffnet der Schwester, daß sie glaubt, wieder arbeiten zu können, und deshalb bald abreisen will. Malwine zeigt Fanny in einer zärtlichen Szene ihre Besorgnis:

»Malwine kommt näher, beugt sich über mich, legt ihre Arme um meine Schultern. ›Ich hatte mir solche Sorgen um dich gemacht‹, höre ich sie ganz nah an meinem Ohr sagen.«[106]

Als sich Fanny zu Malwine herumdreht, bemerkt Malwine deren Verletzung, die sie sich während des Beischlafes mit Jakob im Wald zugezogen hat. Zunächst ohne Argwohn, naiv und interessiert fragt Malwine nach der Schramme im Gesicht der Schwester.

»Doch plötzlich läuft es wie ein Krampf durch das eben noch verschmitzte Lachen, und ihr Gesicht steht für einen Augenblick still, als müsse es noch einmal Atem holen vor dem Zerfallen. Aber da hat Malwine sich schon umgedreht. Ich soll es ja nicht sehen, wie sich die zugespitzte Wahrheit in ihrem Fleisch dreht.«[107]

Malwine wendet sich ab und reagiert nicht auf Fannys gelogene Erklärung. Sie zeigt nichts und kehrt auch hier wieder zur Tagesordnung zurück. Am Nachmittag, so teilt sie der Schwester mit, will sie mit dem Kind in die Stadt zum Einkaufen. Heftiger als sonst startet Malwine ihren Wagen und fährt mit Zeno los. Über den Konflikt selbst und Malwines Angst fällt kein Wort.

Unterdessen reift in Fanny der Entschluß, schon am nächsten Tag abzureisen. In völlig veränderter Atmosphäre sprechen Malwine, Fanny und Jakob über Fannys Pläne. Um die Form zu wahren, versuchen Malwine und Jakob Fanny dazu zu überreden, noch eine Weile bei ihnen zu bleiben. Auch dieses Gespräch beendet Malwine abrupt mit dem Hinweis, daß sie in der letzten Zeit immer häufiger unter Wetterfühligkeit leide. Sie hat Kopfschmerzen und will an diesem Abend keine Musik mit Jakob hören, statt dessen räumt sie den Tisch ab. Malwine hat sich völlig in sich und ihre Krankheiten zurückgezogen. Mit Kopfschmerzen bleibt sie zurück.

Ohne einen direkten Einblick in die Gedanken und Vorstellungen dieser Figur zu gewähren, charakterisiert Frischmuth Malwine, die Zweitgeborene, durch ihre Aktivitäten in ihren Beziehungen und ihren Reaktionen auf die anderen Figuren der Erzählung. Während Fanny viel spricht und noch viel mehr denkt, ist Malwine die Tüchtige, die zugreifen und reagieren kann, ohne ihre Gedanken zu offenbaren.

In ihren verschiedenen Rollen als Ehefrau, Mutter und Schwester ist Malwine immer bereit, etwas für das Gelingen der Beziehungen zu tun. Ganz im Sinne der Vorstellungen der Mutter, die in Malwine die ›tüchtige‹ Tochter sieht, hat sich Malwine ihre glücklichen Lebensumstände erarbeitet.

Fannys physische und psychische Krise ist für sie die Gelegenheit, sich der Großen wieder anzunäheren. Die Schwestern begegnen sich in denselben Rollen wieder, die sie in ihrer Jugend gegenseitig einnahmen. Fanny ist desorientiert und hat viele Probleme, während Malwine ein geordnetes Leben führt, so daß sie ruhig und sicher der großen Schwester Ratschläge erteilen kann.

In den Auseinandersetzungen, die Malwine und Fanny während des Aufenthalts haben, wird klar, daß Malwine der Großen kritisch gegenübersteht, daß sie deren Lebensvorstellungen oft für unrealistisch und deren Konflikte im Liebesleben für vermeidbar hält. Malwine äußert dies nicht direkt. Ihre Haltung ergibt sich aus ihren Ratschlägen an die Erstgeborene.

Aus Malwines Perspektive scheint die Krise der Schwester das Ergebnis eines falschen Lebenskonzeptes zu sein, in dem die Berufsarbeit zu sehr im Mittelpunkt steht und die Erwartungen an einen männlichen Partner zu hoch sind. Das ›richtigere und erfülltere‹ Leben an der Seite eines erfolgreichen Mannes, mit einem aufgeweckten Kind lebt Malwine der Großen vor. Eine Realität, deren problematische Anteile Malwine nicht zeigt oder nur rückblickend als überwundene Schwierigkeiten thematisiert. Mit dieser Art, ihr Leben glatt und in bester Ordnung darzustellen, erntet sie den schwesterlichen Widerstand gegenüber den eigenen Annäherungswünschen.

Fannys Widerstand äußert sich zunächst in der Auseinandersetzung um die Erinnerung an den Vater, in der sich Malwine schwach und bedürftig zeigt und die Große ihr nicht ihre Wünsche erfüllt. Malwine ist verletzt und frustriert, sie reagiert mit körperlichen Symptomen, statt ihre Kränkung offenzulegen.

Wie der Konflikt um den verlorenen Vater, so endet Malwines Ahnung von dem Schäferstündchen zwischen Fanny und Jakob mit dem Rückzug in eine Krankheit. Statt sich aktiv gegen das Vorgehen und die Übergriffe der Ältesten zur Wehr zu setzen, zieht die Jüngere sich schweigend zurück.

Kränkungen und Irritationen quittiert Malwine nicht mit offener Gegenwehr. Sie stellt sich nicht, sondern tritt den Rückzug an. Sie fühlt sich Fanny intellektuell unterlegen und schweigt, zumal die Sprache ohnehin nicht zu den von ihr favorisierten Medien gehört.

Mit ihrer Unangreifbarkeit und ihren euphorisch-naiven Annäherungsversuchen provoziert sie die Aggressionen der Erstgeborenen. Die Ebenen, auf denen sich Fannys Widerstand äußert, werden immer intimer, sie rückt der Jüngeren immer näher, um das glatte Bild von Malwines Realität zu relativieren, bis es ihr schließlich gelingt. Malwine kapituliert schweigend. Die Chance, auch das Schwierige ihres Lebens in die Beziehung zur Schwester zu integrieren, nutzt sie nicht.

Gegenbilder

Bei Frischmuth begegnen wir der bereits aus der Wissenschaft bekannten Aufteilung: Zwei Lebenskonzepte werden miteinander konfrontiert, deren Vertreterinnen mit gegensätzlichen Persönlichkeitsmerkmalen ausgestattet sind. Anders als in der Wissenschaft werden hier aber die Schwächen und Konflikte der Erstgeborenen ebenso transparent wie die Stärken und Fähigkeiten der Zweitgeborenen.

Jeweils beide Seiten zu erkennen, war für uns nur durch unsere Methode möglich, uns mit der unserer Geschwisterposition entsprechenden Figur zu identifizieren und die sich einstellenden Gegenübertragungsgefühle zu analysieren. Dies war an verschiedenen Punkten wiederholt nötig. Die Heftigkeit, mit der wir mit der Älteren oder der Jüngeren identifiziert waren, machte uns in erschreckender Weise deutlich, wie stark wir selbst diese Muster der ›Großen‹ und der ›Kleinen‹ in uns tragen.

Die Beziehung, die Frischmuth die Schwestern leben läßt, macht den schwierigen Balanceakt zwischen der Suche nach Gemeinsamkeit und der Integration von Unterschieden sehr viel durchsichtiger, als es den Schwesternforscherinnen mit den Interviewausschnitten gelungen ist. Hier wie dort bleibt aber ein ähnliches Fazit: es ist schwierig bis unmöglich, schwesterliche Rollenfestlegungen und sich daraus ergebende Konkurrenzen gemeinsam verstehend zu überwinden. Allerdings gibt Frischmuth den Blick frei auf Szenen, in denen sich das Scheitern vollzieht. Sie zu bezeichnen gelang uns aber erst, nachdem wir die Beziehungsmuster, die sich zwischen uns genauso wie zwischen Fanny und Malwine ereigneten, verstanden und aufgelöst hatten.

Obwohl ›eingestiegen‹ in die Figuren, mußten wir deren Scheitern nicht reproduzieren. Wir konnten auf eine gemeinsame Beziehungsgeschichte und -realität zurückgreifen, in der wir uns diese Offenheit füreinander bereits erarbeitet hatten.

Wir hatten, auch wenn wir über weite Strecken intensiv mit den Figuren identifiziert waren, innerlich eine andere, unsere Schwesternrealität als Gegendarstellung verfügbar. Die zentrale Gegenerfahrung, die wir miteinander gemacht haben, ist die, daß wir das Herrin-Magd-Verhältnis, das zwischen älterer und jüngerer Schwester eine dominierende Struktur ist, auflösen konnten. Macht und Ohnmacht hatten wir in unserer Beziehung oft erlebt, erlitten, miteinander verstanden und schließlich aufgegeben. Bei wechselnden Themen war einmal die eine und einmal die andere in der machtvollen Position.

Unser Weg war nicht Ergebnis einer Entscheidung, als Schwestern die alten Muster zu überwinden, sondern hatte sich aus gemeinsamer Praxis ergeben: Wir hatten zusammen ein Geschäft geführt und beide keine Befriedigung in einer bestimmten Rollen- und Arbeitsaufteilung gefunden. – Wir wollten beide alles können.

Unsere frauenpolitische Utopie, daß jede alle ihre Fähigkeiten und Potenzen entfalten können soll, spornte uns an. Wir wollten keine Hierarchie in unserer Beziehung, konnten diese aber auch nicht verleugnen. Gleichberechtigtes Miteinander mußten wir uns deshalb immer wieder erarbeiten. Dazu war es notwendig, unsere Rollenzuweisungen und Machtverhältnisse in der Beziehung aufzudecken.

Deren Auflösung setzte voraus, daß die jeweils Machtvollere offen war für die Anliegen, Probleme und Ideen der anderen. Das Aufgreifen und Ernstnehmen der Position der Schwester, das Abstandnehmen von dem Naheliegenden, Gängigen war eine entscheidende Bewegung, die unsere Beziehung verändert hat. Auf diesem Weg konnten wie beide Positionen als gleichermaßen wertvolle etablieren. Denn immer wenn die Schwächere die Sicherheit hatte, ihre Position werde nicht dominiert von der Stärkeren, sondern werde akzeptiert, konnte sie leichter die Perspektive der anderen einnehmen, ohne Angst, sich zu verlieren.

Die Machtschaukel wurde zum Gleichgewicht, ohne daß die Individualität jeder einzelnen von uns aufgegeben werden mußte.[108]

Auch in den wiedergegebenen Arbeitsprozessen hat sich diese Bewegung oft wiederholt: wir kamen bei festgefahrenen Diskussionen dann wieder ins Gespräch, wenn eine die Perspektive der anderen einnehmen konnte. In dieser Weise anerkannt, brauchten wir die Unterwerfung durch die Schwester nicht mehr zu fürchten und konnten ihre Sicht leichter verstehen. Die dann folgenden Diskussionen ergaben oft gemeinsame neue Entdeckungen.

Unsere Erfahrung der praktizierten gegenseitigen Anerkennung war uns innere Folie, unser Gegenbild zu den literarischen Figuren und deren starren Konfliktmustern. So waren wir, obwohl wir über weite Strecken intensiv mit den Figuren identifiziert, dennoch davor geschützt, deren Schicksal zu wiederholen. Während Helga den entwertenden Blick auf Malwine aufgeben konnte, überwand Karin ihre Tendenzen, sich identifiziert mit Malwine aus dem Geschehen zurückzuziehen. Die Erinnerungen an unsere realen Erfahrungen, das Wissen um das Gelingen gemeinsamer Projekte hat uns geholfen, den Kontakt zu unseren inneren Gegenbildern nicht zu verlieren oder wiederzufinden. Erleichternd war uns dabei auch unsere Methode, die in schwierigen Verwicklungen Distanz zum aktuellen Erleben ermöglichte.

Der gelungene Abschluß der Interpretation von Frischmuths Erzählung liefert uns ein neues inneres Muster für ein produktives schwesterliches Miteinander und macht uns sicherer in der kritischen Betrachtung von Bildern scheiternder Schwesternschaft.

Unsere inneren Bewegungen und die durchlebten Konflikte erlauben uns jetzt auch einen anderen Blick auf die Skepsis, die unseren Plänen der Zusammenarbeit am Schwesternthema entgegengekommen war. Damals wehrten wir uns, indem wir sie mit dem Neid der anderen erklärten. Nun ist deutlicher, wovor die Unkenrufe warnten. Sie transportierten das Wissen um die Heftigkeit schwesterlicher Auseinandersetzung und die Ahnung, wie schwer es ist, latente Machtstrukturen zu entdecken und aufzulösen in einer Gesellschaft, die von Machtstrukturen und unüberwindbar scheinenden Hierarchien und Gegensätzen durchzogen und geprägt ist.

TEIL IV

THEORIE DER SCHWESTERNSCHAFT

Nach den Erfahrungen unserer Interpretation lassen sich die Unterschiede zwischen erst- und zweitgeborenen Töchtern nicht mehr nur als das Ergebnis von Zuschreibungen und ideologischen Verzerrungen verstehen. Die Heftigkeit, mit der sich die vorgefundenen Konflikte auch zwischen uns immer wieder hergestellt haben, unsere Schwierigkeiten, diese Konflikte aufzulösen, aber auch die Potenzen, die die Auflösung der alten Strukturen zutage förderte, drängt nach einer erweiterten theoretischen Betrachtung, die über den bekannten Rahmen der Geschwisterforschung hinausgeht.

Wir wollen den systematischen Unterschied zwischen Erst- und Zweitgeborener tiefergehend als nur aus der Position in der Geschwisterreihe aufarbeiten. Eine Theorie der Schwesternschaft ist unser Ziel, in der sowohl ein Konzept für schwesterliche Beziehung enthalten ist als auch die Heftigkeit der Auseinandersetzung und die Intensität der Nähe zwischen Schwestern erklärbar werden soll.

Auf dem Weg zu unserer Theorie der Schwesternschaft wollen wir uns zunächst mit den Begriffen ›Spaltung‹ und ›Verschmelzung‹ befassen, da ihnen in der aktuellen Forschung zu Frauen- und Schwesternbeziehungen eine zentrale Rolle zukommt. Im Anschluß daran werden wir unsere theoretischen Vorstellungen zur Schwesternschaft formulieren.

Spaltung und Verschmelzung

Im Rückgriff auf die Blutsverwandtschaft als Hoffnungsträgerin drückt sich der starke Wunsch der Schwesternforscherinnen aus, Schwesterlichkeit als positives Beziehungsmuster aufrechtzuerhalten. Wir verstehen diesen Rückbezug auf Biologisches vor allem als Hinweis auf ein ungelöstes theoretisches Problem. Im Rahmen dieser Ansätze zur Analyse von Beziehungsmustern zwischen Schwestern kann weder das Scheitern noch das Gelingen produktiven Miteinanders befriedigend erfaßt und erklärt werden.

Bisher stellt jede Forscherin einen anderen Baustein zum Verständnis bereit, ohne daß diese zu einem Gesamtbild zusammengefügt werden. De Haen schreibt die wesentliche Verantwortung für die Entwicklung der Schwesternbeziehungen den Eltern, insbesondere der Mutter zu. Fishel zeigt zwar mit der Darstellung ihrer eigenen Beziehung zu der jüngeren Schwester, daß die Auflösung von Machtstrukturen zwischen Älterer und Jüngerer möglich ist, aber eine theoretische Erklärung für das Gelingen gibt sie nicht. Zufall oder Glück scheinen hier das Schwesternschicksal bestimmt zu haben. McConville schließlich bezieht sich auf die Erfahrungen der Therapeutinnen im Women's Therapy Centre, London. Sie referiert diese aber nur teilweise und kann auch keinen systematischen Begründungszusammenhang entwickeln für das von ihr beschriebene ›schwesterliche Dilemma‹: den Wunsch nach Nähe, zugleich aber die Angst davor – auch die Angst vor Auseinandersetzung.

Eine wesentliche Ursache für die Schwierigkeit, Beziehungsstrukturen und Entwicklungen zwischen Schwestern theoretisch zu fassen, sehen wir darin, daß die Forscherinnen Opfer ihrer begrifflichen Ungenauigkeiten werden. Bei den Versuchen, die Charakteristika schwesterlicher Beziehungen deutlich zu machen, arbeiten sie alle mit ähnlichen Begriffen. So ist ein Begriff, der in den verschiedensten Facetten immer wieder auftaucht, der der Gleichheit. An Beispielen wird gezeigt, daß die Gleichheit bedrohlich erlebt, aber auch genossen, ja sogar kultiviert werden kann. Das, was die einen ›Gleichheit‹ nennen, ist für die anderen ›Ähnlichkeit‹. Immer aber werden diese beiden Begriffe mit Nähe in Verbindung gebracht: Gleichheit durch die verwandtschaftliche Nähe oder Nähe durch die Gleichheit, und schließlich wird ›Nähe‹ synonym mit dem Begriff ›Verschmelzung‹ gebraucht.

Als Antipoden zu diesen werden die Begriffe ›Gegensatz‹ und ›Unterschied‹, ›Spaltung‹, ›Trennung‹ und ›Auseinandersetzung‹ benutzt, um Konfliktfelder zwischen Schwestern zu charakterisieren. Schwestern werden gespalten, Schwestern können sich schwer trennen und schon gar nicht auseinandersetzen. Schwestern spalten selbst und gehen auseinander, anstatt sich zu konfrontieren, um nur einen Teil der durch Beispiele bebilderten Möglichkeiten zu nennen. Und bei alldem wird die Angst betont, die Angst vor Nähe und die vor Verschmelzung, die Angst vor Trennung und vor Auseinandersetzung ebenso.

Insbesondere der undifferenzierte Gebrauch der Begriffe ›Verschmelzung‹ und ›Nähe‹ sowie ›Spaltung‹ und ›Trennung‹ verhindert das Verstehen der unterschiedlichen Entwicklungsverläufe von Schwesternbeziehungen.

Spaltung

›Spaltung‹ bedeutet, mit Kraft ein Ganzes, ein Zusammengehörendes in zwei oder mehr Teile zu zerlegen, wobei dieser Prozeß meist nicht mehr rückgängig gemacht werden kann. Das Bild des Holzspaltens macht den Begriff sinnfällig.

In der psychoanalytischen Theorie wird unter Spaltung ein Prozeß verstanden, bei dem unter Anwendung psychischer Energie zwei Seiten auseinandergehalten werden. Spaltung bezeichnet hier einen Abwehrvorgang, der verhindert, daß zwei für die Psyche unvereinbare Inhalte zusammenkommen.[1] Psychische Spaltungsvorgänge wirken sich so aus, daß die Betroffenen strenge Aufteilungen treffen in gut und böse und, wenn sie jeweils eine Position beziehen, keine Zwischentöne zulassen.[2]

Das heißt, Spaltung bedeutet immer den Verlust eines Teils der eigenen Empfindungen, die nicht integriert werden können. Und Spaltung als Abwehr weist auf einen Mangel an innerer Stabilität hin, die es erlaubt, beide Teile gleichermaßen spüren zu können. Im Vergleich zu anderen Abwehrvorgängen ist die Spaltung Zeichen für eine frühe Störung in der Mutter-Kind-Beziehung, für mangelnde Integrationsprozesse in der Wiederannäherungsphase, also zwischen dem 18. und 24. Lebensmonat.

Im sozialen Zusammenhang begegnen wir dem Begriff überall dort, wo Interessengemeinschaften aller Art, seien es Parteien, Vereine oder andere Gruppen, um eine gemeinsame Linie ringen. Spaltung bedeutet auch hier das Auseinanderfallen in zwei oder mehr Teile mit dem Ergebnis der Schwächung des Ganzen. Diese Prozesse sind Ausdruck unvereinbarer Positionen, zwischen denen Wortlosigkeit herrscht oder Kampf.

Das Bedrohliche und Schwächende an Spaltungen ist die Unvereinbarkeit, mit der sich unterschiedliche Sichtweisen gegenüberstehen, die Kraft, mit der an der je eigenen festgehalten wird, der Verlust, den es für das Gesamte bedeutet, und das Fehlen einer Perspektive zur Verständigung.

An einen solchen Begriff von Spaltung knüpft Monika Jaeckel an, wenn sie im Rahmen feministischer Diskussionen über Spaltung nachdenkt.[3]

Unter Spaltung zwischen Frauen versteht sie das verständnislose bis feindliche Sichgegenüberstehen von Frauen mit unterschiedlichen Lebenskonzepten, denen es nicht möglich ist, über ihre Unterschiedlichkeiten gemeinsam zu sprechen. Lesbische versus heterosexuelle Frauen, beruflich sich Emanzipierende versus Aussteigerinnen sind Beispiele für Spaltungslinien zwischen Frauen, die Jaeckel anführt.

Ihr Blick ist in erster Linie auf die gesellschaftlichen Ursachen gerichtet, die zu diesen Konfliktfeldern zwischen Frauen führen. Als strukturellen Hintergrund für Spaltungen zwischen Frauen sieht sie die künstliche Unvereinbarkeit verschiedener Aspekte weiblichen Lebens. Sie verweist auf die Trennung von Mutterschaft und Berufstätigkeit, von Schönheit und Intellektualität, und auch auf die Trennung von bezahlter und unbezahlter Reproduktionsarbeit. All dies führe dazu, daß Frauen sich für eine von zwei Seiten entscheiden müssen, wenn sie nicht die gesamte Last, zwei gesellschaftlich unvereinbare Konzepte zusammenzubringen, alleine tragen wollen.

Gesellschaftlich bestehe kein Interesse, Frauen darin zu unterstützen, solche Gegensätze leichter vereinbaren zu können. Entsprechend dem Prinzip ›teile und herrsche‹ komme es der patriarchalen Machterhaltung zugute, wenn Frauen untereinander uneins sind und sich, weil sie sich für unterschiedliche Lebenskonzepte entschieden haben, konkurrent und ablehnend gegenüberstehen.

Das grundsätzlich mangelnde Selbstwertgefühl von Frauen in einer Gesellschaft, die ihnen nur untergeordnete Positionen zuweise, mache sie dafür anfällig, sich zum Beispiel als Karrierefrauen ›männliche Macht zu borgen‹ oder als Hausfrauen ›männlichen Schutz zu erkaufen‹.[4]

Nach Jaeckel treffen Frauen ihre Wahl nie autonom, sondern aus dem Bedürfnis, einen Mangel zu kompensieren. Die eigene Schwäche, die fehlende Wertschätzung des Eigenen mache es Frauen schwer bis unmöglich, andere Frauen in dem, was diese tun, anzuerkennen. Insbesondere dann, wenn die andere Frau das Gegenbild zur eigenen Wahl lebt, kann sie zur Bedrohung für die eigene, mühsam gefestigte Identität werden, der mit Kraft entgegengesteuert werden muß.

»Zwei Seiten einer Mangelmedaille (stehen sich gegenüber, H. u. K. K.) mit der Folge, daß Frauen, die füreinander das jeweilige Gegenfrauenbild verkörpern, sich gegenseitig die Verzichtseite ihrer eigenen ›Wahl‹ vorleben, was zur wechselseitigen Abgrenzung, zur Konkurrenz und zur gegenseitigen Diskriminierung führt.«[5]

Als Ausweg aus diesen Mustern fordert Monika Jaeckel, eine ›Gegenkultur‹ zu entwickeln. Frauen sollen sich auch dann gegenseitig unterstützen, wenn sie das, was die andere lebt, nicht unbedingt nachvollziehen können, und sie sollen gerade Unterschiede zum Anlaß nehmen, neugierig aufeinander zu sein.

»Es geht darum, Spaltungen anzuerkennen, Ambivalenzen zu ertragen, das Schmerzliche daran auszuhalten, das positive Potential darin, das zur Klärung und Ausdifferenzierung beiträgt, zu erkennen.«[6]

Auch bei Jaeckel steht der Begriff der Spaltung für eine Situation, in der sich zwei Positionen – hier Frauenpositionen – hart gegenüberstehen und es keine gemeinsamen Worte mehr gibt. Jaeckel betrachtet vor allem die gesellschaftlichen Muster, die Frauen schwach machen und deshalb anfällig für Spaltungsprozesse. Als Überwindungsstrategie fordert sie die willentliche Entscheidung von Frauen für die Gemeinsamkeit mit anderen Frauen über die Spaltungsgräben hinweg.

Jaeckels Verdienst ist es, die Dramatik der Kämpfe zwischen Frauen um verschiedene Lebenskonzepte deutlich zu machen. Dabei verbindet sie die Betrachtung gesellschaftlicher Strukturen, denen Frauen ausgesetzt sind, mit dem Blick auf die psychischen Auswirkungen, die diese Strukturen auf Frauen haben können. Zugleich eröffnet sie eine Perspektive, wenn sie die Frauen auffordert, sich trotz der Differenzen aufeinander einzulassen. Die strengen Trennungen müssen, sollen so nicht bleiben.

Allerdings verharmlost diese Aufforderung ihren eigenen Ansatz. Wenn Frauen sich tatsächlich so schwach fühlen und auch keine gesellschaftliche Unterstützung bei der Integration erhalten, wie soll dann die Annäherung geleistet werden? Woher soll die Kraft kommen? Weil Jaeckel die Frau als Opfer gesellschaftlicher Strukturen konzipiert, ohne deutlich zu machen, wo die inneren Kräfte anzusiedeln sind, die der Boden für Gegenstrategien sein könnten, machen ihre Imperative ärgerlich.

Verschmelzung

Während Spaltung einen Vorgang meint, bei dem zwei getrennte Teile nicht zusammengefügt werden können, drückt der Begriff der Verschmelzung genau das Gegenteil aus: das Ineinanderfließen von zwei Stoffen mit dem Ergebnis, daß jeder einzelne nicht mehr zu identifizieren ist. Im Gegensatz zu dem Begriff ›Spaltung‹ findet der der Verschmelzung nur in einem begrenzten Rahmen Anwendung: in der neueren psychoanalytischen Theorie sowie in der Frauen- respektive Schwesternforschung.

In der frühen Entwicklung, das heißt bis zum 5./6. Lebensmonat, lebt das Kind in einem psychologischen Raum mit der Mutter. Im Erleben des Säuglings geht man von einer Fusion aus, die Differenzierung von Subjekt und Objekt hat noch nicht stattgefunden.[7] Diese Phase wird auch als die der symbiotischen Verschmelzung bezeichnet.[8]

Das Phänomen der Verschmelzung ist nun aber nicht nur dem frühesten Kindesalter vorbehalten, sondern tritt in verschiedenen Differenzierungen auch im Erleben von Erwachsenen auf. Beschrieben und eingeordnet werden diese Phänomene in den neueren psychoanalytischen Theorien zur narzißtischen Selbstentwicklung.[9] Anhand von Mentzos, der eine umfassende Integration der älteren und neueren psychoanalytischen Theorie leistet, wollen wir deren Grundzüge referieren.

Die Theorie des Selbst muß als Erweiterung des von Freud entwickelten Dreiinstanzenmodells Es – Ich – Über-Ich verstanden werden. Ein Mangel dieses Modells besteht darin, daß der Terminus des Ich sowohl für ein System von Funktionen steht, die der Anpassung an die Umwelt dienen, als auch für die Gesamtperson. Hartmann hat den Begriff des Selbst eingeführt und verstand darunter die Selbstrepräsentanz, das heißt, die Summe der inneren Bilder von sich selbst. Später wurde das Selbst als besondere intrapsychische Struktur verstanden, als Selbstsystem. Die Aufgabe dieses Systems besteht vor allem darin, das Selbstwertgefühl zu regulieren, das narzißtische Gleichgewicht aufrechtzuerhalten.

Nach Mentzos laufen in der psychischen Entwicklung zwei Linien parallel: die Triebentwicklung und die Entwicklung des Selbstsystems, wobei sie sich gegenseitig beeinflussen und bedingen. Beide Entwicklungen vollziehen sich innerhalb von Objektbeziehungen.

»Nicht nur der Trieb braucht Objekte zu seiner Befriedigung, auch das Selbst bedarf der Objekte bei seiner Konstitution und zur Befriedigung seiner Bedürfnisse.«[10]

Entsprechend dieser Sicht des Zusammenspiels von zwei Entwicklungslinien im Rahmen von Objektbeziehungen formuliert Mentzos die primären Konflikte, die in den verschiedenen Entwicklungsphasen zu bewältigen sind:

Nach der oben schon erwähnten ersten Phase der symbiotischen Verschmelzung, also in der zweiten Hälfte des ersten Lebensjahres, besteht die Hauptaufgabe darin, diesen Zustand aufzulösen, die Differenzierung von Subjekt und Objekt zu leisten.[11]

Im Mittelpunkt der nächsten Phase, im zweiten und dritten Lebensjahr, steht der Konflikt ›Abhängigkeit versus Autonomie‹ oder ›Bindung versus Freiheit‹. Das Kind ist zwar noch absolut auf die Eltern angewiesen, macht aber im wahrsten Sinne des Wortes schon selbständige Schritte. Ergebnis dieser Phase ist die Verinnerlichung eines konstanten Objektes und das Erreichen eines gewissen Grades an Autonomie.[12]

Der dritte Konflikt im vierten und fünften Lebensjahr ist der Konflikt von dyadischer versus triadischer Beziehung. Das Kind soll trotz seiner Bindung zur Mutter die libidinöse Besetzung des Vaters erreichen. Es muß dabei Spannungen und Aggressionen, die in einer Dreierbeziehung entstehen, ertragen können. Dies ist allerdings nur dann ohne größere Komplikationen möglich, wenn das Selbstvertrauen des Kindes in den vorangegangenen Phasen genügend gefestigt wurde und die Beziehung zu den Eltern tragfähig ist.[13]

Es geht also darum, die Sicherheit und Beschränkungen der dyadischen Beziehung zugunsten der Chancen und Risiken der Dreierbeziehung aufzugeben.

Die Hauptaufgabe der Latenzphase ist die Erweiterung der ausschließlichen Beziehung zur Primärgruppe Familie und die Integration in andere Gruppen. Hier gilt es, Sicherheiten aufzugeben und Risiken zu wagen.[14]

In der Pubertät schließlich wiederholen sich die vorangegangenen Konflikte in neuer Auflage. Die sich steigernden Triebimpulse müssen integriert, infantile Bindungen aufgegeben und schließlich die Trennung von der Familie vollzogen werden.

All diese Konflikte im Lauf der Entwicklung haben Gemeinsamkeiten: In jeder Phase muß eine schwierige Trennung vollzogen werden.[15] Wenn diese Trennungen gelingen, sind neue Beziehungen auf anderer Ebene möglich. Und schließlich sind all diese Konflikte Variationen des Grundkonfliktes zwischen dem Bedürfnis nach Nähe, nach Kontakt und dem Bedürfnis nach Selbständigkeit.

»Bei näherer Betrachtung erweisen sich die Konflikte aller beschriebenen Stufen einfach als Variationen eines Grundkonfliktes zwischen *libidinösen* Trieb- bzw. Kontaktbedürfnissen einerseits und narzißtischen Verselbständigungstendenzen andererseits (...) Auf der einen Seite stehen also Bedürfnisse nach libidinöser Triebbefriedigung, Kontakt, Bindung, auf der anderen nach Selbständigkeit, Selbstverwirklichung, Sicherheit bzw. Sicherung der eigenen Integrität, aber auch Expansivität und Selbstbehauptung.«[16]

In dieser Entwicklung festigt sich das Selbst unter anderem durch Internalisierungs- und Externalisierungsvorgänge. Internalisierungen sind Prozesse, bei denen Erfahrungen, die mit Objekten gemacht werden (also nicht nur deren Charakteristika und Eigenschaften, sondern auch die erlebten und in bestimmter Weise interpretierten Interaktionen) in innere Muster verwandelt werden.

»Man internalisiert also auch Beziehungsmuster, Rollenbeziehungen, ja ganze ›Objekte‹ mit vielen ihrer Aspekte. Man führt ein Leben lang einen ständigen inneren ›Dialog‹ mit diesen internalisierten Objekten, einen Dialog, dessen konstante Besonderheiten während der ersten entscheidenden Erfahrungen mit eben diesen Objekten gebildet wurden.«[17]

Je nach Entwicklungsstufe unterscheidet Mentzos drei Ebenen der Internalisierung: Inkorporation, Introjektion und Identifikation. Inkorporationen finden vor der Differenzierung von Selbst und Objekt statt. Introjektionen sind gekennzeichnet durch eine starke Ambivalenz der Objektbeziehungen, während Identifikationen die reifste Ebene der Internalisierung meint.

»Schließlich setzen Identifikationen schon relativ reife, konstante Objektbeziehungen voraus. Die noch vorhandenen Ambivalenzen können einigermaßen gut toleriert werden. Wut kann ausgedrückt werden ohne exzessive Destruktivität und katastrophale Angst; projektive Verzerrungen spielen eine geringere Rolle. Hier handelt es sich um den Bereich oder das Niveau, in dem und auf dem sich reifere Liebesbeziehungen abspielen.«[18]

Demgegenüber sind Externalisierungen Prozesse zur Konstituierung der Objektwelt. Analog zu den Internalisierungsvorgängen werden auch hier verschiedene Stufen unterschieden: Exkorporation, Projektion und Selbstobjektivierung.

»Zum Bereich der ›normalen‹ Selbstobjektivierung gehört nicht nur die Fähigkeit, Teile des eigenen Selbst in äußeren Objekten zu personifizieren, sondern auch ein großer Teil des schöpferisch-objektivierend Expressiven in Kunst, Handwerk, Wissenschaft und Kultur.«[19]

Auf allen Entwicklungsstufen kann es zu mehr oder weniger dramatischen Störungen kommen, die die Lösung der jeweils anstehenden Konflikte behindern oder unmöglich machen, so daß reife Identifikation und Selbstobjektivierung verhindert wird. Neurotische Lösungsmuster sind die Folge.

Wir wollen hier nicht die vielfältigen Ursachen darstellen, die zu spezifischen psychischen Störungen führen, sondern uns den Störungen zuwenden, bei denen unter anderem auch Verschmelzungsphänomene auftreten.

Sie erscheinen vor allem bei strukturellen Mängeln des Selbstsystems. Die pathologische Verarbeitung der frühen Konflikte, das heißt bis zum dritten Lebensjahr, führen zu spezifischen Störungen, die als strukturelle Mängel oder Selbstpathologie bezeichnet werden. Ursächlich für solche Störungen sind Probleme in der Beziehung zu den Selbstobjekten:

»Selbstobjekte sind ›Objekte‹, Bezugspersonen, die wir als Teil unseres Selbst erleben. Es gibt zwei Arten von Selbstobjekten: die, die auf das (dem Kind angeborene) Gefühl von Lebenskraft, Größe und Vollkommenheit reagieren und es *bestätigen;* und diejenigen, zu denen das Kind aufblicken und mit deren vorgestellter Ruhe, Unfehlbarkeit und Allmacht es verschmelzen kann:
›Die erste Art wird als *spiegelndes Selbstobjekt* bezeichnet, die zweite als *idealisierte Elternimago* (...) Mangelhafte Wechselbeziehungen zwischen dem Kind und seinen Selbstobjekten führen zu einem schadhaften Selbst (...) Je nach Interaktionen zwischen dem Selbst und seinen Selbstobjekten in der Kindheit wird das Selbst entweder als gesunde oder als mehr oder weniger schwer beschädigte Struktur hervortreten. Das erwachsene Selbst kann daher in Zuständen unterschiedlicher Grade von Kohärenz existieren – von kohärent bis fragmentiert; in Zuständen unterschiedlicher Grade von Vitalität – von kraftvoll bis schwach; in Zuständen unterschiedlicher Grade funktionaler Harmonie – von geordnet bis chaotisch.‹«[20]

Störungen in der Regulation des Selbstwertgefühles machen die Betroffenen anfällig für drohende Erschütterungen ihres Selbstwertes. Sie reagieren mit verschiedenen Mechanismen. Einer ist die Regression in den primären Zustand. Mentzos weist unter anderem auf Phantasien hin, sich in der Weite einer Schneelandschaft zu verlieren oder sich Sonne und Wind unbegrenzt hinzugeben.[21]

Mentzos problematisiert, inwieweit diese Verschmelzung das Aufgeben der persönlichen Identität zugunsten der Phantasien ist, oder ob diese Verschmelzung mit etwas unbegrenzt Großem nicht sogar einen inneren Wert- und Machtzuwachs bedeutet.

In den genannten Beispielen vollzieht sich die Verschmelzung in der Phantasie mit unbelebten Elementen. Sie vollzieht sich aber auch im Erwachsenenleben in Beziehungen, die die Funktion haben, strukturelle Mängel des Selbstsystems auszugleichen. So beschreibt Mentzos unter bezug auf Kohut zwei Charaktertypen, die dieser als Ergebnis schwerer Selbstpathologie einstuft: die nach Verschmelzung hungernde Persönlichkeit und die kontaktvermeidende Persönlichkeit.

Die nach Verschmelzung hungernde Persönlichkeit kann aufgrund mangelnder innerer Stabilität eine Trennung von ihren Selbstobjekten, das heißt von Personen, mit denen sie sehr nahe Beziehungen eingeht und die sie braucht, um ihre fehlende innere Struktur zu ersetzen, nicht ertragen.[22]

Die kontaktvermeidenden sind gerade das Gegenteil der eben beschriebenen Persönlichkeiten:

»Es sind Individuen, die sozialen Kontakt vermeiden und sich isolieren und dies nicht etwa, weil sie kein Interesse an anderen hätten, sondern weil im Gegenteil ihr Bedürfnis nach ihnen so intensiv ist.«[23]

Neben diesen als pathologisch eingeordneten Charaktertypen beschreibt Mentzos drei weitere, die nach Kohut im Bereich der normalen Persönlichkeit anzusiedeln sind. Es handelt sich um Kompensationsversuche struktureller Mängel, die vielfach vorkommen, ohne daß von einer schweren Selbstpathologie gesprochen werden muß.

1. Die nach Spiegelung hungernde Persönlichkeit. Sie braucht bestätigende und bewundernde Reaktionen ihrer Selbstob-

jekte, das heißt der Personen, die diese Funktion übernehmen.

2. Die nach Idealen hungernde Persönlichkeit. Sie braucht Personen, die sie auf verschiedenen Ebenen bewundern kann.
3. Die nach Alter-Ego hungernde Persönlichkeit. Das Selbstobjekt muß den eigenen Meinungen und Werten entsprechen, muß sozusagen die Existenz und Realität des eigenen Selbst bestätigen. Das Gegenüber soll das Selbstbild des anderen realisieren. Diese Beziehung wird auch Zwillingsbeziehung genannt.[24]

Verschmelzungsangst – Verschmelzungslust

Mentzos spricht von Verschmelzungsphantasien, von der Verschmelzung in der ersten Lebensphase sowie von Verschmelzungsphänomenen in Beziehungen zur Kompensation mehr oder weniger schwerer struktureller Mängel des eigenen Selbstsystems.

Im Zusammenhang mit einer Theorie der Schwesternschaft halten wir einige Gedanken zur Verschmelzungsangst und zur Verschmelzungslust für wichtig: Auf dem Hintergrund eines wenig gefestigten narzißtischen Gleichgewichtes kann die Nähe zu einer anderen Person bedrohlich sein, weil die Angst vor Kontroll- und Selbstverlust besteht. Die regressive Verschmelzung mit der Mutter droht.[25] Die daraus entstehende Verschmelzungsangst kann mit den unterschiedlichsten Mechanismen abgewehrt werden. Einer ist das oben erwähnte extreme Vermeiden von Nähe in Beziehungen.

Mentzos spricht nicht von Verschmelzungslust. Wir halten sie aber für ein wichtiges Gefühl und eine besondere Qualität im Miteinander. Dort wo sie erwähnt wird, bleibt sie sexuellen Beziehungen vorbehalten.[26] Aber es gibt sie auch dann, wenn sich zwei Personen über ein Drittes verständigen. Insbesondere zwischen Frauen gibt es dieses lustvolle Verschmelzen im direkten Miteinander oder vermittelt über Inhalte, die beide interessieren.

Wenn Mentzos den Begriff der Verschmelzung als auch im Alltag vorkommend beschreibt, so hat er dennoch primär die Bedeutung des Pathologischen. Lustvolles Verschmelzen als nichtpathologische Erfahrung auf dem Hintergrund innerer Stabilität ist als Beziehungsqualität zwischen Frauen und Schwestern bedeutsam. Wir finden es spannend, hier weiterzudenken. Wovor haben Frauen und Schwestern, von denen gesagt wird, sie hätten Angst vor Verschmelzung, wirklich Angst? Haben sie Angst, ihre Identität zu verlieren, oder haben sie nicht vielmehr Angst vor der Erfahrung einer bestimmten Nähe, vor einem Austausch mit einer Frau, für den es in unserer Kultur keine öffentlichen Repräsentanzen gibt? Dieses Neue zu wagen löst Angst aus, denn es bedeutet immer auch einen Verlust. Es gilt, Bekanntes aufzugeben und damit Struktur und Stabilität vorübergehend zu verlieren. Dies unter dem Zugewinn von Neuem, dessen Wert noch nicht in bekannten Begriffen und Traditionen transportiert wird. Wir wollen dies mit einem Beispiel veranschaulichen.

Frauen, die sich für einen Arbeitsplatz in einem autonomen Frauenprojekt entscheiden, haben die Chance, in der Nähe zu anderen Frauen neue Ideen zu entwickeln und an der Realisierung ihrer inhaltlichen Vorstellungen, aber auch ihrer Wünsche nach gleichberechtigtem Miteinander zu arbeiten. Sofern die Frauen sich in der Zusammenarbeit verstehen, kann eine neue Qualität von produktiver Gemeinsamkeit entstehen. Anderes geht dabei verloren, etwa die vermeintliche Sicherheit von bekannten Arbeitsstrukturen, wie wir sie in etablierten Organisationen, Institutionen und Betrieben finden: die Klarheit von Hierarchien und die in den meisten Arbeitsfeldern immer wieder tradierten Formen der Entscheidungsfindung.

Bezogen auf Schwestern haben wir gezeigt, daß Frauenforscherinnen zur Erklärung der Schwesternbeziehung das Verhältnis zwischen Mutter und Tochter heranziehen. Es fehlt ein Bild für Verschiedenheit und nahes Miteinander von Frauen, die nicht in einem hierarchischen Verhältnis zueinander stehen: ein Bild für Nähe zwischen Frauen auf gleicher Ebene. Dieses Bild gilt es zu entwickeln und zu kultivieren, auch wenn das das Wagnis voraussetzt, in unbekannte Gefilde vorzudringen.[27]

Der Begriff der Verschmelzung in der feministischen Psychologie

Im folgenden wollen wir uns die feministische Psychologie der Frau anschauen, auf die sich die Schwesternforscherin Brigid McConville bezieht.

Bei der Formulierung des sogenannten ›schwesterlichen Dilemmas‹, Angst vor Nähe und Verschmelzung, zugleich aber auch Angst vor Auseinandersetzung zu haben, greift McConville die Arbeit der Frauen im Women's Therapy Centre London auf, die sie zu ihren therapeutischen Erfahrungen mit Schwestern interviewt hat. Zwei der Frauen, Luise Eichenbaum und Susie Orbach, haben Konfliktstrukturen zwischen Frauen und deren psychologische Hintergründe theoretisch bearbeitet.[28]

Ähnlich wie bei Monika Jaeckel leiten auch sie die Probleme von Frauen aus der Struktur der patriarchalen Gesellschaft ab, die die Frauen entwertet und an ihrer Entfaltung hindert. Allerdings liegt der Schwerpunkt ihrer Betrachtung auf der Beziehung zwischen Mutter und Tochter als Vermittlungsinstanz gesellschaftlicher Muster.

Sie entwerfen eine Psychologie der Frau, in der nicht wie bei Jaeckel dem Begriff der Spaltung, sondern dem der Verschmelzung eine Schlüsselrolle zukommt. Aus den frühen Erfahrungen mit der Mutter leiten die Autorinnen Gefühlsqualitäten ab, die Frauen später in der Beziehung zu anderen Frauen erleben.

Auf die Mutter-Kind-Beziehung wirken gesellschaftliche Normen. Für Mädchen heißt das, daß sie dazu erzogen werden, sensibel und einfühlsam zu sein, daß sie lernen, Rücksicht zu nehmen und anderen zu geben. Initiative, Unabhängigkeit und Autonomie hingegen werden weit weniger gefördert.

> »Indem wir die oben angeführten Gebote des Frauseins verinnerlichen, lernen wir gleichzeitig, daß es falsch ist, uns von anderen loszulösen, Initiativen zu ergreifen, Autonomie vorzuführen und nach Selbstbestimmung zu streben. Solche Seinsformen sind bei Mädchen unerwünscht. Unabhängigkeit, Abenteuerlust und Interesse an der eigenen Person sind keine Werte, die bei Mädchen stolz entwickelt werden.«[29]

Obwohl die Frauen sich immer mehr gesellschaftliche Räume erobern und die verschiedensten Lebenskonzepte entwerfen und ausprobieren, dominiert doch immer noch die psychologische Abhängigkeit über die Unabhängigkeit, das Leben für andere über die Befriedigung der eigenen Bedürfnisse und Wünsche. Die Vermittlung dieser Muster vollzieht sich zuallererst in der Beziehung zur Mutter, die selbst auch ihre eigenen Bedürfnisse zurückstellt zugunsten des Wohls der anderen.

Daß die Mutter den Vorrang der Abhängigkeit an die Tochter weitergibt, führen Luise Eichenbaum und Susie Orbach auf verschiedene Ursachen zurück. Zum einen unterscheiden sie zwischen dem Umgang der Mutter mit einem Sohn und ihrem Umgang mit einer Tochter. Während es für die Mutter wegen der Geschlechterdifferenz sehr viel einfacher ist, den Sohn als eine andere, von ihr abgegrenzte Person zu erleben, fällt dieses Differenzierungsmerkmal in der Beziehung zur Tochter weg. Sie hat das gleiche Geschlecht wie die Mutter, sie ist der Mutter dadurch näher, und die Mutter findet sich selbst in dem kleinen Mädchen wieder.

»Wenn sie ihre Tochter betrachtet, sieht sie in ihr die eigene Kindheit. Mit anderen Worten: *Sie spiegelt sich selbst in ihrer Tochter.*« (Hervorhebung im Original, H. u. K. K.)[30]

Damit fällt es der Mutter zugleich schwerer, Impulse des Mädchens anzunehmen, die ihrer Vorstellung von sich selbst widersprechen, insbesondere Bedürfnisse nach Aktivität und Autonomie. Wie sie selbst, so soll auch die Tochter ihr Selbst in Abhängigkeit zu anderen entwickeln.

Aber nicht nur die Unfähigkeit der Mutter, die Tochter als eigenständige Person wahrzunehmen, sondern auch ihre eigenen unerfüllten Wünsche und Bedürfnisse festigen nach Eichenbaum/Orbach die psychische Abhängigkeit der Tochter. Aus Sehnsucht nach Spiegelung ihres Selbst als aktive, unabhängige Frau sucht die Mutter die psychische Verschmelzung mit der Tochter, um daraus Stärke zu gewinnen.[31]

So sind die Versuche, sich unabhängig zu machen, zwangsläufig von Schuldgefühlen und Verwirrung begleitet, ihr Selbst bleibt in den Bereichen Aktivität und Autonomie geschwächt.

In der Beziehung zu anderen Frauen stellt sich dann eine ähnliche Beziehung her wie zur Mutter. Das Sicheinfühlen, das Verschmelzen stabilisiert die Beziehung. Ausbruchsversuche, Veränderungswünsche und Unterschiede machen Angst und können die Beziehung zerstören.

Eichenbaum/Orbach haben aber einen Entwurf davon, wie Frauen in der Beziehung zu anderen Frauen den Teufelskreis der Verschmelzung und Selbstentwertung verlassen können:

»Die Nähe zu einer anderen Frau stimuliert das Bedürfnis nach Verschmelzung. In dieser Verschmelzung findet die Betroffene ein ›Selbst‹. Gleichzeitig will aber das kleine Mädchen in ihr eine andere Art der Beziehung, eine Beziehung, die ihre Bedürfnisse anerkennt und stillt. Käme es zur Befriedigung dieser Bedürfnisse, könnte das kleine Mädchen endlich reifen. Und die Frau würde sich nicht mehr so verzweifelt und unersättlich fühlen. Ihre Persönlichkeit müßte nicht mehr so gespalten sein, sie wäre in sich stimmig. Die Frau würde mehr Selbstsicherheit entwickeln, ein Selbstbewußtsein, das etwas mit *Haben* (Hervorh. im Original, H. u. K. K.) zu tun hat und nicht mit Deprivation.«[32]

Und sie haben auch die Erfahrung, daß Frauen sich in der Beziehung zu anderen Frauen entwickeln können und Neues wagen.[33]

Wie es aber geschehen kann, daß das ›kleine Mädchen‹ in der Beziehung zur Freundin doch noch reifen kann, läßt sich aus den theoretischen Erklärungen von Eichenbaum/Orbach nicht herleiten, denn sie zeichnen eine Entwicklung, in der Frauen für Generationen in das Weitergeben weiblicher Mangelgefühle, Abhängigkeits- und Verschmelzungswünsche, gepaart mit Trennungsängsten eingespannt sind.

Die Geschlossenheit dieses Systems hat eine Ursache in der zu allgemeinen Betrachtung der frühen Entwicklung und der Beziehungsdynamik zwischen Mutter und Tochter sowie in der begrifflichen Ungenauigkeit, insbesondere bei der Verwendung des Begriffes ›Verschmelzung‹.

Entsprechend der psychoanalytischen Theorie nennen Eichenbaum/Orbach die erste Lebensphase bis zum 5./6. Monat die Phase der Verschmelzung. Die Differenzierung von Subjekt und Objekt hat noch nicht stattgefunden.[34] Sie beschreiben dann, daß die Mutter keineswegs immer selbstlos auf die Bedürfnisse des Kindes eingehen kann, sondern aufgrund eigener Bedürfnisse und Schwierigkeiten die Tochter nicht immer optimal nach deren Bedürfnissen versorgen kann. Dies führt zu Frustrationen und Verunsicherungen beim Kind.

»Widersprüche kennzeichnen also das Klima, in dem die Verschmelzung von Mutter und Tochter stattfindet. Die Beziehung ist gleichzeitig der tröstliche und sichere Hafen sowie eine bedrohliche Klippe, an der alles zerschellen kann. Die Mutter hat ihr eigenes inneres Drama auszufechten, sie kann nicht umhin, widersprüchlich auf die Bedürfnisse der Tochter einzugehen. Die Tochter hingegen versucht, den unterschiedlichen Reaktionen der Mutter einen Sinn zu verleihen.«[35]

Eichenbaum/Orbach sprechen hier bereits von einer Phase, in der das Kind die Reaktionen der Mutter als von sich getrennte wahrnimmt, behalten aber auch dafür noch den Begriff der Verschmelzung bei. Weiterhin sehen sie die Widersprüchlichkeit der Mutter aufgrund deren eigenen inneren Dramas als das konstituierende Merkmal ihres Verhaltens gegenüber der Tochter an.

Wenn Widersprüchlichkeit im Verhalten der Mutter das generelle Kennzeichen für den Umgang mit der Tochter wäre, dann müßten alle Töchter schwere psychische Störungen aufweisen, denn grundsätzlich widersprüchliches Verhalten labilisiert bis verunmöglicht die Entwicklung eines stabilen narzißtischen Gleichgewichts.

Gutwillig interpretierend könnte man davon ausgehen, daß die Autorinnen mit ›widersprüchlich‹ ›konflikthaft‹ meinen. Damit hätten sie insofern recht, als Entwicklungen immer konflikthaft verlaufen. Sie müßten dann aber das Spezifische an den Konflikten zwischen Mutter und Tochter benennen.

Die zweite Lesart wäre, daß sie meinen, die Mutter zeige sich in bezug auf bestimmte Bedürfnisse des Kindes widersprüchlich. Dann müßten diese benannt werden. Also zum Beispiel so, daß die Mutter die Autonomiebestrebungen des Kindes einerseits abblockt, weil sie ihr Angst machen, daß sie aber andererseits ein selbständiges Kind möchte.

Schließlich widerspricht die These von der Widersprüchlichkeit des Verhaltens der Mutter gegenüber der Tochter ihren eigenen Ausführungen, denn Eichenbaum/Orbach leiten aus der

Gleichgeschlechtlichkeit von Mutter und Tochter ein gradliniges Verhalten der Mutter zur Tochter ab:

»Wie ihre Mutter soll sie eigene Initiativen dämpfen, wenn diese ihre Verfügbarkeit für andere Menschen beeinträchtigen. Wie ihre Mutter wird sie begreifen, daß die Autonomie nicht die Brücke zur Weiblichkeit ist.«[36]

Aufgrund ihres eigenen mangelnden Selbstwertgefühls ist die Mutter abhängig in ihren Beziehungen, auch in der Beziehung zur Tochter.

»Das wichtigste Bedürfnis der Mutter ist das Bedürfnis nach Bindung (...) Die Mutter bringt ihr eigenes dringliches Bedürfnis nach einer Bindung in die Beziehung zur Tochter ein. So wird die Phase der infantilen Abhängigkeit nicht nur durch die psychologische Verschmelzung der Tochter mit der Mutter, sondern *auch von dem Bedürfnis der Mutter geprägt, mit der Tochter psychologisch zu verschmelzen.*«(Hervorh. im Original, H. u. K. K.)[37]

Hier weiten Eichenbaum/Orbach den Begriff der Verschmelzung noch aus. Die Mutter hat das Bedürfnis, mit der Tochter psychisch zu verschmelzen, eins zu sein mit ihr, ohne daß noch eine Differenz wahrnehmbar bleibt. Zugleich nennen sie dieses Bedürfnis aber auch ›Bedürfnis nach Bindung‹. Die Gleichsetzung von Bindung und Verschmelzung macht es unmöglich, unterschiedliche Beziehungsarten wahrzunehmen und die Qualität von Beziehungen zu unterscheiden. Wenn Bindung immer auch Verschmelzung bedeutet, wie sollen dann Beziehungen möglich sein, in denen Bindungen bei gleichzeitiger Eigenständigkeit jeder einzelnen gelebt werden können?

Eine weitere Begriffsverwirrung trägt dazu bei, daß es für Eichenbaum/Orbach nicht möglich ist, die Beziehung zwischen Mutter und Tochter theoretisch zu fassen.[38]

»Wir sehen, daß die Gleichgeschlechtlichkeit von Mutter und Tochter viele Folgen für die Beziehung von Frau zu Frau hat. Das Bedürfnis der Mutter nach Bindung, kombiniert mit ihrer Identifikation mit der Tochter, schafft die Vereinigung zwischen beiden (die Verschmelzung zu einer Einheit). Die Mutter ist nicht von ihrer Tochter getrennt, und wenn ihre Tochter Bedürfnisse äußert, durchlebt die Mutter sie mit ihr, als ob es ihre *eigenen* (Hervorh. im Original, H.+K.K.) wären. Auch sie fühlt diese Bedürfnisse.«[39]

Eichenbaum/Orbach benutzen auch hier wieder den Begriff der Bindung und zusätzlich den der Identifikation, um die Verschmelzung zwischen Mutter und Tochter zu erklären. Identifizierung heißt für sie das Einssein der eigenen Gefühle mit denen der anderen unter der Bedingung, Differenzen nicht wahrzunehmen.

Der Begriff der Identifikation ist nun aber in der psychoanalytischen Theorie, auf die sich Eichenbaum/Orbach auch beziehen, einer reiferen Beziehungsform vorbehalten. So wie Eichenbaum/Orbach den Begriff benutzen, nehmen sie sich die Möglichkeit, für die Identitätsbildung der Tochter notwendige und stabilisierende Identifikationsprozesse zu unterscheiden von Prozessen, die die Tochter von der Mutter abhängig halten.

Die beiden Forscherinnen lösen das Problem, indem sie zwischen Identifikation und Einfühlungsvermögen unterscheiden. Identifikation ist für sie sowohl das völlige Übernehmen der Gefühle und Bedürfnisse der anderen, als auch das Überstülpen der eigenen Empfindungen über das Erleben der anderen. Unter Einfühlungsvermögen hingegen verstehen sie die Fähigkeit, die andere Person wahrzunehmen und ihre Gefühle nachzuempfinden unter Beibehaltung der eigenen Ich-Grenzen.

»Einfühlungsvermögen hängt ab von einem Bewußtsein der eigenen Person als einzigartiges und autonomes Individuum, das auf andere einzigartige, definierte und autonome Individuen baut.«[40]

Dieses Einfühlungsvermögen auf dem Hintergrund eines stabilen Selbstwertgefühles ist Frauen nach Eichenbaum/Orbach nicht möglich. Sie sehen sie befangen in Verschmelzung und Identifizierung, in Angst vor Loslösung und Autonomie. In den Beziehungen zu Freundinnen wirkt sich dies dann so aus, daß die autonomen Bestrebungen der anderen unbewußt sabotiert werden.[41]

Aus alldem ziehen Eichenbaum und Orbach den Schluß,

»(...) daß die Psychologie einer Frau dergestalt konturiert ist, daß *Liebesfähigkeit und Trennungsangst psychisch untrennbar voneinander sind.*« (Hervorh. im Original, H. u. K. K.)[42]

Hier wird der Begriff ›Liebesfähigkeit‹ in einen Zusammenhang mit Beziehungsarten gebracht, in denen die Objektbeziehungen weder abgegrenzt noch stabil sind. Wie aber soll reife Liebesfähigkeit von infantilen Abhängigkeiten unterschieden werden, wenn für beides derselbe Begriff gebraucht wird?

Sowohl Jaeckel als auch Eichenbaum/Orbach entwerfen ein Bild weiblicher Entwicklung, das einige Aspekte richtig erfaßt: Frauen nehmen im Vergleich zu den Männern trotz aller emanzipatorischen Entwicklungen noch immer die gesellschaftlich unterlegene Position ein, und diesen unterschiedlichen Machtpositionen entsprechen jeweils andere Erziehungsideale für Mädchen und Jungen. Für das Selbstbewußtsein von Frauen bedeutet dies Mangelgefühle, gepaart mit Angst vor Autonomie, die von Frauengeneration zu Frauengeneration weitergegeben werden.

In den Beziehungen zwischen Frauen wirkt sich beides nach Jaeckel so aus, daß Frauen Schwierigkeiten haben, sich gegenseitig in ihren Unterschieden anzuerkennen. Spaltung ist die Folge, die letztlich produktives Miteinander zwischen Frauen unmöglich macht. Nach Eichenbaum/Orbach folgt aus dem mangelnden Selbstwertgefühl von Frauen und ihrer Angst vor Autonomie die Verschmelzung in Frauenbeziehungen, die sich nur schwer auflösen läßt.

Diese Perspektive auf die Psychologie der Frau setzt bestimmte Aspekte, die es im Rahmen weiblicher Entwicklung gibt, nämlich das Zusammenspiel von gesellschaftlicher Entwertung der Frau, geringem Selbstwertgefühl der Mütter und daraus folgender Aushöhlung der Selbständigkeitsbestrebungen der Töchter, absolut. Das Aussteigen aus diesem System wird sowohl von Jaeckel als auch von Eichenbaum/Orbach gefordert. Die reale Möglichkeit wird durch die theoretische Analyse aber nicht plausibel. Noch fehlen der Blick auf und die Begriffe für die Ebene weiblicher Entwicklung, die nicht von Mangel und Selbstlosigkeit dominiert ist.

Bei der Betrachtung von weiblicher Entwicklung plädieren wir für einen differenzierteren Umgang mit den Begriffen ›Verschmelzung‹ und ›Nähe‹ sowie ›Spaltung‹ und ›Trennung‹. ›Spaltung‹ und ›Verschmelzung‹ bezeichnen psychische Vorgänge, die das Ergebnis schwerer Selbstpathologien sind. Auch wenn sich solche Strukturen in der ›normalen‹ psychischen Entwicklung finden, stehen die Begriffe in der Tradition, psychische Störungen zu diagnostizieren. Eine Psychologie der Frau aus dieser Perspektive zu entwickeln bedeutet – auch wenn damit vorhandene Strukturen zum Teil richtig erfaßt werden können –, eine Psychologie des weiblichen Mangels zu entwerfen.

Wenn wir davon ausgehen, daß weibliche Identität eine Geschichte der Beschädigungen hat, dann wäre mit Blick auf eine positive Weiterentwicklung nach weiblichen Strategien zu fragen, diese Beschädigungen und Mängel zu heilen und den weibliche Kräfte unterminierenden Strukturen etwas entgegenzusetzen.

Der Begriff des Affidamento, den italienische Feministinnen geprägt haben, ist Teil eines Ansatzes, der diese Perspektive auf Frauen einnimmt.[43]

Nähe zwischen Frauen meint hier ein vertrauensvolles Aufeinander-Bezogensein mit der Möglichkeit notwendiger gegenseitiger Spiegelung und Unterstützung, aber auch Kritik und Auseinandersetzung. Diese Prozesse werden nicht unter dem Primat des Mangels, sondern unter dem der Potenz betrachtet.

Die Theorie

Über die Bedeutung, die Schwestern füreinander haben – unabhängig davon, ob die Beziehung innig, zerstritten oder distanziert ist –, sind sich die Schwesternforscherinnen einig. Die theoretische Einordnung der Schwesternschaft für die Entwicklung von Frauen fällt aber noch schwer, ein eigenständiger gedanklicher und begrifflicher Rahmen fehlt. Zum einen beziehen sich die Forscherinnen auf die traditionelle Geschwisterforschung, deren Schwerpunkt bei dem Entwurf von Typologien entsprechend der Position in der Geschwisterreihe liegt. Zum anderen orientieren sie sich an Freuds These der Geschwisterrivalität, und schließlich greifen sie Aspekte einer neuen feministischen Theorie zur Psychologie der Frau auf. Doch sind alle drei Ansätze mit spezifischen Mängeln behaftet: die Typologien erfassen Oberflächenphänomene, die sie aus der Geburtenfolge ableiten und auf die sie Geschwister festlegen. Freuds Ansatz greift ein Beziehungsmuster zwischen Geschwistern heraus, das der Konkurrenz und Rivalität, und setzt es absolut. Der feministische Ansatz einer Psychologie der Frau schließlich verwirrt durch seine ungenaue Begrifflichkeit.

Ein grundlegender Gedanke macht die Theorie zur Psychologie der Frau von Eichenbaum/Orbach jedoch sehr wertvoll für die Schwesternforschung. Sie stellen die Bedeutung heraus, die eine Frau im Rahmen einer Frauenfreundschaft für die Entwicklung und Identitätsbildung einer anderen Frau hat. Hier teilen sie die Auffassung der Schwesternforscherinnen, die dies für die Beziehung zwischen Schwestern betonen. Diese These ist aber noch nicht konkretisiert. Die Ursache dafür sehen wir in der zu wenig differenzierten Betrachtung der verschiedenen Qualitäten, die einerseits die Beziehung einer Frau zu ihrer Mutter und andererseits die Beziehung zur Freundin oder Schwester für ihre Entwicklung hat.

Obwohl es bei allen Forscherinnen, bei denen, die sich mit

der Schwesternschaft wie bei denen, die sich mit Frauenfreundschaft auseinandersetzen, die Suche nach dem Spezifischen gibt und auch ein Wissen darum, daß die Freundin oder die Schwester eine sehr besondere und von allen anderen Beziehungen unterschiedene Position für eine Frau einnimmt, dominiert und behindert ein Denkmuster die Forschung: die Interaktionsformen, die eine Frau in der Beziehung zu ihrer Mutter erlebt und verinnerlicht hat, wiederhole sie in der Beziehung zu ihrer Freundin und/oder Schwester.

Entsprechend werden Schwesternbeziehungen dominiert gesehen von der älteren Schwester, die in Identifikation mit der Mutterrolle eine versorgende Haltung gegenüber der Jüngeren einnimmt, die in Abhängigkeit von der Älteren lebt. Frauenfreundschaften werden spiegelbildlich zur Mutter-Tochter-Beziehung verstanden, in der Verschmelzungs- und Abhängigkeitswünsche von beiden Seiten eigenständige Entwicklungen schwer bis unmöglich machen.

Sowohl das Verhältnis von Macht und Abhängigkeit als auch das Problem der Nähe bis hin zur Verschmelzung aufgrund des gleichen Geschlechtes sind bedeutsame Muster zwischen Mutter und Tochter. Beide Konfliktfelder lassen sich in unterschiedlicher Ausprägung auch in Beziehungen zwischen Schwestern und in Frauenfreundschaften wiederfinden. Die Konfliktstrukturen aber völlig mit denen zwischen Mutter und Tochter gleichzusetzen heißt, die Momente der Eigenständigkeit von Schwesternbeziehungen und Frauenfreundschaften sowie deren qualitativ von der Mutter-Tochter-Beziehung unterschiedene Dynamik zu leugnen.

Es bedarf eines begrifflichen Rahmens, der es erlaubt, die Beziehung zwischen Schwestern, die sich neben der Beziehung zur Mutter entwickelt, als eigenständig zu erfassen. Wir wollen zunächst die Beziehung zwischen Mutter und Tochter respektive Töchtern anschauen, um uns dann der Beziehung zwischen Schwestern zuzuwenden.

Mutter und Tochter

Für die Mutter-Tochter-Beziehung werden folgende Spezifika immer wieder formuliert:

1. Die Gleichgeschlechtlichkeit zwischen Mutter und Tochter macht es für die Mutter schwer, die Grenzen zwischen sich und der Tochter zu realisieren. Die Geburt einer Tochter belebt Erinnerungen der Mutter an ihre Kindheit wieder, sie erlebt sich selbst zugleich als Mutter und als Tochter. Eine Differenzierung und Individuierung ist erschwert.[44]
2. Die gesellschaftlich untergeordnete und entwertete Position der Frau führt zu realer und psychischer Abhängigkeit, die in der Beziehung zwischen Mutter und Tochter weitergegeben wird. Dies geschieht in der Weise, daß die Mutter aufgrund eigener Selbstunsicherheit die autonomen Bestrebungen der Tochter nicht positiv bestätigen kann, sondern sie im Gegenteil sogar noch zu verhindern versucht. Für die Tochter ist es dementsprechend schwer, unabhängig von der Mutter selbständige Wege zu gehen.
3. Eine besondere Rolle im Miteinander von Mutter und Tochter kommt der Spiegelung der Sinnlichkeit der Tochter durch die Mutter zu.

»Denn nur eine gelungene narzißtische Besetzung des ganzen Körpers inklusive der Genitalien gewährleistet eine Integration des ganzen geschlechtsspezifischen Körperbildes beim Kind und bildet die Grundlage für die Entwicklung einer stabilen Selbst-Repräsentanz. Dies ist wiederum gleichzeitig die Voraussetzung und das Ergebnis einer Loslösung von der Mutter.«[45]

Die Spiegelung des Geschlechts der Tochter ist aus den beiden oben vorgetragenen Zusammenhängen für die Mutter schwer. Zum einen hat sie die gesellschaftliche Entwertung des weiblichen Geschlechtes verinnerlicht, zum anderen bedeutet die sinnliche Annäherung an die Tochter eine Annäherung an die libidinöse Beziehung zur eigenen Mutter.

»Die dadurch aktualisierten Verschmelzungswünsche und -ängste müssen abgewehrt werden, so daß eine ausreichende Spiegelung nicht mehr gewährleistet ist.«[46]

Auf der Suche nach Perspektiven, die aus dem hermetischen System der endlosen Weitergabe weiblicher Mangelgefühle herausführen, muß der Blick auf die Mutter-Tochter-Beziehung erweitert werden. Auch wenn die Mutter die gesellschaftliche Entwertung des weiblichen Geschlechtes verinnerlicht hat, so gehen wir nicht davon aus, daß sie sie bruchlos an die Tochter weitergibt. Für jede Frau ist das Erleben der Entwertung und der Zwang zur Anpassung an vorgegebene Konzepte von Weiblichkeit, die die autonome Entfaltung verhindern, konflikthaft. Je nachdem wie die Mutter ihre Konflikte mit Autonomie und Abhängigkeit, mit der Umsetzung bestimmter Lebenskonzepte und mit ihrer sexuellen Identität im engeren Sinne bewältigt, welche Lösungsmuster sie dafür bereitstellt, vermittelt sie der Tochter eine bestimmte Konfliktstruktur. Dabei können die Schwerpunkte sehr unterschiedlich sein.

Die Gewichtung der mütterlichen Wünsche nach Autonomie und der verschiedenen Inhalte, mit denen die Mutter diese für sich umzusetzen versucht oder in Delegation von der Tochter umsetzen lassen möchte, entscheidet darüber, ob und wie sehr sich die Tochter in einem Entwertungszirkel befindet, ob und wie weit sie ihn verlassen kann.

Die Perspektive auf die Mutter als eine Frau in Konflikten um ihr eigenes Selbstwertgefühl und ihre Autonomie, die Perspektive auf die Mutter als selbst auch Aktive und keineswegs nur in linearer Abhängigkeit männlicher Entwürfe Befangene öffnet erst den Blick auf andere Entwicklungsschritte, die der Tochter möglich sind.

Die Beachtung der Unterschiede im Umgang von Müttern mit ihren Töchtern scheint uns hier wichtig, damit eine andere als die von Eichenbaum/Orbach vorgetragene Betrachtung von Frauenfreundschaften möglich wird.

Auch wenn der regressive Sog bei der Geburt einer Tochter für alle Mütter stark ist, so wird er doch unterschiedlich verarbeitet. Von der starken Abwehr des gemeinsamen sinnlichen Erlebens mit der Tochter bis hin zum lustvollen Annehmen ihres Geschlechts reicht das Spektrum der Möglichkeiten. Auch der Umgang der Mütter mit den autonomen Impulsen der Töchter ist völlig verschieden. Sowohl in der Möglichkeit, diese zuzulassen und zu unterstützen, als auch hinsichtlich der Bereiche, in denen der Tochter Autonomie zugestanden wird, unterscheiden sich Mütter.[47]

Ohne die Erfahrungen von Frauen mit ihren Müttern in aller Vielfalt zu erfassen, ist auch die Bedeutung von Frauenfreundschaften nicht differenziert zu erklären. Die Freundschaft zu einer anderen Frau ist immer auch ein Raum, um Aspekte, die in der Beziehung zur Mutter nicht entwickelt werden konnten, auszugleichen, zu kompensieren oder neu zu erarbeiten.

Gerade deshalb sind Freundinnen für Frauen so wichtig, weil ihre Entwicklung zwar ähnlich, aber nie genau gleich verlaufen ist. Die Wahl der Freundin kann ein Hinweis darauf sein, welche Selbstanteile eine Frau mit Hilfe der Freundin bei sich selbst ausbauen oder verändern möchte. Selbstanteile, die die Freundin aufgrund ihrer anderen Beziehung zu ihrer Mutter deutlicher und stärker entwickeln konnte.

Dieser Gedankengang kann den Ansatz von Eichenbaum/ Orbach zur Bedeutung von Frauenfreundschaften erweitern. Sie gehen davon aus, daß Freundinnen vor allem deshalb zusammen sind, weil sie im Miteinander in der anderen die Vertraute suchen, die genauso denkt und genauso fühlt. Wir fügen hinzu, in der anderen wird auch diejenige gesucht, die mit bestimmten Dingen anders umgeht, die manches besser bewältigt, bei der es Hilfe gibt in Situationen, die der einen schwerfallen.

Mutter und zwei Töchter

Selbst wenn Mütter strukturell ähnlich mit ihren Töchtern umgingen, könnten die Unterschiede und Ähnlichkeiten zweier Töchter einer Mutter nicht allein aus ihrer Geschwisterposition erklärt werden. Auch die Gleichsetzung der Schwester-Schwester-Beziehung mit der Mutter-Tochter-Beziehung liefert keine Erklärung für Unterschiede, sondern bloß für Verdoppelungen. Die Beziehung zwischen zwei Töchtern und ihrer Mutter unterliegt vielmehr der Dynamik einer komplexen Dreierbeziehung.

Zur Frage, inwieweit die Unterschiede zwischen Schwestern einem bestimmten Muster folgen, hat Mentzos eine bedenkenswerte These vorgelegt. Aus seinen Erfahrungen in der Therapie von Schwestern kommt er zu der Aussage, daß in den beiden von ihm betrachteten Familien die Töchter jeweils zwei entgegengesetzte Selbstanteile der Mutter repräsentieren und aufrechterhalten mußten.[48] Die erstgeborenen Töchter lebten »das Ernste, Beherrschte, Zuverlässige, Bedrückt-Eingeschränkte«[49], während die jüngeren Schwestern »das Aufsässige, Unzuverlässige, Triebhafte, aber auch das Fröhliche, Unbekümmerte, Kindlich-Jungenhafte und Unangepaßte«[50] verkörperten. Mentzos zieht daraus den Schluß, daß die Mütter bei den Älteren ihre Über-Ich-Aspekte untergebracht haben, während die Jüngeren die ›unerlaubten‹ Selbstanteile leben.

Mentzos' Beobachtungen einer bestimmten Konstellation zwischen Müttern und ihren Töchtern sind ein zufälliges Ergebnis seiner Erforschung interpersoneller und institutioneller Abwehrstrukturen.[51] Sie sind also keinesfalls als generelle Aussage zur Selbstentwicklung von Töchtern einer Mutter gemeint. Er will an den Beispielen zeigen, wie Abwehrprozesse einzelner, hier der Mütter, sich in einem sozialen Arrangement umsetzen. In beiden Familien benutzen die Mütter die Töchter zu Abwehr- und Kompensationszwecken. Mentzos' Beispiele zeigen Mütter, die in extremer Weise ihre Triebhaftigkeit abwehren müssen und dies an der jüngeren Tochter tun, während die ältere die von der Mutter bewußt akzeptierten Vorstellungen lebt.

Das Verblüffende an diesem zufälligen Ergebnis anderer Forschungsfragen ist, daß die These sich sehr gut eignet, die spezifische Aufteilung zwischen Schwestern, die uns in wissenschaftlichen Betrachtungen, in Kunstwerken und in der Realität begegnet, zu erklären. Genau dies mahnt uns aber auch zur Vorsicht. Könnte Mentzos' Sicht nicht selbst von dem in unserer Gesellschaft dominierenden Schwesternklischee geprägt sein? Oder ist es Zufall, daß er – ohne sich speziell mit Schwestern zu beschäftigen –, gleich zwei Familien kennenlernt, in denen er die Aufteilung von strenger Ältester und ungezügelter Jüngerer vorfindet?

Festzuhalten bleibt, daß sich Mentzos' Blick auf die Verschiedenheit von Schwestern grundlegend von traditioneller Geschwisterforschung unterscheidet. Er benennt das Leiden beider Schwestern an den Festlegungen und sieht im therapeutischen Prozeß Perspektiven der Überwindung solcher familiärer Zuordnungen.

Offen bleibt bei ihm, warum die Aufteilung so erfolgt, daß die Erstgeborenen diese (hier: bewußten), die Zweitgeborenen jene (hier: unbewußten) Wünsche der Mutter leben. Auch die starre Aufteilung der bewußten Anteile auf die eine, der unbewußten auf die andere Tochter halten wir für problematisch, denn in der Beziehung der Mutter zu jeder Tochter werden bewußte *und* unbewußte Anteile wirksam.

Für eine Theorie der Schwesternschaft ist das Konzept der Aufteilung verschiedener Selbstanteile der Mutter auf die Töchter hilfreich, allerdings ohne die Zuordnung der Kategorien ›bewußt‹ und ›unbewußt‹ zur einen oder anderen Tochter. Nur so eröffnet das Konzept einen breiten Raum, Aufteilungen zwischen Schwestern zu verstehen.

Welche Selbstanteile im einzelnen auf die Töchter verteilt werden, hängt von der Konfliktebene ab, die die Psyche der Mutter dominiert, und von den Inhalten, mit denen sie ihre Konflikte gestaltet. Eine Mutter mit einem ausgeprägten Abhängigkeits-Autonomie-Konflikt läßt von den Töchtern andere Selbstanteile leben als eine, deren primärer Konflikt der zwischen Über-Ich-Ansprüchen und Triebimpulsen ist.

Wenn die Zuweisungen an die Töchter so eng mit der Identität der Mutter verknüpft sind, wird deutlich, mit welcher Intensität Schwestern auf bestimmte Erlebensweisen und damit korrespondierende Lebensentwürfe festgelegt sein können.

Für uns ergibt sich daraus die These, daß sich die Integrationsfähigkeit der Mutter in bezug auf ihre verschiedenen Selbstanteile auf die Intensität auswirkt, mit der sie die Verschiedenheiten oder Gleichheiten der Töchter betont, Austausch zwischen ihnen zuläßt oder behindert.

Als weiteren entscheidenden Faktor sehen wir die real unterschiedlichen Situationen der Mutter bei der Geburt der ersten und der zweiten Tochter sowie die Entwicklung, die die Mutter selbst von einer zur anderen genommen hat:

- Bei der Geburt der zweiten Tochter hat die Mutter bereits die Erfahrung, eine Tochter geboren zu haben, sie zu pflegen und zu versorgen. Sie ist sicherer im praktischen Umgang mit einem kleinen weiblichen Körper.
- Durch das erste Kind ist das Beziehungsfeld der Mutter größer.
- Die Mutter hat den Ablösungsprozeß von einer Tochter bereits erlebt.
- Die zweite Tochter bringt ein Noch-Mehr an Weiblichkeit in die Familie.

Ob und wie sich diese Aspekte in der Beziehung zwischen Mutter und zweiter Tochter auswirken, hängt davon ab, ob sie bei der Geburt und frühen Entwicklung der ersten Tochter Erfahrungen gemacht hat, oder ob sie in starren Mustern verharrt.

Wir wollen uns zunächst die günstigere Möglichkeit vergegenwärtigen: konnte die Mutter die regressiven Prozesse bei der Geburt der ersten Tochter produktiv verarbeiten, dann ist zu erwarten, daß diese Prozesse bei der Geburt der zweiten weniger heftig verlaufen. Dies, gepaart mit der größeren Sicherheit der Mutter im praktischen Umgang mit einem Säugling, könnte ein Grund sein für mehr Sicherheit zweitgeborener Töchter in bezug auf ihren Körper. Hat die Mutter in der Beziehung zur ersten Tochter auch die Ablösungsprozesse durchlebt und verstanden, dann ist ihr innerer Spielraum für die Selbständigkeit der Zweitgeborenen ausgeprägter. Unterstützt wird dies durch das erweiterte Beziehungsfeld der Mutter bei der Geburt der zweiten Tochter, das sowohl zusätzlichen Schutz vor starken regressiven Bewegungen bietet, als auch das Zulassen von Selbständigkeit in der Beziehung zur Zweitgeborenen erleichtert.

Bei der Geburt der ersten Tochter macht die Mutter die sensationell neue Erfahrung der Geburt eines Kindes. Die damit einhergehende Verunsicherung und Anspannung schränken den Raum für Phantasien in bezug auf die Tochter ein. Das Mehr an praktischer und psychischer Sicherheit bei der Geburt der zweiten Tochter erlaubt es ihr, der Tatsache, daß sie ein weibliches Kind vor sich hat, mehr Aufmerksamkeit zu widmen.

In jedem Fall aber zwingt die zweite Tochter die Mutter allein durch ihre Existenz dazu, einen weiteren Entwurf von Weiblichkeit zu entwickeln. Hat sie einen inneren Bezug zu verschiedenen Vorstellungen von Weiblichkeit, dann kann sie die Herausforderung, auch eine zweite Tochter in ihrer Entwicklung zu begleiten, gut annehmen.

Im ungünstigen Fall hat die Mutter bei der Geburt der ersten Tochter keine Erfahrungen gemacht, sondern in starrer Weise ihre Pflichten der Kinderpflege erfüllt. Sie hat sich nicht intensiv damit auseinandergesetzt, was es bedeutet, eine Tochter zu haben und hat den Ablösungsprozeß nur schwer ertragen. Mit der zweiten Tochter wird sie ihn dann zu verhindern oder zu vermeiden suchen. Die Anforderung, weitere Vorstellungen von Weiblichkeit zu entfalten, kann eine Überforderung werden, der die Mutter durch weniger Aufmerksamkeit für die zweite Tochter ausweicht.

Die unterschiedlichen Beziehungen, die eine Mutter zu ihrer zweiten Tochter haben kann, bestimmen, inwieweit die Zweitgeborenen im Vergleich zu der älteren Schwester die – zum Beispiel im Umgang mit ihrem Körper und ihrer Weiblichkeit – Sicherere ist, oder ob sie aufgrund der starken Abwehr der Mutter die Schwache in dem Mutter-Töchter-Trio wird.

Die psychischen Konflikte der Mutter und die Bewältigung der unterschiedlichen Situation, eine erste oder eine zweite Tochter zu bekommen, sind ausschlaggebend für die Unterschiede in der mütterlichen Beziehung zur einen oder anderen Tochter. Auch die Zuweisung der verschiedenen Selbstaspekte hängt davon ab. Sie beeinflussen, wie unterschiedlich sich die Töchter entwickeln, ob sie sich beide relativ stabil fühlen oder ob ein Machtgefälle zwischen ihnen entsteht. Die Integrationsfähigkeit der Mutter hinsichtlich ihrer verschiedenen Selbstaspekte prägt wiederum die Möglichkeiten des schwesterlichen Miteinanders.

Die gesamte bisherige Argumentation beschränkte sich auf die Mutter-Töchter-Beziehungen, ohne den gesellschaftlichen

Rahmen zu berücksichtigen, in dem sie stehen. Er muß hier aber einbezogen werden, da die Mutter ihre Vorstellungen und Entwürfe von Weiblichkeit nicht individuell entwickelt, sondern dabei auf gesellschaftlich vorhandene Bilder verwiesen ist. Ihr steht nur ein begrenztes Repertoire zur Verfügung.

Wir gehen davon aus, daß das Verhältnis der Mutter zu ihrer Weiblichkeit und die gesellschaftlich bereitgestellten Weiblichkeitsentwürfe zusammenspielen. Aus beidem ergeben sich die Entwürfe, die die Mutter aufgreift und ihren Töchtern vermittelt.

Als ein die Zuweisungen beeinflussendes und bisher unbeachtetes Moment sehen wir, daß die Zweitgeborene in ihrer Entwicklung bis zur Pubertät hinter der Entwicklung der anderen Familienmitglieder zurück ist. Sie ist die Schwächste, und wenn sie in die Familie hineingeboren wird, ist sie sozusagen das ›Triebbündel‹, das es zu integrieren gilt. Entscheidend für ihre Entwicklung und für die Beziehung der Schwestern zueinander ist hier, wie die Mutter diese ›Schwäche‹, das Klein-Sein, das Woanders-Sein-als-die-anderen annehmen kann. Fallen die Qualitäten, die die Jüngere so noch einmal in die Familie einbringt, einer bewußten oder unbewußten Entwertung anheim? Welche Entwürfe werden der ›Großen‹ zugebilligt, welche der ›Kleinen‹? Sind groß und klein strikt getrennt zu haltende Dimensionen, oder dürfen Große auch klein und Kleine auch groß sein? Auch hier ist mitzudenken, daß die mütterlichen respektive familiären Bewertungen und Integrationsmöglichkeiten sich in einem gesellschaftlichen Rahmen ereignen, der für groß und klein unterschiedliche Wertungen bereitstellt, in dem das Große überwiegend auch als das Bessere, Wertvollere gilt.

Der Vater

Solange die Mütter den überwiegenden Teil der Erziehungsarbeit leisten, kommt ihrem Einfluß eine grundlegendere Bedeutung zu als dem der Väter. Sie können allerdings die Beziehung der Mutter zu den Töchtern ausgleichend, relativierend oder verstärkend beeinflussen. Wenn der Vater die Töchter versorgt und die Mutter außer Haus arbeitet oder wenn beide tatsächlich gleichberechtigt Haushalt und Kinder versorgen, kommt dem Vater für die Entwicklung und Beziehung der Töchter eine weitaus bedeutsamere Rolle zu.

Wir haben uns bei unseren Überlegungen auf die Beziehung zwischen Mutter und Tochter bzw. Töchtern beschränkt. Zu klären, ob und wie Väter sich unterschiedlich zu ihren erst- und zweitgeborenen Töchtern in Beziehung setzen, muß weiteren Forschungen überlassen bleiben.

Ungeklärt ist für uns auch, ob nicht die Schwester für die Entwicklung einer Frau bedeutsamer ist als der Vater. Da uns die Berücksichtigung der Schwester in der theoretischen Analyse vorrangig war, haben wir den Vater zurückgestellt. Bestärkt wurden wir in dieser Entscheidung, als wir feststellten, daß die gesamte von uns bearbeitete Literatur über Schwestern- und Frauenbeziehungen kaum Material über das Vater-Tochter-Verhältnis enthält: In der wissenschaftlichen Literatur wie in der Belletristik wird der Mutter die größere Aufmerksamkeit zuteil. Der Vater spielt eine Nebenrolle oder wird überhaupt nicht erwähnt.

Die Integration des Vaters in das Miteinander von Frauen fällt offensichtlich auf den verschiedensten Ebenen noch schwer.

Horizontale Identifikation

Alle bisher diskutierten Ansätze zur Geschwister- und Schwesternforschung leiten die Beziehung der Schwestern aus dem Verhalten der Eltern, insbesondere der Mutter ab.

Es ist schwierig, einen von den Eltern unabhängigen Raum mit einem eigenen Potential zu denken, in dem sich Schwestern ihre Beziehung schaffen, im Sinne der elterlichen Wünsche und Vorgaben, gegen sie oder auch neben den bewußten oder unbewußten Aufträgen der Eltern. Und doch – es gibt diesen Raum.

Die Erzählungen von Schwestern strotzen von Beispielen gemeinsamer Aktivitäten – Spielen, Abenteuern, Streitigkeiten, gemeinsam bewältigten Problemen bis hin zur Entwicklung von Lebensplänen, die dann, zusammen oder getrennt, auch umgesetzt wurden. Kurz: es existiert eine alltägliche Schwesternkultur. Meistens kommt diesen Erzählungen der Status des Anekdotischen zu. Sie werden als Zeichen des Erfindungsreichtums von Kindern verstanden oder als Beispiele dafür, wie schön Geschwister miteinander spielen oder wie sehr sie sich streiten können. Oft auch werden diese Geschehnisse als abgeleitete interpretiert: wenn Schwestern spielen, dann wiederholen sie etwas, was sie von der Beziehung zur Mutter kennen, oder sie leben Gefühle, zum Beispiel Wut, die der Mutter gelten, an der Schwester aus oder sie sind zärtlich zur Schwester im Auftrag der Mutter.

Aber wie sehr ändert sich die Bedeutung des kindlichen Tuns, wenn wir von einer eigenen Gestaltungskraft der Kinder ausgehen, die ihre inneren Konflikte, Ängste, Wünsche und Bedürfnisse nicht nur im Zusammensein mit Erwachsenen, sondern auch noch mit Geschwistern, hier mit einer Schwester, leben und bewältigen können.

Am intensivsten hat sich Brigid McConville mit dieser Ebene der Schwesternbeziehung auseinandergesetzt. Sie legt vielfältiges Material vor, mit dem sie zeigen will, daß schwesterliche Beziehungen sich durch eine besondere Qualität von Nähe auszeichnen und daß entscheidende Inhalte zwischen Schwestern die Bereiche Körpererleben, Sinnlichkeit und Sexualität sowie die Beziehung zu Männern sind.[52]

McConville weist darauf hin, daß die physische und psychische Nähe zur Mutter und deren Bedeutung für die Entwicklung der Identität vielfach beforscht ist, aber die physische Nähe und die Sinnlichkeit zwischen Geschwistern fast vollständig übersehen wurde.[53]

In ihren Gesprächen mit Schwestern hat sie immer wieder unaufgefordert Geschichten gehört, die zeigen, wie intensiv Schwestern körperliche Intimität erlebt haben. Allerdings referiert McConville ausschließlich von den Schwestern positiv empfundene Erlebnisse.

»Angefangen vom Wechseln der Windeln bis hin zum gemeinsamen Baden oder zum Teilen des gleichen Bettes blickten sie mit großer Zärtlichkeit auf die Vertrautheit der Kindertage, einer Zeit voller Unschuld, zurück.«[54]

Zwei unterschiedliche Bedürfnisebenen können Schwestern in diesem Zusammensein befriedigen. Zum einen schreibt McConville über Schwestern, die, wenn sie nachts Angst bekamen, zueinander ins Bett geklettert sind, um Schutz zu suchen[55], zum anderen berichtet sie von intensiven sexuellen Freuden, die Schwestern gemeinsam entdeckten und lustvoll teilten.

Wir wollen an dieser Stelle dem lustvollen Miteinander von Schwestern Raum geben und McConville etwas ausführlicher zitieren:

»So berichtet Inger über ihre abendlichen Spiele mit ihrer zwei Jahre jüngeren Schwester:
›Jeden Abend, wenn wir uns auszogen, bat mich meine kleine Schwester um eine ›nackte Umarmung‹. Wir umarmten uns und preßten unsere Körper von Kopf bis Fuß aneinander. Wir waren erst vier oder fünf Jahre alt, und ich weiß noch, wie schön es war, ihren kleinen, plumpen, weichen Körper zu liebkosen. Dann zogen wir unseren Schlafanzug an und gingen ins Bett.‹
Und Sarah erinnert sich an folgendes Spiel ihrer jüngeren Schwester:
›Ihr abendliches Ritual war das ›Wackeln‹. Dazu legte sie sämtliche Kissen und Daunendecken aufeinander und legte sich wie eine Schildkröte auf diesen Haufen. Dann wackelte sie mit dem ganzen Körper und erklärte mir, daß das wirklich Spaß machte und daß ich es auch machen sollte. Sie war immer viel körperbetonter, viel natürlicher mit ihrem Körper als ich. Mir kam niemals der Gedanke, daß das, was sie tat, schlecht war, aber es interessierte mich auch niemals sehr. Sie war schon mit fünf Jahren sehr mit ihrer eigenen Sexualität beschäftigt.‹
Manche von ihnen, die in den Kindertagen ein Bett oder ein Zimmer teilten, entdeckten zusammen das Masturbieren. Carey erinnert sich, daß das passierte, als sie sieben und ihre Schwester fünf war: ›Eines Nachts sagte sie mir, daß es ein schönes Gefühl sei, wenn man sich an der richtigen Stelle kitzele. Ich versuchte es, und es war schön. Irgendwie wußten wir, daß das ›schlecht‹ war.«[56]

Das Miteinander der Schwestern auf der Ebene der Körperlichkeit und Sexualität setzt sich in der Pubertät fort. Für manch eine ist die Schwester die einzige Vertraute, der sie von ihrer ersten Menstruation erzählt.[57] In dieser Zeit spielt der Vergleich der Körper, ihre Unterschiedlichkeit, ihre Veränderung, eine große Rolle. Und schließlich, so McConville, begleiten sich Schwestern auch bei der Bewältigung der ersten Erfahrungen mit Männern.

Aus allen diesen Berichten zieht sie den Schluß, daß für viele Schwestern

»(...) das tiefe Gefühl von Sicherheit, das sie miteinander genießen, ein zusätzliches Geschenk (sei, H. u. K. K.). Die körperliche Nähe ohne sexuelle Bedrohung gibt Schwestern eine einzigartige Freiheit und ist eines der Schlüsselelemente der schwesterlichen Beziehungen.
Die einzigartige körperliche Intimität, die viele Schwestern miteinander teilen, bedingt den großen Einfluß, den sie gegenseitig auf die Findung ihrer sexuellen Identität haben.«[58]

McConvilles Interesse ist es, vor allem das positive Miteinander von Schwestern hervorzuheben, die schönen Seiten der Beziehungen zu betonen, die Seiten, die jede einzelne Schwester in ihrer Entwicklung als Frau unterstützen und zur Festigung ihrer weiblichen Identität beitragen. Dieses Interesse muß gewürdigt werden, weil es in einem gesellschaftlichen Zusammenhang, der Frauenbeziehungen auf Rivalität und Konkurrenz festlegt, die positive Bedeutung, die Frauen füreinander haben, ins Licht rückt. Aber der differenzierten Realität der Schwesternbeziehungen wird McConville mit diesem Ansatz nicht gerecht.

Die zwangsläufige Intimität, zum Beispiel wenn das Zimmer oder sogar das Bett geteilt werden müssen, muß keineswegs zu einem lustvollen Miteinander führen, sondern kann genau das Gegenteil bewirken – Streit, das Gefühl von Ungeschütztheit, Erfahrungen von ungewollten und schwer zu bewältigenden Übergriffen der Schwester sind denkbar. Und diese negativen Erlebnisse sind ebenso einflußreich und bedeutsam für die Entwicklung wie die positiven.

In McConvilles Darstellungen von Schwesternaussagen sind immer auch Hinweise auf solche Erfahrungen zu finden, ohne daß näher auf sie eingegangen wird.

»Natürlich haben nicht alle Schwestern ein enges körperliches Verhältnis zueinander. Manche finden sich sogar abstoßend. Aber diese Art der gegenseitigen Ablehnung ist im allgemeinen das Symptom eines tiefergehenden Unbehagens.«[59]

Nun beschränkt sich nach McConville die besondere Qualität der Beziehung von Schwestern nicht nur auf die Ebene der Körperlichkeit und Sexualität, sondern betrifft auch das gegenseitige Wahrnehmen und Verstehen insgesamt. Sie unterscheidet zwischen ›öffentlichem Ich‹ und ›privatem Ich‹. Das öffentliche Ich ist für sie das, was wir im Umgang mit anderen zeigen, das private umfaßt die verletzlichen, komplizierten Seiten.[60]

Schwestern, so McConville, kennen gegenseitig ihr ›privates Ich‹ und können deshalb gefährlich füreinander sein, wenn sie dieses Wissen ausnutzen. Andererseits können sie sich aber auch sehr unterstützen, gerade weil sie mit den verborgenen Anteilen der Schwester so vertraut sind.

»Es ist wie ein Resonanzboden. Freda kommt mich besuchen. Ich habe in letzter Zeit einige Schwierigkeiten gehabt. Ich kann mich ihr mit Worten verständlich machen, die sie voll und ganz versteht – denn ich muß mich nicht als die Unschuldige, Ehrliche oder Gute präsentieren. Sie versteht, daß ich nicht im Unrecht bin, und das weiß ich. Das gleiche gilt für Freda und die Kinder und Dinge, die ihr zu Hause passieren – wir kennen uns so gut. Es ist, als ob ich ein verändertes Ego hätte.«[61]

Diese Nähe zwischen Schwestern ist nach McConville für Außenstehende oft bedrohlich und ängstigend. Und es gibt kaum eine Tradition, möchten wir hinzufügen, die die Bedeutung von Schwesterlichem hervorhebt. Wenn Schwestern ihre Beziehung zueinander über alle anderen Beziehungen stellen, stoßen sie auf Unverständnis. Insbesondere in der Beziehung zu männlichen Partnern kann es darüber zu Konflikten kommen.[62]

Das besondere Verständnis füreinander ordnet McConville unter dem Stichwort ›Intuition‹ ein. Sie leitet dieses schwesterliche Gefühl allerdings nicht von der Beziehungsqualität ab, sondern von der langen Zeit, die Schwestern während ihrer Entwicklung miteinander verbringen.[63] Als weitere Beispiele für die besondere Qualität von Schwesternbeziehungen führt sie Träume an, in denen eine Schwester Situationen der anderen zutreffend vorausgesehen hat, oder sie zitiert Schwestern, die, auch wenn sie von der Schwester getrennt sind, deren Erleben richtig ahnen.

»Die Schwestern haben gespürt, daß mit Yvonne etwas nicht stimmte, und entschlossen sich, jede für sich und unabhängig voneinander, nach London zu fahren und sie zu besuchen. ›Plötzlich‹, erinnert sich Yvonne, ›standen sie alle zusammen vor der Tür.‹«[64]

Und weiter McConville:

»Diese Art der geistig-seelischen Verbindung ist nach Aussagen der Schwestern, mit denen ich sprach, unter Schwestern ziemlich weit verbreitet – und wird sogar als selbstverständlich hingenommen. Doch es ist kein Phänomen, über das viel gesprochen wird.«[65]

Sie ordnet es unter das Stichwort ›Telepathie‹ ein.

Zur Verdeutlichung der Intensität, die Schwesternbeziehungen annehmen können, hier noch zwei Zitate:

»Manchmal passiert es, daß eine von uns etwas sagen will, die andere es aber für sie ausspricht. Neulich wollte ich etwas tun, und Kate tat es an meiner Stelle. Wie oft ist das schon passiert! Es ist, als ob wir auf der gleichen Wellenlänge schwämmen. Sie weiß, was ich tun will und tut es einfach.«[66]

Eine Schwester beschreibt die Trennung von ihren beiden Schwestern so:

»Zum ersten Mal in meinem Leben, so fühlte ich, waren meine Schwestern von mir abgeschnitten, und ich begann, die Tage bis zu Emilys Abreise zu zählen. Es war ein schmerzhaftes Gefühl, als ob ein Teil meiner selbst über die ganze Welt verstreut werden sollte.«[67]

Doch McConville verklärt Schwesternbeziehungen, wenn sie am Ende schreibt:

»Die Bande zwischen Schwestern (...) gehen oft tiefer als unsere Fähigkeit, sie zu verstehen.«[68]

McConvilles Verdienst ist es, zwei wesentliche Bereiche schwesterlicher Beziehungen zu thematisieren: die Qualität der Nähe, die zwischen Schwestern möglich ist, und die Bedeutung der Schwestern füreinander in der Entwicklung ihrer weiblichen Identität. Insbesondere das ›Mehr an Weiblichkeit‹ läßt sie mit ihren Berichten plastisch werden.

Allerdings hat ihr Ansatz Schwächen, die die Schwesternschaft in einem allzu einseitigen Licht erscheinen lassen. Mit ihrem parteilichen Blick auf das Positive zwischen Schwestern kann sie zwar die lustvollen Momente gut darstellen, die Integration der schwierigen Anteile von Schwesternbeziehungen, die Verletzungen, die Schwestern sich auch zufügen können, vernachlässigt sie.

Bedauerlich ist auch, daß McConville zur Erklärung von intensiven Schwesternbeziehungen, die sich durch ein hohes Maß an Einfühlungsvermögen und gegenseitigem Verständnis auszeichnen, auf die Ebene der Telepathie ausweicht. Damit stellt sie sie letztlich als unerklärbare Phänomene dar und hebt gelungene Schwesternbeziehungen in eine Sphäre des Mystischen.

Unser Interesse hingegen ist die Entwicklung einer Theorie der Schwesternschaft, die es erlaubt, sowohl die positiven Entwicklungslinien als auch die schwierigen zu erfassen. Und wir wollen Schwesternbeziehungen entmystifizieren, indem wir die besondere Art der Nähe, die zwischen Schwestern möglich ist, nachvollziehbar machen.

Unabhängig davon, wie sich die Beziehung im einzelnen gestaltet, ist die Schwester eine Person, die für die Jüngeren ihre gesamte, für die Älteren den allergrößten Teil ihrer Entwicklung in der Familie begleitet. Für jede einzelne ist es unmöglich, ihre Entwicklung ohne die Schwester zu denken. Sie ist integraler Bestandteil der eigenen Geschichte. Daraus läßt sich aber ebensowenig ein inniges Verhältnis oder ein tiefes Verständnis füreinander ableiten, wie sich aus der langen Gemeinschaft von Eltern und Kindern zwangsläufig nur liebevolle Beziehungen zueinander ergeben. Ein gutes Verhältnis ist nur eine Möglichkeit unter anderen. Wenn es sich zwischen Schwestern entwickelt, dann steht die Exklusivität der schwesterlichen Beziehung außer Frage. In der Schwester hat jede eine Partnerin, die ihre Entwicklung in der Familie real miterlebt hat, mit der die Wiederbelebung früherer Szenen leicht gelingt und die Spiegel der eigenen Erinnerungen, des früheren Erlebens sein kann. Dies ist jedoch, um es noch einmal zu wiederholen, nur die eine, die positivste Möglichkeit.

Um die anderen Möglichkeiten gleichermaßen berücksichtigen zu können, muß die Entwicklung der schwesterlichen Beziehung als ebenso konflikthaft wie die zwischen Eltern und Kindern verstanden werden. Ihr muß theoretisch ein ebensolcher Raum zugebilligt werden wie der Beziehung zu den Eltern.

Da die psychoanalytische Entwicklungstheorie Entwicklung als grundsätzlich konflikthaft versteht, bietet sie sich als Grundlage für eine Theorie der Schwesternschaft an. Wir gehen davon aus, daß sich die Selbst- und Triebentwicklung einer Frau, die mit einer Schwester aufwächst, in der Beziehung zur Mutter, zum Vater und zur Schwester vollzieht.[69] Es bleibt dabei vorerst noch offen, ob der Schwester eine größere Bedeutung zukommt als dem Vater – vor allem dann, wenn die Familie in der klassischen Konstellation lebt, der Vater außer Haus arbeitet und die Mutter die Kinder betreut. Wir verweisen hier auf Abelin, der festgestellt hat, daß Säuglinge ihr erstes Lächeln der Mutter und den Geschwistern schenken, dann erst den Vater damit beglücken.[70]

In Abgrenzung zur vertikalen Identifikation mit der Mutter respektive dem Vater, die sich durch ein für lange Zeit nicht zu überwindendes Machtgefälle auszeichnet, wollen wir die Entwicklung mit der Schwester als horizontale Identifikation kennzeichnen. Zwar gibt es auch hier ein Machtgefälle und daraus sich ergebende Konflikte. Im Vergleich zu den Eltern können die Schwestern jedoch eher zu Gleichen werden.

Wenn wir mit Mentzos davon ausgehen, daß die psychische Entwicklung ein ständiger Prozeß der Externalisierung und Internalisierung im Rahmen von Objektbeziehungen ist, der zur Differenzierung der eigenen Identität beiträgt, heißt das, daß das Miteinander-Aufwachsen von Schwestern jeder von beiden ein größeres Feld an Externalisierungs- und Internalisierungsmöglichkeiten bietet. Das Spezifische für Schwestern ist dabei das Mehr an Weiblichkeit in der Familie. Drei verschiedene Entwürfe von Weiblichkeit werden hier gelebt. Die Chance des Austausches besteht, aber auch die des Sich-starr-Gegenüberstehens, vereinzelt oder in Koalitionen.

Um die spezifischen Bewegungen zwischen Schwestern zu erfassen und das Konfliktpotential der Beziehung erforschen zu können, muß der Schwester im Rahmen einer psychoanalytischen Entwicklungstheorie der Status eines Objektes eingeräumt werden. Denn der innere Dialog von Frauen, die mit Schwestern aufwachsen, wird nie nur mit den Eltern, sondern immer auch mit der Schwester geführt werden.[71]

Entlang der nach Mentzos referierten Entwicklungsphasen gilt es zu erforschen, wie die Ankunft und das Dasein einer Schwester in jeder einzelnen Entwicklungsphase die zu bewältigenden Konflikte und deren Lösungsmuster beeinflussen. Bringt zum Beispiel die Geburt einer Schwester für die Ältere nur Verluste, oder ermöglicht ihr dies nicht auch mehr Autonomie, weil sie der Aufmerksamkeit der Mutter nicht mehr so stark ausgesetzt ist? Und ist es für die Zweitgeborene notwendigerweise ein Mangel, daß eine ältere Schwester schon ihre Position in der Familie gefestigt hat? Hat sie nicht dadurch eine bereichernde Vermittlungsfigur zu der Welt der Erwachsenen?

Hinzu kommt die Frage, wie Identifikationsprozesse zwischen den Schwestern die Entwicklung befördern oder behindern. Folgen die horizontalen Identifikationen ebensolchen Stufen wie die vertikalen? Verläuft nicht auch die Beziehung zur Schwester entlang einer Entwicklung, in der es immer wieder um die Konflikte von Autonomie und Selbstverwirklichung versus Bindung geht?

Für das Verständnis von äußerlich wahrnehmbaren Schwesternmustern bedeutet dies, daß allein die innere Dynamik der Beziehung bestimmt, welche Bedeutung Gemeinsamkeiten und Unterschiede zwischen Schwestern haben.

Ein Schwesternpaar, das sich völlig identisch kleidet, muß nicht ein Beispiel starker Verschmelzung sein. Die gleiche Kleidung kann ebenso Ausdruck des Gefühls von Innigkeit und Nähe sein, die die Schwestern auch nach außen zeigen wollen. Umgekehrt muß eine große äußere Differenz zwischen Schwestern, das Leben unterschiedlicher Konzepte nicht ein Zeichen von Spaltung und Unfähigkeit zur Integration sein. Sie kann auch das Ergebnis eines Differenzierungsprozesses sein, in dem jede einzelne ihre Chance genutzt hat, ihre Wünsche und Bedürfnisse in Auseinandersetzung mit und in Abgrenzung zur Schwester zu entwickeln.

Unterschiede zwischen Schwestern sind keineswegs immer

Spaltungen, ebensowenig haben Trennungen immer die Bedeutung einer Spaltung. Entscheidend ist der Prozeß, in dem sie sich vollziehen. Deshalb halten wir eine differenzierte Betrachtung von Schwesternbeziehungen gerade dann für sehr wichtig, wenn sie den gängigen Vorstellungen von streitenden, unvereinbaren Frauenpositionen zu entsprechen scheinen.

Gegenseitige Anerkennung als Ziel und Bedingung

Frauen, die mit Schwestern aufgewachsen sind, stellen in ihrem Erwachsenenleben oft Lebens- und Arbeitszusammenhänge her, die es ihnen erlauben, mit Frauen enge Beziehungen zu pflegen. Dies geschieht zum einen aus dem Wunsch, das mit den Schwestern positiv Erlebte zu wiederholen, zum anderen aus dem Bedürfnis, doch noch die Chance zu haben, das Ungelöste, das Nichtverstandene, das Schwierige in der Beziehung zur Schwester zu klären. Auch eine intensive Beziehung zur eigenen Schwester kann aus beiden Motiven aufrechterhalten werden. Wir wollen nun der Frage nachgehen, unter welchen Bedingungen es erwachsenen Schwestern gelingen kann, Beziehungsmuster, unter denen sie leiden, aufzulösen.

Die Schwestern bei Mentzos konnten ihren Raum erobern, indem jede für sich therapeutische Hilfe in Anspruch nahm.

Eichenbaum/Orbach, Jaeckel und auch die Schwesternforscherinnen vertreten dagegen, daß Frauen und Schwestern sich ihren Differenzen stellen und in einen Austausch darüber kommen sollen. Eichenbaum/Orbach ermutigen Frauen, ihren Neid als Hinweis auf das Eigene, Nicht-Gelebte zu nehmen und ihre Konkurrenzgefühle als Ausdruck der Angst, selbst nicht gesehen zu werden.

McConville ist eher vorsichtig in ihrer Einschätzung: für sie können Schwestern sich nur schwer aufeinander einlassen, weil sie über ein ausgeklügeltes System verfügen, mit dem sie sich vor Verletzungen schützen.

Jaeckel fordert am klarsten, die Spaltungen als Anregung für die eigene Entwicklung zu nehmen.

»Frauen, laßt uns unseren Differenzen Raum geben, damit wir lernen, unsere Verschiedenheit zu genießen!«[72]

Diese Aufforderung klingt dann zynisch, wenn die Verschiedenheit gegenseitig an narzißtische Wunden rührt, für deren Bearbeitung in der Beziehung kein Raum ist, und die entstehenden Ängste nicht gemeinsam aufgefangen werden können.

Mentzos verbreitet hinsichtlich der Möglichkeit, in alltäglichen Beziehungen psychische Strukturen zu verändern, eher Skepsis. In seinem Kapitel ›interpersonelle und institutionelle Abwehr‹ beschreibt er Externalisierungsvorgänge, also die Tendenz, innere Konflikte nach außen zu verlegen.

»Geschähe dies in der ›Absicht‹, den Konflikt in seiner ursprünglichen Form wiederzubeleben, um die Verzerrungen, Verdrängungen und die ›Versteifung‹ rückgängig zu machen, um ihn also durch bewußtes Erleben lösen zu können, so wäre die Externalisierung ein recht nützlicher und wünschenswerter Vorgang. Sie wäre dann vom psychoanalytischen therapeutischen Prozeß kaum zu unterscheiden, weil sie einen wesentlichen Teil der Behandlung darstellt. (...) Es wäre also zu begrüßen, wenn die spontane Tendenz zur Externalisierung diese Funktion hätte. Dem ist aber leider nicht so. Wie die Internalisierungs-, so nehmen auch die Externalisierungsvorgänge oft sehr schnell den Charakter von Abwehrvorgängen an. Sie führen nicht zu einer Wiederbelebung und erneuten Verarbeitung des Konfliktes, tragen nicht zur Aufhebung der Verdrängung und der Abwehr bei, sondern vielmehr zu ihrer Verstärkung und Zementierung.«[73]

Dies ist eine sehr negative Prognose für die Bearbeitung von Externalisierungsvorgängen, die sich auch zwischen Schwestern ereignen können. Allerdings ist aus der Sicht des Klinikers wohl kaum anderes denkbar, da die Beispiele, bei denen es gelungen ist, im gemeinsamen Prozeß verfestigte Muster aufzulösen, in seiner Praxis nicht erscheinen.

Die Schwesternforscherinnen hingegen verniedlichen die Probleme, die zwischen Schwestern entstehen können, wenn sie fordern, sich den Unterschieden zu stellen. Wenn es festgefahrene Strukturen zwischen Schwestern gibt, unter denen beide leiden, dann muß genau unterschieden werden, wo die Ursachen des Konfliktes liegen, um etwas über die gemeinsame Lösbarkeit sagen zu können.

Vergegenwärtigen wir uns noch einmal die schwesterlichen Entwicklungslinien. Zum einen weist die Mutter entsprechend ihrer psychischen Konfliktsituation den Töchtern unterschiedliche Selbstaspekte zu. Zum anderen realisieren die Töchter unter ihrem Einfluß unterschiedliche Lebensentwürfe. Beides erfolgt nicht zufällig, sondern ist beeinflußt von realen Unterschieden in den Lebensumständen und Erlebnisformen der Mutter zum Zeitpunkt der Geburt der ersten und der zweiten Tochter. Die Zuordnungen sind weiterhin beeinflußt von gesellschaftlichen Bildern zu Frauen und deren Wertung. Der Beziehungsraum der Schwestern andererseits ist vorstrukturiert durch das Machtgefälle größer/kleiner, aber auch durch die Gleichheit in Relation zur Erwachsenenwelt.

Gehen wir davon aus, daß sich zwischen den Schwestern in diesem komplexen Gefüge eine Beziehung entwickelt hat, in der jede einzelne auf ein bestimmtes, sie einschränkendes Konzept festgelegt ist und ein Machtgefälle die Beziehung dominiert. Die Verständigung hätte dann eine unabdingbare Voraussetzung: über alle Unterschiede hinweg und quer zu dem bestehenden Machtgefälle müssen beide die wenn auch noch nicht realisierte Idee teilen, grundsätzlich Gleiche zu sein, gleich im Sinne von gleichermaßen wertvollen und zu respektierenden Persönlichkeiten. Diese Gleichheit in gegenseitiger Anerkennung leben zu wollen ist zugleich Ziel und Voraussetzung eines schwesterlichen Destruktions- und Befreiungsprozesses, in dem das hinter den Leid erzeugenden Strukturen Verborgene hervorgeholt wird.

Wenn starre Beziehungsmuster aufgelöst werden sollen, müssen auf den verschiedensten Ebenen Trennungen vollzogen werden, Trennungen von all den verinnerlichten Bildern, Erwartungen und Enttäuschungen, die die Beziehung mitbestimmt haben. Diese Prozesse verunsichern und machen Angst.

Insbesondere das Nachdenken und der Austausch über die verschiedenen Selbstaspekte, die die Mutter auf ihre Töchter verteilt hat, setzt voraus, sich von der Mutter zu distanzieren, um sich füreinander öffnen zu können. Auch dies kann Verunsicherung und Angst erzeugen.

Aber auch die zwischen den Schwestern unabhängig von der Mutter entstandenen Strukturen aufzugeben ist schwer. Eine der schwersten Hürden, die Schwestern zu überwinden haben, ist die Altersdifferenz: in ihrer Naturgegebenheit einerseits, ihrer familiären Auslegung andererseits überzieht sie Schwesternkindheiten mit einer Fülle trennender Erfahrungen. Deshalb lassen sich an sie bis ins Erwachsenenalter leicht Abwehrmuster knüpfen. Die Quasiobjektivität der Altersdifferenz zu überwinden, kann Distanz schaffen zu den aus ihr abgeleiteten Gegensätzen. Und nicht zuletzt müssen sich Schwestern dann auch von gesellschaftlich dominierenden Modellen zur Schwesternschaft distanzieren.

Weil das Zulassen von Verunsicherung immer auch verletzlich macht, kann ein solcher Prozeß zwischen Schwestern nur gelingen, wenn schon zu Beginn eine gemeinsame Basis der gegenseitigen Anerkennung im obigen Sinne gedacht und zum Teil auch gelebt werden kann.

Die frühe Erfahrung von Macht und Ohnmacht, Überlegenheit und Unterlegensein ist so prägend, daß Schwestern gerne an ihr festhalten. Das Machtgefälle und das enge Aufeinander-Bezogensein sind die Momente zwischen Schwestern, die die Schwesternforscherinnen dazu verführen, die Beziehung mit der zwischen Mutter und Tochter zu vergleichen oder gleichzusetzen. Übersehen wird dabei die Qualität der horizontalen Identifikationen, auf deren Basis schwesterliche Muster auflösbar sind. Wenn es Schwestern gelingt, sich gegenseitig einen emotional sicheren, vertrauensvollen Raum bereitzustellen, kann die jeweils andere Neues ausprobieren, eine andere Sicht von sich selbst und der Schwester wagen.

Möglicherweise kommt der Optimismus, mit dem die Schwesternforscherinnen für das gemeinsame Arbeiten an der Beziehung plädieren, daher, daß sie selbst therapeutisch tätig sind oder in enger Zusammenarbeit mit Therapeutinnen stehen. Dadurch haben sie die Erfahrung eines zuverlässigen liebevollen Miteinanders. Diese Möglichkeit steht keineswegs allen Schwestern offen. Hinzu kommt, daß für solche Prozesse viel gemeinsame Zeit notwendig ist, die sich Schwestern in ihrem Alltag selten einräumen können. Und schließlich gelingt ein solches Miteinander nur dann, wenn beide Schwestern in gleicher Weise daran interessiert sind, etwas zu verändern. Schon für den Fall, daß nur eine leidet und das stärkere Interesse hat, dieses Leiden an der Beziehung aufzulösen, schon dann ist eine gemeinsame Bewältigung kaum möglich.

Hat ein Schwesternpaar schließlich all diese Hürden überwunden und läßt sich auf einen gemeinsamen Prozess ein, dann findet es im gesellschaftlichen Raum nur wenig Unterstützung. Schwestern finden sich von Klischees umstellt, und noch fehlen Vorstellungen, Bilder und Traditionen, mit denen der eroberte Raum ausgefüllt werden kann.

Wir wollen einen Anfang machen, diesen Raum zu bebildern, indem wir unseren inneren Bewegungen folgen, die sich im Prozeß der Suche nach einer Schwesternbeziehung, in der beide lebendig sein können, ereigneten.

LATENTES MANIFESTIERT SICH

DIE GLEICHHEIT

Ich sehe Dich.
Ich sehe, daß Du so bist wie ich.
Ich sehe, daß ich so bin wie Du.
Ich fühle mich aufgehoben.

DIE VERSCHIEDENHEIT

Ich sehe, daß du anders bist als ich.
Das macht mir Angst.
Ich bleibe dennoch bei Dir.
Ich kann es einfühlen.
Das andere ist auch in mir.
Ich fühle mich jetzt stärker.

DER AUSTAUSCH

Du siehst mich.
Du zeigst mir, wie ich bin.
Du zeigst mir, wie Du bist.
Du läßt mich spüren,
daß auch ich so sein könnte wie Du.
Du läßt es zu, daß ich das wage.

Jetzt können wir es beide
und bleiben doch Verschiedene.

DIE TODESSCHAUKEL

Du bist die Lebendige.
Ich bin die Tote.

Ich trenne mich von Dir,
weil ich es nicht ertrage,
diese Unterschiede wahrzunehmen.
Wenn ich Dich nicht sehe,
dann bin auch ich lebendig.

In Deinem Angesicht wird meines tot.

Ich wehre mich.
Warum kann immer nur die eine leben?
Ich will mit Dir lebendig sein.
Ich kämpfe gegen den Rückzug.

Es hilft mir zu sehen,
daß Du auch verschlossen bist,
daß Du auch Angst hast.

Ich wage es, unser beider Lebendigkeit zu sehen.
Sie macht mich atemlos.
Jetzt atmen wir beide.

TEIL V

SPIELARTEN SCHWESTERLICHEN SEINS

– INTERPRETATIONEN –

In der feministischen Schwesternforschung fanden wir zwar vereinzelte Hoffnungsfunken, aber keine neuen Bilder für die Entwicklung von Schwesternbeziehungen. Die Wege zum befriedigenden Miteinander blieben im Dunkeln, erschienen als Zufallsprodukt.

Unser theoretischer Ansatz der gegenseitigen Anerkennung als Ziel und Bedingung schwesterlicher Konfliktlösung ist uns jetzt Hintergrund der folgenden Durchquerung filmischer und literarischer Schwesternbilder.

Wir zeigen verschiedene Formen, in denen sich schwesterliche Konflikte in unserer Kultur ausdrücken. Dabei suchen wir nach Hinweisen für mögliche Ausstiege aus dem Immergleichen zwischen Schwestern.

Wir stellen den folgenden Interpretationen jeweils eine kurze Inhaltsangabe voran. Danach folgt die Darstellung unserer im Methodenteil beschriebenen Initialszene. Sie zu verstehen und die Konflikte zwischen uns aufzulösen ist die Voraussetzung für die Interpretationen.

Im letzten Arbeitsschritt fassen wir die Interpretationsergebnisse noch einmal zusammen, vergleichen Schwesternfiguren und Beziehungen miteinander.

Schwesternfiguren in den Filmen der Margarete von Trotta

Mit den Filmen »Schwestern oder Die Balance des Glücks« und »Die bleierne Zeit« hat die Autorin und Regisseurin Margarethe von Trotta zwei Filme produziert, in denen jeweils zwei Schwestern und deren Beziehung zueinander im Mittelpunkt der Handlung stehen.[1]

»Schwestern oder Die Balance des Glücks«

In dem Film »Schwestern«[2] erzählt von Trotta die Geschichte der Schwestern Maria und Anna. Maria ist erfolgreiche Chefsekretärin in einem großen Unternehmen. Sie lebt mit ihrer jüngeren Schwester Anna zusammen, der sie das Studium finanziert.

Während Maria eine tüchtige Person ist, die ihren Job perfekt meistert, wirkt ihre Schwester Anna ängstlich und zerbrechlich. Anna denkt viel über den Sinn ihres Tuns nach, wird ständig von Ängsten und Selbstzweifeln geplagt. Sie steht vor dem Abschluß ihres Studiums und fürchtet sich vor den Prüfungen. Anna fühlt sich von Maria abhängig und erwartet, daß diese ihr zur Verfügung steht.

Anna, die ohnehin in einer labilen Verfassung ist, reagiert verletzt, als ihre große Schwester ein Verhältnis mit dem Sohn ihres Chefs eingeht. Es kommt zu einer eifersüchtigen Auseinandersetzung, die beginnt, als die Schwestern gemeinsam die alleinlebende Mutter besuchen.

Anna ist beleidigt und gekränkt, daß Maria sich mit einem Mann verabredet hat, statt mit ihr bei der Mutter zu bleiben. Sie versucht, sie von dem Termin abzubringen, Maria läßt sich aber nicht darauf ein.

Später gibt Anna vor, nicht mehr böse zu sein, und läßt die Schwester zu dem Rendezvous mit ihrem neuen Freund gehen.

Als Maria von ihrem Treffen mit Maurice, mit dem sie auch geschlafen hat, nach Hause kommt, liegt Anna mit aufgeschnittenen Pulsadern auf ihrem Schreibtisch. Sie ist tot.

Maria zieht sich aufs Land zurück.

Dahin folgt ihr einige Zeit später die junge Aushilfssekretärin Miriam, mit der sie eng zusammengearbeitet hatte. Miriam war in Sorge um Maria und hat sie ausfindig machen können. Maria und Miriam nähern sich aneinander an. Sie reisen gemeinsam zurück in die Stadt.

Maria bietet Miriam an, ihr eine Sprachausbildung zu finanzieren. Miriam willigt ein und zieht kurze Zeit später in die Wohnung zu Maria.

Als es zu Konflikten zwischen Maria und Miriam kommt, weil Miriam nach Marias Vorstellung nicht ernsthaft genug ihre Ausbildung betreibt, beginnt Miriam sich über die tote Anna Gedanken zu machen. Sie findet deren Tagebuch, liest die traurigen Gedichte und stellt fest, daß Maria ihr deren Ohrringe geschenkt und sich ihre Frisur Annas Frisur angenähert hat. Daraufhin besucht sie die Mutter, sie will mehr über Anna erfahren.

Als ihr klar ist, daß sie sich bereits sehr an Marias jüngere Schwester angeglichen hat, zieht sie spontan die Konsequenz und verläßt Maria.

Maria bleibt zurück und denkt über die erlittenen Verluste nach; sie faßt den Entschluß, in Zukunft Anna und Maria zugleich sein zu wollen.

»Die bleierne Zeit«

In Anlehnung an die reale Geschichte der Schwestern Gudrun und Christiane Ensslin gestaltet von Trotta in ihrem Film die Schwesternfiguren Juliane und Marianne. Juliane, die ältere der beiden, arbeitet als Journalistin bei einer Frauenzeitschrift, während ihre jüngere Schwester Marianne im Untergrund lebt.[3]

Juliane wohnt mit ihrem Freund zusammen. Marianne hat sich nach einer kurzen Ehe, in der sie auch einen Sohn zur Welt gebracht hat, von ihrer Familie getrennt und einer radikalen politischen Gruppe angeschlossen.

In einer der ersten Szenen bringt der von Marianne getrennt lebende Mann den Sohn der beiden unter einem Vorwand zu Juliane. Juliane, die unwillig die Versorgung übernimmt, erfährt danach, daß der Vater des Kindes Selbstmord begangen hat.

Kurz darauf erhält sie an ihrem Arbeitsplatz einen Anruf von ihrer polizeilich gesuchten Schwester, die sie sofort trifft. Sie teilt ihr mit, daß der Vater ihres Kindes tot und das Kind bei ihr in Pflege sei. Ein Zustand, der aufgrund der beruflichen Belastung von Juliane nicht so bleiben kann. Die Schwestern vereinbaren die Unterbringung des Kindes bei Pflegeeltern.

Die nächste Nachricht erhält Juliane von ihrer Schwester aus einem palästinensischen Ausbildungslager.

Bald danach taucht Marianne nachts bei ihrer Schwester auf und legt ihr nahe, ihre Sachen zu packen und sich ihrer Gruppe anzuschließen. Juliane lehnt ab.

Als Marianne von der Polizei gefaßt worden ist, besucht Juliane sie im Gefängnis. Bei ihrem ersten Besuch weist Marianne sie zurück, sie will die Schwester nicht sehen.

Juliane hat jetzt immer häufiger Streit mit ihrem Freund, der die Opferbereitschaft und die Unterstützung, die sie der gefangenen Schwester zukommen läßt, nicht versteht.

Juliane läßt sich nicht davon abbringen, für Marianne da zu sein. Sie fährt sogar mit der Mutter in die Haftanstalt, um Marianne zu besuchen. Während dieser Besuche setzen sich die Schwestern oft heftig auseinander, streiten sich um falsche und richtige Formen, politische Ziele zu realisieren. Marianne ist radikaler als Juliane, die an die Veränderung in kleinen Schritten glaubt.

Als Marianne in einem Hungerstreik zwangsernährt wird, versucht Juliane einen Schlauch zu schlucken, um sich in ihre Schwester einfühlen zu können.

Während ihres Urlaubs mit ihrem Freund erfährt Juliane, daß Marianne sich umgebracht haben soll. Juliane fährt sofort nach Deutschland zurück. Der Anblick der Leiche und die Umstände, unter denen Marianne gestorben sein soll, machen Juliane mißtrauisch. Sie glaubt nicht an einen Selbstmord und versucht, unter Mithilfe des Anwalts ihrer Schwester die wahre Todesursache zu ergründen. Sie arbeitet alle Akten der Untersuchung durch. Auch jetzt gibt es wegen der Verbissenheit, mit der sie die Recherchen betreibt, oft Streit mit ihrem Freund, bis sie sich schließlich trennen.

Als Juliane glaubt, beweisen zu können, daß der Tod der Schwester keinesfalls ein Selbstmord gewesen sein kann, interessiert sich die Öffentlichkeit nicht mehr dafür.

In der Zeit, als sich Juliane bemüht, die Todesursache ihrer Schwester zu veröffentlichen, erhält sie die Nachricht, daß jemand versucht hat, Mariannes Kind, das bei Pflegeeltern lebt, umzubringen. Sie besucht den Jungen, der schwerverletzt im Krankenhaus liegt. Später nimmt sie ihn zu sich.

In der letzten Szene des Filmes beginnt Juliane dem Jungen von ihrer Schwester Marianne zu erzählen.

Initialszene

Vor Beginn der Diskussion ist Helga unruhig und ängstlich. In beiden Filmen sterben die jüngeren Schwestern. Helga fragt sich, inwieweit die Älteren für das Leid und letztlich für den Tod der Schwestern verantwortlich sind. Der Blick auf den Anteil der Älteren am Schicksal der Jüngeren erscheint ihr zwar notwendig, aber sie fürchtet die Dynamik möglicher Schuldzuweisungen von Karin an sie in der Diskussion.

Karin freut sich darauf, mit Helga über die Filme diskutieren zu können. Schon lange vorher hat sie sich mit den Schwesternfiguren befaßt. Sie hat Lust, ihre Gedanken dazu mit Helga auszutauschen.

Unsere verschiedenen Ausgangshaltungen führen uns in eine heftige Auseinandersetzung über das Vorgehen. Während Helga gerne die Filme einzeln besprechen möchte, sie eigentlich auf zwei Termine eingestellt ist, ist Karin davon überzeugt, daß es genüge, beide Filme zusammen zu betrachten, da sie inhaltlich und strukturell sehr ähnlich seien.

Nach längerer Debatte schließt Helga sich Karins Vorschlag an. Sie ist froh, daß Karin so forsch die Verantwortung für die Methode und das weitere Vorgehen übernimmt. Sie hat den Eindruck, daß Karin sehr viel vorgearbeitet hat. Dadurch fühlt sie sich erleichtert. Karins Sicherheit in der Einschätzung der Filme schützt vielleicht vor allzu heftigen emotionalen Verwirrungen während der Diskussion.

In der anschließenden Diskussion der Inhalte ist Helga sehr stark an Karins Gefühlen unmittelbar nach dem ersten Sehen der Filme interessiert. Sie will verstehen, wie sich Karins Sicherheit im Umgang mit den Filmen entwickelt hat.

Diese ersten Eindrücke sind Karin kaum mehr zugänglich. Schließlich erinnert sie sich, daß sie damals mit den Zweitgeborenen intensiv identifiziert war. Die Identifikation mit zwei Figuren, die beide eines gewaltsamen Todes sterben, hat sie als bedrohlich erlebt. Der Tod der Figuren hat in ihr die Angst ausgelöst, ob nicht vielleicht Zweitgeborenen in der Realität immer ein zerstörerisches Schicksal zugedacht sei, das auch auf sie selbst zurückfällt. Diese Angst, die Kunstfiguren und Realität verschmelzen läßt, hat dazu geführt, daß Karin sich mit den Filmen intensiver als mit anderen Werken beschäftigt.

Es sind die Tode der Figuren, die Bedeutung des Todes, auch der Eigenanteil der Jüngeren an ihrem Schicksal, die Karin bewältigen mußte; sie mußte es alleine, vor der gemeinsamen Diskussion für sich klären, um nicht wortlos zu sein in der Auseinandersetzung mit der Schwester, der Repräsentantin der Überlebenden, der Starken, die nicht ›sterben müssen‹.

Aus der Identifikation mit den jüngeren Schwestern, der Angst und dem Gefühl der Bedrohung entwickelte sich Wut. Wut auf die immergleichen Darstellungen der Jüngeren und Wut darauf, wie die beiden Schwesternfiguren ihr Schicksal gestalten.

Über diesen Weg hat Karin Zugang zu den verdeckten Inhalten gefunden, die die Filmfiguren transportieren, und kann sich zugleich von deren Lebenskonzept distanzieren. Die Wahrnehmung der Differenz zum Eigenen wird möglich.

Damit hat Karin genügend Sicherheit gewonnen, sich der Diskussion über die Filme zu stellen. Sie muß nicht die Angst haben, mit den toten jüngeren Schwestern identifiziert zu werden, in Stummheit zu erstarren. Im Gegenteil – jetzt ist sie die ›Große‹, die mehr weiß, die ihrer Schwester Sicherheit geben kann.

Der Rückblick auf Karins Vorarbeit macht für Helga die Sicherheit im Umgang mit den Filmen transparent. Sie kann Karin in bezug auf diese Filme als die besser Informierte anerkennen.

Interpretation

Die Schwesternfiguren

Juliane und Maria, die Älteren

In beiden Filmen sind die Erstgeborenen eher vernünftige, erfolgreiche Frauen, die gesellschaftlich anerkannte Berufe engagiert ausüben. Maria ist eine qualifizierte Chefsekretärin, Juliane arbeitet als Journalistin.

Maria verkörpert den Typus der Karrierefrau, die streng mit sich und anderen verfährt, ihre Arbeit zuverlässig erledigt und verantwortungsbewußt für die Ausbildung ihrer jüngeren Schwester sorgt und aufkommt.

Juliane ist als Journalistin politisch engagiert, sie betreibt Frauenpolitik und geht für die Abschaffung des § 218 auf die Straße. Sie lebt mit ihrem Freund zusammen.

Julianes Ziele unterscheiden sich zwar von denen Marias, dennoch ähneln sich die älteren Schwestern bei Trotta sehr in ihrer Lebensart. Beide sind äußerst disziplinierte Frauen, die hart für die Realisierung ihrer Vorstellungen arbeiten müssen und diese Notwendigkeit selbstverständlich in Kauf nehmen.

Maria akzeptiert ebenso die langen Abende im Büro und das viele Arbeiten für ihren Chef, wie Juliane die Mühsal der kleinen Schritte für eine Veränderung der politischen Verhältnisse.

Eindeutig und klar gehen sie ihre Wege, nur die Schwestern als Repräsentantinnen des Anderen bringen Unruhe in ihr Leben. Eine Unruhe, die in beiden Fällen dazu führt, daß die Beziehungen zu Männern scheitern. Zweifel am eigenen Lebenskonzept werden in der Beziehung zur Schwester nie geäußert. Allein daß sie sich beide nicht von den Schwestern distanzieren können, ist Indikator für ihre inneren Unsicherheiten.

Anna und Marianne, die Jüngeren

So wie die Älteren, ähneln sich auch die Jüngeren in Trottas Filmen, obwohl Marianne Mitglied einer radikalen politischen Gruppe ist, während Anna, die zögerlich-ängstliche Studentin, zu Hause Leguane züchtet und sich von allem Politischen fernhält.

Beide sind das Gegenbild ihrer älteren Schwester und suchen bei ihr Halt, Unterstützung und Hilfe in Krisenzeiten. Sowohl Anna als auch Marianne sind in der Eindeutigkeit, mit der sie in ihren Welten existieren, unerreichbar für andere. Anna ist verstrickt in ihre traurigen Phantasien, und Marianne ist fixiert auf ihre politischen Vorstellungen, die sie in die Kriminalität und schließlich in den Untergrund treiben.

Beides führt zum tragischen Tod der Zweiten. Anna schneidet sich die Pulsadern auf und verblutet auf ihrem Schreibtisch. Marianne stirbt in der Haft.

Die Leben der beiden Jüngeren sind in großem Abstand zur gesellschaftlichen Realität organisiert. Die eine lebt am Rande des Wahnsinns, der Angst und des inneren Schreckens; die andere im Untergrund und in der Kriminalität im Kampf gegen die herrschenden gesellschaftlichen Verhältnisse.

Radikal und aggressiv sind beide Figuren, nur auf verschiedene Weise. Anna ist intensiv ihren Phantasien ausgesetzt, weltfremd existiert sie in einem abgeschlossenen Raum voller Skepsis und Zweifel. Diesen Raum kann und will sie nicht verlassen. Marianne geht ihren Weg in die politische Radikalität, auf dem sie mit Gewalt für ihre Ziele kämpft, von denen sie nicht abweicht.

Mit jeweils völlig anderen Inhalten sind die jüngeren Schwesternfiguren bei Trotta ebenso konsequent wie ihre älteren Schwestern.

Die Beziehungen zwischen den beiden Schwesternpaaren

Die Beziehungen zwischen Maria und Anna in »Schwestern« und zwischen Juliane und Marianne in »Die bleierne Zeit« sind von einem hohen Grad an Verbindlichkeit. Während Maria und Anna sogar zusammen wohnen und Maria für die noch in der Ausbildung stehende Anna auch finanziell aufkommt, leben die beiden anderen Schwestern getrennt. Ihre Beziehung ist jedoch gleichermaßen vertrauensvoll und eng.

In beiden Schwesternbeziehungen sind die älteren Schwestern diejenigen, die in einer gesellschaftlich geachteten Position leben, während die jüngeren sich wie Anna in einem Zwischenstadium, nämlich noch in der Ausbildung, oder gar, wie Marianne, im gesellschaftlichen Aus befinden. Maria versucht, ihre kleine Schwester zur Prüfung zu begleiten. Doch Anna kann mit Marias Angeboten nur wenig anfangen, sie fühlt sich in deren Richtung gedrängt, unter Druck, kann sich aber nicht dagegen wehren.

Zwischen Juliane und Marianne laufen die Auseinandersetzungen anders. Marianne hat durch ihre Entscheidung für den Untergrund Fakten geschaffen, mit denen sich Juliane abfinden muß. Sie muß sogar für eine längere Zeit die Versorgung des Kindes ihrer Schwester übernehmen, weil sich die Eltern selbst nicht darum kümmern. Juliane fühlt sich von Marianne damit zu einem Lebenskonzept gezwungen, gegen das sie sich bewußt entschieden hat. Marianne hingegen ist immer wieder bemüht, ihre ältere Schwester zur Umkehr aus der bürgerlichen Normalität zu überreden, sie anzuregen, ihre Ziele als die ›richtigen‹ anzuerkennen und den gleichen politischen Kampf zu kämpfen.

Anna, die an den Prinzipien dieser Gesellschaft zweifelt, hält ihrer Schwester Maria allerdings keine anderen Inhalte entgegen, sie verharrt in ökonomischer Abhängigkeit und quält die Große mit ihren hohen Anforderungen an Zuwendung und Aufmerksamkeit. Ihre Verletzlichkeiten und Ängste bringen die Schwester, die nach außen erfolgreich und sicher ist, sehr unter

Druck. Maria fordert im Gegenzug von der Jüngeren, daß diese ›wenigstens‹ ihr Studium erfolgreich abschließen soll.

In beiden Beziehungen ringen die Schwestern um das ›richtige Lebenskonzept‹. Während die Älteren gesellschaftlich Anerkanntes leben, wehren sich die Jüngeren gegen gesellschaftliche Konventionen und Normen. Anna weicht aus in ihre Phantasien. Marianne taucht ab in den Untergrund. Beide richten sich gegen die Gesellschaft einerseits, aber auch gegen die jeweiligen Lebenskonzepte der Schwestern.

Weder die älteren noch die jüngeren Schwestern schaffen es, die eigenen Vorstellungen der anderen zugänglich zu machen. Starr stehen sich ihre Überzeugungen gegenüber, die eng mit den Identitäten und ihrer Aufrechterhaltung verknüpft sind. Es kann nicht zu einer Vermittlung kommen, im Miteinander geht es in erster Linie um die Übertragung von Verantwortung und um Versuche, die jeweils andere von der Richtigkeit des eigenen Konzepts zu überzeugen.

Das Ende der Schwesternbeziehungen ist tragisch. Die Jüngeren sterben gewaltsam. Anna, die sich so umbringt, daß Maria sie finden muß, die sie damit für ihren Tod mit verantwortlich macht, stirbt aggressiv, zeigt ihre Wut auf die Tüchtigkeit der großen Schwester, indem sie ihr ein für allemal eine Grenze setzt und ihre eigene Kränkung und Verletzung bis zum Tod treibt. Marianne, die sich gegen ein ›normales Leben‹ entscheidet und damit auch gegen das Dasein ihrer Schwester, stirbt in der Haft. Die Folgen ihrer Entscheidungen hat Juliane allerdings immer mitzutragen. Sie sorgt für das Kind, sie macht Gefängnisbesuche.

In beiden Filmen bleiben die Älteren zurück und besinnen sich nach dem Tod der Schwestern der Ideale, die sie verkörpert haben. Maria will Annas Lebensvorstellungen in ihr Leben integrieren, Juliane ist froh, daß Mariannes Sohn sich für seine Mutter interessiert und sie so noch einmal Gelegenheit hat, sich mit den schwesterlichen Ideen und Zielen beschäftigen zu können.

In unserer Initialszene und der darauffolgenden Diskussion haben wir die Rollen der Filmschwestern getauscht. Karin war die

Sichere, die genau wußte, wie zu diskutieren war, Helga fühlte sich ängstlich und unsicher, fürchtete Vorwürfe und Schuldzuweisungen.

In unserem Streit um das richtige Vorgehen haben wir das Ringen der Trottaschen Schwestern um das ›richtige Lebenskonzept‹ reproduziert. Allerdings hat sich bei uns eine auf das Konzept der anderen eingelassen. Und ein Zweites ist uns – im Gegensatz zu den Schwestern im Film – gelungen. Während dort die Jüngeren die Älteren emotional nicht erreichen und umgekehrt die Älteren den Jüngeren nicht verständlich machen können, wie sie zu ihrer Sicherheit gelangt sind, ist dies zwischen uns möglich gewesen. Die ›Ältere‹ (hier: die besser informierte Karin) hat sich auf die ängstlichen Fragen eingelassen und läßt sich noch einmal mit der Entwicklung ihrer Sicherheit konfrontieren. In den Filmen stehen die Lebenskonzepte der Älteren lange als die richtigen im Raum, bevor sie hinterfragt werden. Dort läßt sich keine auf die Vorstellung der anderen ein, dort öffnet sich keine so weit, daß die Hintergründe ihrer Argumentation und ihres Handelns für die Schwester transparent werden könnten.

Der trotzdem hoffnungsvolle Ausblick, den Trotta bietet, entsteht nicht innerhalb der Beziehung der Schwestern, sondern erst nach dem Tod der Jüngeren, wenn die Älteren versuchen, deren Ideen in die eigenen Lebenskonzepte zu integrieren.

Schwesternfiguren in Christa Wolfs Erzählung »Kassandra«

Im Mittelpunkt unserer Interpretation der Erzählung »Kassandra«[4] steht die Entwicklungsgeschichte der Schwestern Kassandra und Polyxena. Die Hauptfigur Kassandra wartet als Gefangene der Griechen auf ihren Tod. In einem langen inneren Monolog vollzieht sie die wichtigsten Stationen ihres Lebens noch einmal nach. Ihre Geschichte beginnt mit der Entscheidung, Priesterin in Troja werden zu wollen, und endet mit der Gefangennahme durch die Sieger über Troja, die Griechen.

Kassandra reflektiert über die Ereignisse des Krieges und ihre Erfahrungen in und um Troja. Sie ist die Tochter der Königin Hekabe und des Königs Priamos. Schon als sehr junge Frau ist sie Priesterin in Troja geworden und kann durch ihre seherischen Fähigkeiten das Schicksal ihres Landes voraussehen. Kassandra warnt vor den Folgen des Krieges und äußert ihre Angst. Ihre Mahnungen werden mißachtet. Doch die Schlachten und Verluste, die Troja hinnehmen muß, geben Kassandra recht. Troja wird besiegt und Kassandra am Ende noch von einem Griechen vergewaltigt, bevor man sie gefangennimmt.

Kassandra erzählt auch die Geschichte ihrer schönen jüngeren Schwester Polyxena. Ihr gegenüber fühlt sie sich jetzt im Unrecht, denn auch Polyxena wollte gerne Priesterin von Troja geworden. Über das von beiden gewünschte Priesterinnenamt gerieten die Schwestern in Streit.

Der Kontakt zwischen ihnen reißt völlig ab, als Kassandra ihr Amt antritt und nicht mehr in der Familie lebt. In dieser Zeit glaubt sie, Polyxena verbreite Schlechtes über sie und schlafe zudem mit Aineias, Kassandras Freund.

Einige Zeit darauf nimmt Polyxena Kassandra als Priesterin und Prophetin in Anspruch. Sie soll ihr zwei Alpträume deuten. Doch Kassandra kann die Träume der Schwester nicht verstehen. Daraufhin bricht Polyxena zusammen. Kassandra pflegt sie.

Als Polyxena von ihrem Geliebten Andron ungewollt schwanger wird, bringt sie ein Opfer, um die Schwangerschaft abzuwenden: um den Leichnam ihres Bruders Hektor von den Griechen zurückzubekommen, ist Polyxena bereit, sich im Tausch Achill, dem Held der Griechen, in ihrer Schönheit zu zeigen. Kurz darauf verliert sie ihre Frucht. Sie wird die Geliebte des Achill.

Kassandra geht in den Wirren des Krieges in die Berge und lebt dort zusammen mit anderen Frauen. Währenddessen verrät Polyxena das Geheimnis von der Verletzbarkeit des Achill. Nach den Plänen ihres Vaters soll sie der Lockvogel sein, der Achill in die Hände des Priamos und seiner Männer treibt. Kassandra, als Seherin gefragt, stellt sich gegen den Plan. Priamos wertet das als Verrat. Er verstößt Kassandra; Polyxena ist für ihn nun die aufrechte Trojanerin. Der hinterlistige Plan gelingt, Achill wird getötet.

Nach einiger Zeit bringt Hekabe Polyxena zu Kassandra in die Berge. Sie hat den Verstand verloren, und ihr Gesicht ist zerstört. Sie soll, so hat Achill sterbend von Odysseus verlangt, auf seinem Grab geopfert werden.

Ein letztes Mal versucht Kassandra Troja zu retten, sie geht in die Stadt und warnt die Soldaten vor dem Pferd. Niemand hört auf sie. Troja wird besiegt, Hekabe und Kassandra gedemütigt und von den Griechen gefangen genommen. Polyxenas letzte Bitte, von ihrer Schwester getötet zu werden, kann Kassandra nicht erfüllen. Sie hat keine Waffe. Polyxena stirbt auf dem Grab des Achill.

Initialszene

Zu ihrem Erstaunen fällt Helga spontan sehr viel zu den Erlebnissen und den Schicksalen von Kassandra und Polyxena ein. Zu Kassandra assoziiert Helga Gefühle wie dunkel, tragisch, schwer, während Polyxena ihr blond, leicht und erotisch erscheint.

Karin dagegen überkommen bei Polyxena dunkle Gefühle von Tod und Verderben. Polyxena ist längst tot – was soll zu einer Toten überhaupt noch zu sagen sein? Ein dumpfes, stummes Empfinden nimmt

Karin ein. Kassandra erlebt sie als grau und eigentlich nichtssagend, als eine Frau, die ständig über ihre Gefühle hinwegredet.

Helga assoziiert viel zu Kassandra, Karin fühlt sich währenddessen wie im Rausch. Helga erzählt und erzählt, und die Worte und Sätze fliegen an Karin vorüber. Die Sätze sind richtig, Karin verstummt darunter. Sie hat nichts zu sagen, dämmert vor sich hin, hat keinen Antrieb, sie kann Helga nicht unterbrechen, ist kraftlos. Karin fühlt sich starr und gefangen. Helga kann viel sagen, so wie es Kassandra kann. Karin gleitet in eine merkwürdige Verfassung, wie in Trance ist sie mit der schweigenden Polyxena identifiziert.

Helga könnte zu Kassandra und Polyxena noch vieles sagen, spürt aber, daß es Karin völlig anders geht. Sie unterbricht ihren Redefluß, und Karin kommt ein wenig zurück aus ihrem rauschhaften Zustand. Wir betrachten die Situation, die sich so schnell zwischen uns hergestellt hat:

Helga, die Redende; Karin, die Schweigende, die ›Tote‹.

Helgas frühes Reagieren auf Karin ist das Ergebnis unserer Vorarbeiten. Oft war es so, daß wir Szenen erlebt haben, in denen Helga lossprudelte und ihre spontanen Gedanken formulierte, ohne Karin wahrzunehmen, bis diese sich bemerkbar machte.

Helga ist tief bewegt ob der Massivität, mit der sich die Identifikation mit den Figuren wieder eingestellt hat.

Helga war *Kassandra. Karin* war *Polyxena.*

Helgas Unterbrechung zwingt Karin, die Figur Polyxena genauer zu betrachten.

Wir besprechen diese Eingangsszene, und das ermöglicht es uns, von beiden Mustern, in die wir hineingeschlittert sind, Abstand zu gewinnen und über die Figuren ins Gespräch zu kommen.

Karin ist wütend auf Polyxena, die einfach agiert, ohne sich die Folgen ihres Handelns klarzumachen. Sie büßt dafür mit dem Tod. Karin fühlt sich angestrengt und strapaziert, wenn sie die Lebensführung und Unreflektiertheit der jüngeren Schwester genau betrachtet.

Helga sieht diese Frauenfigur ganz anders. Für sie ist Polyxena in erster Linie die schöne, erotische und lustbetonte Gestalt.

Diese Perspektiven sind noch immer Ergebnis unserer starken Identifikationen mit den Schwesternfiguren, denn Kassandra sieht Polyxena lange Zeit so, wie Helga sie sieht. Erst nach dem Tod der Jün-

geren kann Kassandra auch deren Leid sehen. Polyxena dagegen leidet, während sie handelt.

Wir sprechen über Kassandras starke Orientierung am Vater und darüber, daß Polyxena in der Konkurrenz mit Kassandra um das Priesterinnenamt unterliegt. Sie orientiert sich an Männern, ohne etwas Eigenes aufzubauen.

Unklar ist uns die Bedeutung der Mutter. Vernachlässigt sie die beiden Töchter zugunsten der Söhne?

Erst nach mehr als zwei Wochen schafft Karin es, unsere Diskussion zu protokollieren. Sie glaubt, nur noch wenige Erinnerungen daran zu haben, findet dann doch einen Anfang. Als sie an an der Stelle anlangt, an der Helga innegehalten hatte und sie damit gezwungen gewesen war, sich genauer mit Polyxena zu beschäftigen, empfindet Karin jetzt eine große Lücke in ihrem Gedächtnis. Entgegen unserer Vereinbarung – wir wollten die Protokolle unabhängig voneinander schreiben – liest Karin in Helgas Protokoll und stellt fest, daß ihr ihre Aggression gegenüber der Figur Polyxena nicht mehr zugänglich war. Danach kann sie das Protokoll zu Ende schreiben.

Wie in der Diskussion, ist Karin auch beim Schreiben wieder verstummt, unfähig wie Polyxena. Im Unterschied zu ihr kann Karin aber Helgas Gedanken annehmen und an das von ihr Geschriebene anknüpfend ihren Faden wiederfinden. Dies war aber nur möglich, weil sie sich nicht sklavisch an eine (hier: von uns selbst gesetzte Norm) gehalten hat.

Interpretation

Kassandra – die Schwermütig-Weise

Schon als Kind nimmt Kassandra eine besondere Position in Troja ein. Sie ist die Lieblingstochter des Königs Priamos.

Ihre Mutter Hekabe glaubt schon früh zu erkennen, daß

Kassandra stark sei und der mütterlichen Zuwendung nicht bedürfe. Im Rückblick nimmt die Tochter ihr diese Haltung übel.

Als Kassandra wie die anderen Mädchen in Troja zur Frau werden soll und mit ihnen zusammensteht, um von einem Jungen abgeholt und entjungfert zu werden, muß sie länger als die anderen warten. Aineias, der während ihres ganzen Lebens ihre große Liebe bleibt, kommt zu spät und entjungfert sie dann auch nicht. Sie sind nur zärtlich miteinander.

Kassandra beschreibt das Warten auf die Abholung als eine beschämende Erfahrung, die sie niemals mehr erleben will. Diese Situation stärkt ihren Entschluß, um jeden Preis Priesterin werden zu wollen. Mit Hilfe ihrer im Hintergrund agierenden, mächtigen Mutter wird Kassandra schließlich zur Priesterin von Troja geweiht.

Die Aufgabe als Priesterin und Seherin im Land bietet ihr hohes Ansehen und Würde. Als Lieblingstochter des Königs ist sie jetzt eine Frau von Einfluß und Bedeutung für das Volk.

Kassandra, die starke Tochter der Hekabe und des Königs Priamos, ist sehr pflichtbewußt. Sie bringt viele Opfer, um den Tempeldienst zu erfüllen. Sie verzichtet auf ihre Kontakte zu den Geschwistern, lebt nicht ihre Liebe zu Aineias.

Statt dessen hat sie ein Verhältnis mit dem Priester Panthoos, der sie zur Priesterin geweiht hat und der sie später defloriert. Was eigentlich mit Aineias, dem Mann den sie liebt, hätte geschehen sollen, erlebt sie mit einem Griechen, den sie nicht besonders mag. Nur in ihrer Phantasie ist sie oft mit Aineias zusammen, in ihrer Vorstellung schläft sie mit ihm statt mit Panthoos.

Als Seherin fühlt Kassandra sich anfangs von ihren Aufgaben überfordert, sie geht aber mit Beharrlichkeit daran, sie dennoch zu erfüllen. Dabei gerät sie oft in schwierige Konflikte. Ihr entscheidendes Problem in der Zeit der Priesterinnenschaft ist der Konflikt zwischen Amt und Herkunft. Ihr Amt verpflichtet sie, das was sie sieht, wahrheitsgemäß an das Volk weiterzugeben, und ihre Herkunft zwingt sie zur Loyalität gegenüber ihrem Vater Priamos.

Mit Konsequenz bleibt Kassandra dem treu, was sie als Seherin wahrnimmt, spricht sie unpopuläre Warnungen und Mahnungen aus, ist sie die strenge Gegnerin des Krieges, die von

Anfang an weiß, daß Troja untergehen wird. Die schrecklichen Geschehnisse des Krieges geben Kassandra immer wieder recht.

Ihr Vorwissen um die Tode der geliebten Brüder und um das Verderben, das ihrer Schwester Polyxena bevorsteht, schützt sie nicht davor, all die Schrecklichkeiten selbst noch zu erleben. Kassandra sieht die tragischen Schicksale voraus, sie weiß um die Bedeutung vieler Entscheidungen und veröffentlicht ihr Wissen immer wieder, doch ihre Warnungen bleiben ohne die erhofften Folgen. Der Krieg dauert an bis zur Unterwerfung Trojas. Am Ende fällt auch sie selbst diesem Krieg zum Opfer.

Mehrfach gerät sie in Streitigkeiten mit ihrem geliebten Vater, der ihre Warnungen nicht annehmen kann, ihr ihre Prophezeiungen untersagt und sie schließlich verstößt. Gegen Ende des Krieges verspricht er sie sogar noch einem seiner Verbündeten. Mit diesem Mann verbringt Kassandra allerdings nur eine Nacht, denn schon am nächsten Tag fällt er in einer Schlacht. Von ihm bringt sie Zwillinge zur Welt. Die Kinder, so weiß die Seherin schon früh, werden ebenso wie sie selbst von den Griechen umgebracht. Kurz vor ihrer Gefangennahme wird Kassandra noch von dem Griechen Aias vergewaltigt.

Der Priesterin Kassandra bleiben Demütigungen und Erniedrigungen trotz ihrer gesellschaftlichen Position nicht erspart. Dieses Leiden entspricht dem, was Kassandra als ihre wichtigste Eigenschaft bezeichnet – der Schwermut.

Ihre Schwermut und die seherischen Fähigkeiten, die ihr die kommenden Tragödien immer wieder vor Augen halten, die sie öffentlich ausspricht, können das kriegerische Verhalten der Trojaner nicht verändern. Manchmal, wenn Kassandra die Folgen falscher Entscheidungen klar vorhersieht, gerät sie in wahnhafte Zustände. Ihre Ohnmacht, ihr Leiden an der Realität und an dem, was die Zukunft an noch größeren Leiden bringen wird, treiben sie in Rasereien, in denen sie tobt und wütet. Immer dann braucht sie die Pflege anderer.

Danach kehrt sie in die Realität zurück, überwindet die Zustände der Verzweiflung und Verwirrung und steht erneut ihrem Volk als Seherin und Priesterin zur Verfügung.

Kassandra sieht, daß sie einen hohen Preis dafür gezahlt hat, die Würde einer Priesterinnenexistenz zu genießen. Alle Lasten dieses Daseins, das Leiden daran, nicht gehört zu werden und sich trotzdem immer wieder zu stellen, hat sie getragen. Eine typische Frauenexistenz an der Seite eines Mannes hat sie nie gelebt, wohl aber den Mangel, den ihr Amt mit sich brachte, wahrgenommen. Der Schwerpunkt ihres Lebens war ihre Aufgabe als Priesterin und Prophetin für ihr Volk, in der ihr ein Höchstmaß an intellektueller Leistungsfähigkeit und emotionaler Leidensfähigkeit abverlangt wurde. Sinnlichkeit und Körperlichkeit, lustvolle Erfahrungen mit Aineias sind auf nur wenige glückliche Stunden reduziert. Das, wogegen sie sich als junges Mädchen aus Angst und vor Scham entschieden hatte, kehrt in ihrem Erwachsenenleben als Gefühl des Mangels zurück.

Kassandra hat den Wunsch der Mutter, die die Tochter zur Seherin machen wollte, mit allen Konsequenzen erfüllt.

Polyxena – die Sinnlich-Schweigsame

Kassandra beschreibt ihre Schwester Polyxena als besonders schöne und reizvolle Frau. Als einzige der zwölf Töchter des Königshauses hat sie dunkelblondes Haar und helle Augen, nicht schwarze wie all die anderen.

Polyxena hat eine sinnliche Ausstrahlung. Viele Verehrer und Liebhaber werben um sie. Polyxena empfängt ihre Geliebten in ihrem Schlafgemach, so daß Kassandra sie im Morgengrauen, wenn sie gehen, manchmal sieht.

Polyxena ist so schön, daß sich Menschen an ihrem Anblick erfreuen, wenn sie an ihnen vorübergeht. Männer verlieben sich schnell in sie, und manche verfallen ihr gar. Auch in Kassandras Augen ist Polyxena ein Wesen von großer Attraktivität, besonderem Reiz und eindrucksvoller Ausstrahlung.

Polyxena möchte wie Kassandra Priesterin in Troja werden. Die Wahl fällt aber gegen sie aus, da Hekabe, die im Hintergrund auf die Auswahl Einfluß nimmt, nicht für sie, sondern für Kassandra spricht. Obwohl Panthoos Polyxena für ebenso geeignet hält wie ihre Schwester, orientiert er sich an Hekabes Vorschlag. Doch im Gegensatz zu Kassandra hält er Polyxena nicht für zu anmutig für dieses Amt.

So lebt Polyxena nach Kassandras Ernennung weiter im Palast des Priamos.

Als Polyxena wegen eines Alptraumes beunruhigt ist, geht sie zu Kassandra, um deren Deutung zu erfahren. Als Kassandra ihr nicht helfen kann, bricht Polyxena zusammen. Einige Zeit danach wird sie von Andron schwanger. Keinesfalls will sie ein Kind aus diesem unglückseligen Liebesverhältnis gebären. Mit diesem Problem wendet sie sich nicht an ihre Schwester, jetzt bittet sie die Mutter um Hilfe. Gemeinsam bringen sie Apoll ein Opfer, damit er dafür sorge, daß die Schwangerschaft ein Ende nähme.

Noch während sie mit Hekabe im Tempel ist, taucht dort Achill, der Grieche, auf und findet sofort Gefallen an der Königstochter. So kündigt sich das nächste Unglück im Leben der Polyxena an, noch bevor das aktuelle ausgestanden ist. Achill begehrt Polyxena.

Als Polyxena das erfährt, sonnt sie sich in dem Gefühl, vom Helden der Griechen umworben zu werden. Sie zeigt sich dem Achill und ist glücklich, daß sie die Frucht des Andron nicht austragen muß. Polyxena hat ihre Freiheit zurückgewonnen, kann ihrem leidenschaftlich-sinnlichen Leben wieder nachgehen. Jetzt, so äußert sie sich laut und öffentlich, wo sie ohne diese Leibesfrucht ist, will sie ihr Leben genießen. Für diesen Genuß scheint ihr jedes Mittel recht.

Polyxena ist fest entschlossen, sich ihrer Lust und Leidenschaft bedingungslos hinzugeben, ihren Erfolg bei den Männern durch ihre Attraktivität auszuleben. So entscheidet sie sich gegen den Widerstand ihrer Schwester Kassandra für ein Verhältnis mit Achill, ›dem Vieh‹.

»Für Monate war meine Schwester Polyxena die bewundertste Frau in Troja.«[5]

Polyxena genießt es, damit eine exponierte Stellung in Troja einzunehmen. Sie kommt zu dieser Position nicht durch ihren Intellekt, sondern durch ihre Schönheit. Alle bewundern Polyxena, der die Männer, und jetzt sogar der Held der Griechen, verfallen.

Doch Polyxenas Glück ist nur von kurzer Dauer, denn bald hält sich Achill nicht mehr an die inoffiziell getroffenen Vereinbarungen, weil sein Freund Patroklos, der ihm sehr viel bedeutete, im Krieg gegen Troja gefallen ist. Er rächt sich und tötet Polyxenas Bruder Hektor. Für Hektors Leichnam, der in Gold aufgewogen nach Troja zurückkehren soll, bietet Achill ganz offiziell den Tausch gegen die schöne Polyxena an. Immer mehr gerät sie in das Getriebe männlicher Kriegsverträge und -vereinbarungen.

Zynisch geworden, läßt sie sich auf die Verhandlungen ein und führt mit dem Verrat an Achill die Kriegslisten auf die Spitze. Polyxena, die sonst oft schweigt und sich ihrer Leidenschaft hingibt, greift jetzt aktiv in die Kriegshandlungen ein. Sie ist »scharf und entschlossen wie ein Schwert.«[6]

Durch den Verrat des Achill kommt sie zum ersten Mal in ihrem Leben in den Genuß, auch die Anerkennung ihres Vaters Priamos zu ernten. Jetzt, so der kriegerische Vater, zeigt sie, daß sie eine richtige Trojanerin ist.

Polyxena, die sich auf das verräterische Kriegsgeschäft einläßt, gerät als Lockvogel noch mehr zwischen die Fronten. Ihre körperliche Anziehungskraft nutzend, unterstützt sie den Kampf des Vaters. Die Folgen dieses Verrats kosten sie erst den Verstand und dann das Leben.

Achill stirbt wie geplant, nimmt aber kurz vor seinem Tod Odysseus das Versprechen ab, daß die Verräterin nach dem Sieg der Griechen auf seinem Grab zu opfern sei.

Was dann weiter mit der schönen Polyxena geschieht, wie ihr Gesicht verletzt wird und auf welche Weise sie schließlich den Verstand verliert, erzählt Kassandra nicht.

Nach den vielen zerstörerischen Ereignissen kümmert sich Hekabe, die Mutter, wieder um Polyxena. Sie bringt sie in die Berge zu den Frauen, mit denen auch Kassandra lebt. Die Frauen kümmern sich um Polyxena und gehen auf sie ein:

»Sie war irr geworden vor Angst. Wir fanden heraus, daß sie nur Weiches um sich ertrug, leichte Berührung, Dämmerlicht, gedämpfte Töne.«[7]

Am Ende ihres Lebens, als die Mutter und Kassandra versuchen, sie vor dem drohenden Zugriff der Griechen zu retten, kann Polyxena nur noch schreien. Sie müssen ihr einen Knebel in den Mund stecken, damit sie sich nicht selbst verrät.

So wie Achill es wollte, stirbt sie auf seinem Grab.

Polyxena lebt ein ausschweifendes Leben in Sinnlichkeit und kurzen Liebesverhältnissen. Doch ihre Attraktivität wird ihr in der Männerwelt zum Verhängnis.

Die Wahl der Kassandra zur Priesterin ist schicksalhaft für Polyxenas Lebensentwurf, sie legt sie auf ihre Rolle als sinnliche Schönheit fest. Dieser, wie Kassandra es versteht, selbstzerstörerischen Orientierung an kurzfristiger körperlicher Leidenschaft kann Polyxena selbst nichts entgegensetzen. Sie wird wird immer mehr zum Objekt der Männer und findet keinen Ausweg aus dieser Lage.

Kassandra und Polyxena – sinnlich und klug?

Bei Christa Wolf sterben beide Schwestern. Trotzdem teilt die Autorin ihnen sehr unterschiedliche Schicksale zu.

Während Kassandra die vernünftige und kluge Tochter ist, stehen für Polyxena die Liebe, Leidenschaft und Sinnlichkeit im Mittelpunkt. Das Verhältnis der Schwestern zueinander ist schwierig, und erst im Angesicht des Todes kann Kassandra ihre Schwester und deren Konflikte erkennen.

Zuvor ist alles dominiert von der Konkurrenz, die unter den Königstöchtern herrscht. Sie beginnt mit der Priesterinnenweihe, die beide wünschen. Doch während Kassandra den Abstand von allzu Menschlichem sucht, weil sie mit dem ›ganz normalen‹ Frau-Sein nicht zurechtkommt, würde die Aufgabe für Polyxena genau das Gegenteil bedeuten. Sie wäre mit dem Amt vor ihrer Leidenschaft und ihren vielen Liebhabern geschützt, die sie letztlich ins Verderben führen.

Kassandra beschreibt die Konkurrenz so:

»Wie hätte ich dir sagen sollen, was ich kaum denken konnte: Laß mir das Amt. Du brauchst es nicht, so dachte ich, das schwör ich dir. (...) Warum du Priesterin werden wolltest, war ich nicht imstande mich zu fragen. Daß du womöglich ganz etwas andres mit dem Amt anstrebtest als ich. Nicht Würde, Abstand und Ersatz für Freuden, die mir versagt waren; sondern: Schutz vor dir selbst; vor der Überzahl der Liebhaber; vor dem Schicksal, daß dir schon bereitet war.«[8]

Kassandra bereut im Angesicht des Todes, daß sie mit Kraft und Klugheit bemüht war, ihren Wunsch, Priesterin zu werden, zu realisieren. Jetzt, da Kassandra ihre Reue darüber schmerzlich spürt, ist Polyxena bereits tot. Dennoch treibt das Schuldgefühl Kassandra dazu, über das, was zwischen ihnen nicht besprochen werden konnte, noch einmal nachzudenken.

Kassandra beneidet die Schwester um ihren Erfolg bei den Männern, während sie sich einsam fühlt und ihr Kontakt zu den ›irdischen Männern‹ eher distanziert bleibt.

Polyxena, so denkt Kassandra, ist nicht allein, sie ist schön und sinnlich, sie braucht nicht Priesterin zu sein.

Der Konflikt um das würdige Amt kann zwischen den Schwestern nicht besprochen werden. Es herrscht Mißtrauen.

»Nie, Liebe, sprachen wir davon. Alles über Blicke, halbe Wendungen.«[9]

Nach einem Jahr des schwelenden Konfliktes kommen sich die Schwestern wieder näher, als Polyxena die Dienste ihrer Schwester Kassandra als Priesterin in Anspruch nimmt.

Kassandra fühlt sich schuldig, scheinbar grundlos hat sie der Schwester mißtraut. War Polyxena aber tatsächlich über jeden Verdacht erhaben, hatte sie der Schwester wirklich keinen Grund zum Mißtrauen gegeben? Ist Polyxena nur die von Kassandra aufgebaute und beneidete Kontrahentin, die schöner und darum erfolgreicher bei den Männern ist?

Ein Blick auf die Szene, in der Polyxena der Schwester ihre Träume anvertraut, bringt Licht in das Verhältnis der Schwestern zueinander.

Polyxena erzählt Kassandra ihre Träume, die für Kassandra ›unlösbare Verstrickungen‹ sind, deren Deutung eine große Anforderung für sie ist. Polyxena fordert in ihrer eigenen Verwirrung ihrer Schwester eine Leistung ab, die diese nicht erfüllen kann:

»Und ich, ausgerechnet ich, sollte sie deuten. Wonach sie mich nur hassen konnte, und das schien sie auch zu wollen. Mit einem zügellosen, forschenden und fordernden Blick lieferte sie sich mir aus.«[10]

Polyxena erzählt ihren Traum mit Andron, eine Geschichte, die Kassandra erschreckt und ängstigt. Polyxena erniedrigt sich, läßt sich erniedrigen von einem in Kassandras Augen Unwürdigen. Kassandra kann auf Polyxenas Konflikt nicht mit der gebotenen Distanz reagieren. So wertet sie moralisch, was Polyxena erlebt und träumt.

Die Hilfe, die Polyxena braucht, kann Kassandra ihr nicht geben, da der Traum in zweierlei Hinsicht auch an ihre Verletzlichkeiten als Frau knüpft. Einerseits geht es wieder einmal um eine Männergeschichte, um Sexualität und Sinnlichkeit, die Kassandra selbst nur schwer leben kann, und trifft damit auf deren Neid. Darüber hinaus fordert Polyxena die Dienste ihrer Schwester ein, obwohl dieser die Traumdeutung ohnehin noch große Schwierigkeiten bereitet.

Kassandra entzieht sich schließlich ihrer Pflicht, die Aufgabe ist zu schwierig, sie reagiert mit Desinteresse.

»Ich wollte es nicht wissen, wie es kam, daß meine Schwester Polyxena höchste Lust nur dann empfinden konnte, wenn sie sich bis in den Staub dem Unwürdigsten unterwarf.«[11]

Auch mit dem Inhalt des zweiten Traumes kann Kassandra nicht so umgehen, wie es für Polyxena hilfreich wäre. Polyxena bringt Kassandra Träume, in der der Vater ihr Gewalt antut. Auch hier versucht Polyxena die Schwester in ihrer Funktion als Priesterin in Anspruch zu nehmen, ohne die Konflikte zu sehen, die Kassandra vielleicht auch mit dem Trauminhalt haben könnte. Untaten des Vaters sind für Kassandra in jedem Fall bedrohlich. Sie ist die Lieblingstochter des Priamos, und ein Eingeständnis, daß dieser Vater sich an der Schwester vergeht, würde für sie den Verlust einer geliebten Person bedeuten, weil sie sich dann eher mit Polyxena identifizieren müßte.

Polyxena sieht auch hier wieder nur die Priesterin in Kassandra. Kassandra löst den Konflikt, indem sie ihr Verschwiegenheit in dieser Angelegenheit anrät und den Vater schützt. Doch das treibt Polyxena in einen Wahn und in große Verwirrung. Kassandra muß die kranke Schwester pflegen.

Mit den Trauminhalten, die Polyxena der Schwester kurz hintereinander bringt, provoziert sie Kassandra. Kassandra kann die Herausforderung zwar empfinden, aber nicht benennen, weil sie, ihrem Amt verpflichtet, krampfhaft versucht, der Schwester als Priesterin gerecht zu werden, indem sie deren Träume richtig deutet. Auch hier bleibt sie in dem Konfliktfeld zwischen Herkunft und Amt stecken, entscheidet sich weder für das eine noch für das andere. Sie verbündet sich nicht mit Polyxena als Schwester, kann auch nicht deren Traumdeuterin sein.

Polyxena bezieht sich zwar auf ihre Schwester als Priesterin, ihre Umgangsformen sind allerdings provokant und wirken wie Prüfungen. Es scheint, als stünde dies in dem Zusammenhang schwesterlicher Konkurrenz. Polyxena reduziert die große Schwester auf ihre Funktion als Priesterin, ohne sehen zu können, daß Kassandra mit den Inhalten, die sie ihr bringt, Konflikte haben muß. Versteckt transportiert sie ihre Wut auf die Schwester, die in der Konkurrenz um das Amt die Überlegene war.

Die schwesterliche Annäherung muß scheitern: zu sehr ist Polyxenas Indienstnahme des schwesterlichen Amtes vermischt mit ihrem Neid auf Kassandras Position, zu sehr steht Kassandras Neid auf die Erfolge und die Schönheit der Jüngeren ihrer Traumdeutung im Wege.

Die Konflikte zwischen Kassandra und Polyxena sind nicht auflösbar, weil es keine gemeinsame Sprache über die verschiedenen Ebenen des Miteinanders gibt.

Polyxena distanziert sich erneut. Ihren nächsten Konflikt, die ungewollte Schwangerschaft, sucht sie unter Mithilfe ihrer Mutter Hekabe zu lösen.

Zur endgültigen Trennung der Schwestern und einem nicht mehr zu überwindenden Vertrauensbruch kommt es, als deutlich wird, daß Polyxena sich vorstellen kann, ein Verhältnis mit Achill einzugehen.

Kassandra rät ihr ab und ist entsetzt. Nachdem Achill in brutalster Weise ihren jüngeren Bruder Troilos ermordet hat, erscheint es ihr unmöglich, daß Polyxena sich ein Liebesverhältnis mit ihm vorstellen kann. Es bereitet ihr einen großen Schrekken, als sie Polyxenas Bereitschaft erkennt.

»Inständig bat ich Polyxena, sich nicht zu zeigen. Warum denn nicht, sagte sie, wie jener Andron. Sie hatte keinen Grund dagegen, doch reichte das! Wo war ihr Grund dafür! So liebst du dieses Vieh? Kriegst du auch das noch fertig! entfuhr es mir. Der Satz, den ich mir nicht verzeihe. Der mir die Schwester unerreichbar weit entrückte. Ich sah es gleich, so wurde ihr Gesichtsausdruck: entrückt.«[12]

Kassandra entschuldigt sich dafür, doch Polyxena geht nicht darauf ein.

Polyxena entfernt sich von ihrer Schwester und orientiert sich nur noch an Männern. Mit ihnen kommt sie besser zurecht. Ihre Werte und Vorstellungen sind ihr bindend. Hier sucht sie nach Anerkennung und findet sie auch. Ihr Erfolg jedoch ist nur von kurzer Dauer. Indem sie zur Mittäterinnenschaft bereit ist, fällt sie den Prinzipien der Männerwelt zum Opfer. Sie verfällt dem Wahnsinn. Ihr Gesicht ist zerstört, und sie leidet unter großer Angst.

Kassandra und Polyxena kommen wieder zusammen, als die Mutter Hekabe die irr gewordene Polyxena zu den Frauen schickt, mit denen auch Kassandra lebt. Kassandra und die anderen nehmen sie auf, schützen sie und schaffen ihr den Lebensrahmen, den sie braucht.

Angesichts der Rolle, die Hekabe innerhalb der Schwesterngeschichte einnimmt, muten Kassandras Geständnisse und ihre Reue wie Beteuerungen einer artigen Tochter an, die um der Mutterliebe willen viel Schuld auf sich lädt und darüber deren trennenden Einfluß auf die Schwesternliebe nicht mehr sehen kann. Denn der konsequente Blick auf die Rolle der Hekabe zeigt, daß sie ihrer Tochter Kassandra die Position der intellektuellen Seherin aktiv abverlangt hat. Für Polyxena hingegen hat sie sich dann als Helferin angeboten, wenn deren Sinnlichkeit und Orientierung an den Vorstellungen der Männer Probleme brachten.

Während sie Kassandras Priesterinnenwunsch unterstützt, kommt sie Polyxena zu Hilfe, als sie mit den unerwünschten Folgen ihres Liebesverhältnisses Probleme hat. So werden die Töchter von der Mutter zu sehr verschiedenen Lebenskonzepten ermutigt, die keine Annäherung zulassen. Kassandra ist zu sehr befangen in ihrem Blick auf die Schwester als beneidenswerte Schönheit. Das ernsthafte Priesterinnenamt ist ihr Ausgleich dafür. Polyxena zeigt ihr ihre Kränkung und Wut nur provokativ. Dieser Annäherungsversuch scheitert kläglich und führt zu Polyxenas zynischem Rückzug. Ihre Aggressionen wenden sich dann nur noch gegen sich selbst.

Schwesternfiguren in Doris Lessings Roman »Die Liebesgeschichte der Jane Somers«

In ihrem Roman »Die Liebesgeschichte der Jane Somers«[13] erzählt Lessing die kurze Affäre ihrer Hauptfigur Jane mit Richard. Jane oder Janna, wie ihre Freunde sie nennen, ist fünfundfünfzig Jahre alt und Chefredakteurin einer bekannten englischen Modezeitschrift. Sie verliebt sich in Richard, den sie zufällig auf der Straße trifft.

Aufgrund ihrer beider beruflicher und familiärer Situation ist es für Jane und Richard schwer, sich überhaupt zu sehen. Während Jane ihre Nichte Kate bei sich wohnen läßt und unter allen Umständen vermeiden will, daß Kate etwas über ihr Verhältnis zu Richard erfährt, spioniert Richards halbwüchsige Tochter ihnen nach. Durch die äußeren familiären Umstände wird ein intensiveres und dauerhafteres Liebesverhältnis verhindert. Am Ende des Sommers gehen Jane und Richard auseinander. Jane engagiert sich weiter in ihrem Beruf und lebt wieder alleine, Richard kehrt zurück nach Amerika.

Neben der Darstellung der Liebesgeschichte nimmt Janes Auseinandersetzung mit ihrer Arbeit in der Redaktion und mit ihren beiden Nichten Jill und Kate breiten Raum ein. Beide sind die Töchter von Janes älterer Schwester Georgina, die mit ihrer Familie außerhalb Londons als Hausfrau und Mutter lebt.

Jill, die ältere der Nichten, arbeitet seit drei Jahren als Redaktionsassistentin mit Jane zusammen. Zu Beginn der Geschichte ist sie gerade aus der Wohnung ihrer Tante Jane ausgezogen, in die sich kurz darauf ihre jüngere Schwester Kate einquartiert.

Sowohl die Schwestern Jane und Georgina als auch Kate und Jill kommen dadurch wieder in Kontakt.

Initialszene

Für Helga ist die Vorstellung, mit Karin über »Die Liebesgeschichte der Jane Somers« sprechen zu können, beruhigend, weil die dargestellten Schwestern Jill und Kate so verschieden voneinander sind. Sicher wird es aus diesem Grund nicht zu schwierigen Verwicklungen kommen, denkt Helga. Sie hat ein Gefühl von Klarheit und Abgegrenztheit. Nur identifiziert mit der leistungsfähigen älteren Jill, findet Helga keinen Zugang zu der jüngeren Kate. Kate ist ihr fremd, eine merkwürdige Figur, die Helga nicht als liebenswert empfindet.

Karin bereitet das Bewußtsein Probleme, sich mit Kate schon wieder mit einer Schwesternfigur beschäftigen zu müssen, die »irgendwie« schwierig, ohne Energie, ohne Perspektive ist. Unwohlsein befällt sie bei der Vorstellung, sich erneut in eine Versagerin einfühlen zu müssen, in eine nutzlose, depressive Jüngere, der nichts gelingt, die allen nur Schwierigkeiten macht. Kate ist ein richtiges Krümelmonster, schmuddelig, ohne Elan und Motivation. Sie frißt und säuft, sie macht Unordnung und fällt der gepflegten Tante zur Last. Es ist Karin unangenehm, ja fast peinlich, daß diese Figur Leben, Liebe und Leistung von Tante und Schwester stört. Karin beginnt, sich mit den beiden zu identifizieren.

Da sie aber die Aufgabe übernommen hat, die Zweite zu vertreten, wünscht sie sich einen anderen Zugang zu dieser Figur als die peinlich berührte Ablehnung und Abgrenzung. Das gelingt ihr nur über eine Hilfskonstruktion. Es fallen ihr zwei reale Schwestern ein, bei denen die Aufteilung in ähnlich starrer Weise mit fast den gleichen Inhalten verläuft. Über die Jüngere dieser beiden Schwestern, die ihr sympathischer ist als die Ältere, obwohl auch sie sehr destruktiv mit sich und anderen umgeht, gelingt ihr ein anderer Blick auf die Figur Kate.

Ein wenig Genugtuung macht sich in ihr breit. Dieses Krümelmonster schafft es schließlich mit seiner Dreck und Chaos verbreitenden Anwesenheit, das aalglatte Leben von Tante und Schwester zu stören. Krümel im sauberen Leistungsgetriebe. Kate verbreitet Haltlosigkeit und Unruhe. Scheinbar geschickte pädagogische Schachzüge der Tante lassen sie kalt, ihr übertragene kleine Aufgaben erfüllt sie einfach nicht. Kate ist zwar nicht besonders klug oder gar originell, aber ihre umfassende Verweigerung ist wenigstens rebellisch.

Karin ärgert sich, daß Helga schon wieder die »bessere« Identifikationsfigur zu bearbeiten hat, eine, die ein einfacheres Leben führt. Aber sie sieht auch, daß diese Normalität labil und störanfällig ist, denn Kate gelingt es schließlich, insbesondere Jill durch ihre Anwesenheit sehr zu verunsichern. Jill gerät aus dem Gleichgewicht. Karin genießt das Gefühl: wenn schon keine anerkennenswerte Leistung, dann wenigstens Störung und Unruhe.

Karin ärgert sich über Helga, die in ungebrochener Weise mit der Älteren identifiziert ist und sich gar keine Mühe zu geben scheint, sich in die Jüngere einzufühlen, sie zu verstehen. Es ist ihre, Karins Aufgabe, Helga die andere Seite der Figur Kate zugänglich zu machen.

Helga bemerkt, daß das, was sie als Abgegrenztheit und Klarheit wahrgenommen hat, nur krampfhaft aufrechterhalten werden kann. Die Abgrenzung zur Jüngeren mit derart viel Energie betreiben zu müssen, ist für sie ein Hinweis, wie sehr Jill mit der Jüngeren verwickelt ist und sich von ihr bedroht fühlt. Darüber hinaus wird Helga klar, daß das Charakterbild von Kate, in dem eine Menge schwieriger Anteile enthalten sind, ihre eigene Abwehr mobilisiert. In der Diskussion darüber kann Helga erkennen, daß depressive Stimmungen, Orientierungslosigkeiten, Tendenzen zur Verweigerung und Störung durchaus auch zu ihrer Realität gehören. Diese Integration, die Helga im Gegensatz zur literarischen Figur leisten kann, wirkt erleichternd, weil sie die Fremdheit gegenüber der Figur Kate auflöst.

Für Karin wird in dem Gespräch klar, daß sie sich tatsächlich auch mit der Älteren und der Tante identifiziert hat. Es ist ihr jetzt sehr peinlich. Peinlich, daß sie sich auf die Seite von Leistung und Erfolg geschlagen hat und damit den problematischen Anteilen der Figur Kate innerlich entflohen ist.

Wir ärgern uns gemeinsam über die Aufteilung bei Lessing, die uns dazu verführt hat, daß wir beide spontan mit der Seite von Leistung und Erfolg identifiziert waren und nur mühevoll einen Zugang zu dem anderen Anteil finden und aufrechterhalten konnten.

Interpretation

Jill – Redaktionsassistentin

Jill, die ältere Tochter Georginas, geht nach dem Abschluß ihrer Schulzeit, in der sie manchmal noch unsicher und zögernd war, aktiv auf ihre Tante Jane zu.

Die erfolgreiche Tante soll sie, so wünscht es sich Jill, in ihrer Redaktion unterbringen. Jane erfüllt der Nichte diesen Wunsch und stellt sie als ihre Assistentin ein.

Jill ist jung, hübsch, begabt, anmutig und leistungsfähig. Ihre berufliche Orientierung ist eindeutig, sie will den gleichen Karriereweg wie ihre Tante gehen. Jane ist ihr großes Vorbild. So wie Jane ihre Aufgaben schon in jungen Jahren mit Geschicklichkeit und Souveränität meistern konnte, gelingt es auch ihrer Nichte. Jill arbeitet sehr diszipliniert, so daß die Zusammenarbeit mit der Tante immer gleichberechtigter werden kann.

Lessing zeichnet mit Jill das Bild einer jungen Frau, deren Leben wie am Schnürchen läuft. Von der Schule schafft sie sofort den Sprung in ein erfolgversprechendes Berufsleben. Mit Unterstützung der Tante hat Jill gute Aussichten, deren Position als Chefredakteurin später übernehmen zu können. Die ersten drei Jahre ihrer Berufstätigkeit wohnt Jill sogar mit der Tante zusammen, bevor sie sich mit ihrem Freund eine eigene Wohnung nimmt. Innerhalb der Redaktion kann Jill nach kurzer Zeit schon die Vorurteile, mit denen man ihr entgegenkommt, da sie als Nichte der Chefredakteurin ihren Job bekommen hat, durch ihr freundliches Wesen, ihre Kollegialität und ihre Freude an der gemeinsamen Arbeit ausräumen.

Jill ist Janes ganzer Stolz, schließlich nimmt sie alle Hürden des schwierigen Berufslebens und der Neuorientierung in der Großstadt mit Geschicklichkeit und Umsicht. Sie ist auf allen Ebenen, auch privat, sehr aktiv. Mit ihrem Freund setzt sie sich im Interesse ihrer Arbeit über eine gerechte Arbeitsteilung im gemeinsamen Haushalt engagiert auseinander.

Jill ist eine Frauenfigur, die mit großer Disziplin und Leistungsbereitschaft, mit Klugheit und Geschick ihre berufliche Laufbahn beginnt. Sie sieht außerdem gut aus, hat Ausstrahlung und bietet ein gepflegt-phantasievoll gestaltetes Erscheinungsbild, wie es in der Branche der Modezeitschriften gefragt ist. All dies sichert ihr Erfolg. Jill ist der Typus einer modernen Karrierefrau, die interessiert und offen ein befriedigendes Berufsleben sucht und ihr Leben entsprechend dieser Orientierung gestaltet. Jill ist eine Figur, die glatt und konsequent, ohne Zweifel am eigenen Lebenskonzept, vorgeht. Es gäbe in diesem Charakterbild keine Widersprüche oder besonders interessante Momente, wäre da nicht Jills jüngere Schwester Kate, die durch ihre bloße Anwesenheit die Lebenskonstruktion der Älteren stören, ja sogar bedrohen kann.

Kate – das Krümelmonster

Kurz nachdem Jill aus Janes Wohnung ausgezogen ist, taucht Kate, so wie es Jill erwartet hat, bei ihrer Tante Jane auf.

Kate ist neunzehn Jahre alt, hat eine Menge nicht bestandener Prüfungen hinter sich, die sie trotz intensiver Bemühungen der Eltern nicht zu wiederholen gedenkt. Seit ungefähr zwei Jahren lungert sie zu Hause herum. Das Bemühen ihrer Mutter Georgina, über Jane auch für Kate eine Arbeit bei der Zeitung zu finden, ist bisher ohne Erfolg geblieben.

Kate holt sich, indem sie zur Tante kommt und aufgenommen werden will, eine Unterstützung, die ihre Schwester auch bekommen hat. Nach Janes Einschätzung realisiert die Neunzehnjährige so die Erfüllung ihrer »gerechten Forderungen«, die sie unter Mithilfe ihrer Mutter einstudiert hat.[14] Kate gibt ein jämmerliches Bild der Bedürftigkeit ab, am Morgen ihrer Ankunft sieht die Tante sie so:

»Aber Kate – der Anblick dieses armen kleinen Wurms, wie es Butterbrote verschlang, Tee hinuntergoß (...) wie es zitterte (...)«[15]

Kate ist ungepflegt, schmuddelig, manchmal sogar richtig schmutzig. Kate ist wie ein Baby. So denkt die Tante einmal:

»Kate ist gebadet, gefüttert und im Bett.«[16]

Ihr Schmutz, der offenbar besonders fest an dem Emaille der Badewanne haftet, hindert die Tante daran, nach Kate ein Bad zu nehmen. Jane ekelt sich vor den Spuren ihrer Nichte.

Kate ist bedürftig, manchmal erlebt Jane sie sogar als unersättlich. Nichts und niemand scheint sie zufriedenstellen zu können. Kate stört, sie ist den anderen im Weg und verhält sich gegen deren Interessen. Sie ist schmutzig und ungepflegt, sie verursacht Unordnung und hinterläßt Dreck in der gepflegten Wohnung der Tante.

Kate kann fordernd und frech sein, sie wirkt allerdings auch oft verschlossen und mißtrauisch. Die Tante sieht ihre Existenz so:

»Kate vegetiert dahin in einem Nebel der Verwirrung.«[17]

Die Auseinandersetzung mit dieser Figur ist ermüdend, denn Kate erscheint immer wieder nur als widerspenstige, störende Last im Umfeld der anderen. Es gibt nur wenige Szenen, in denen Lessing dieses trostlose Bild ein wenig auflöst. Einmal, als Jane Kate zeigt, daß sie ihre Freunde, die Hausbesetzer nett findet, gibt es eine Verständigung und Annäherung zwischen Nichte und Tante.

In einer letzten sensationellen Aktion macht Kate allerdings noch einmal deutlich, wie sehr sie auf die Aufmerksamkeit der anderen angewiesen ist. Sie täuscht einen Selbstmordversuch vor und zwingt damit alle anderen, sich mit ihr zu befassen. Kates Formen, sich zu anderen in Beziehung zu setzen, sind immer problematisch, sie tritt fordernd oder unsensibel, frech oder ignorant auf, klagt ein oder konfrontiert ihre Mitmenschen mit spektakulären Auftritten.

Die redlichen Bemühungen der Tante, die pädagogisch verstehend auf das Krümelmonster Kate zugeht, sind oft hilflos ob der Abgründe, die die Psyche der Nichte zu enthalten scheint.

Das Verhältnis zwischen der ordnungsliebenden, aufgeräumten Tante und ihrer unflätigen Schmuddelnichte Kate verändert sich von Distanz, Staunen und Ekel über Härte und Klarheit bis hin zu einem freundlichen Miteinander.

Janes Beziehung zu Kate wird allerdings nie so vertraut und liebevoll wie die zu Jill. Kate bleibt in einer abhängig-unselbständigen Rolle, die einen gleichberechtigten Kontakt unmöglich macht.

Wie für Jill entwirft die Autorin auch für Kate ein eindeutiges Charakterbild. Kate ist eine Figur, die es den LeserInnen schwer macht, sie zu mögen, sich mit ihr zu identifizieren.

Kate ist extrem. Sie ist ein unbehauener, roher und schwerer Felsbrocken, der unter dem anderen modern geschliffenen Figurengestein stört. Sie kommt ungelegen, ist ungewaschen, unattraktiv, unsensibel, unklug, unselbständig und ohne Phantasie. Obwohl eine gewisse Annäherung der Tante gelingt, entwickelt sich Kate während der Geschichte kaum weiter. Am Ende zieht sie zwar bei Jane aus; sie zieht zu Hannah, die als ›Spezialistin für schwierige Sozialfälle‹ und als ebenso überzeugte wie unerschrockene Feministin dargestellt ist. Diese Entwicklung läßt allerdings kaum Hoffnung zu, denn am Schluß steht der Hinweis, daß auch sie Kate sehr strapaziös und schwierig findet.

Insgesamt bleibt Kate ein Krümelmonster, das Versorgung und Betreuung beansprucht und dennoch unzufrieden und perspektivlos ist.

Jane und Georgina

Jane, die Hauptfigur und Erzählerin des Romans, ist verwitwet und kinderlos. Sie hat als Chefredakteurin in einem Männerberuf Karriere gemacht. Jane ist eine gutaussehende Frau, die immer sehr auf ihr Äußeres achtet, für sie ist modische Kleidung etwas Selbstverständliches. Jane kümmert sich, wenn es ihr bei Kate auch schwerfällt, um die Töchter Georginas. Sie tut dies, weil sie hofft, daß sie durch ihre Bemühungen im Ansehen der älteren Schwester, die ihre Lebensform immer abgelehnt hat, steigt.

Georgina, die ältere Schwester, wohnt mit ihrem Mann und ihren Kindern außerhalb Londons. Sie stellt ihr Leben in den Dienst ihrer Kinder und ihres Mannes. Laut Jane hat Georgina nach den Vorstellungen der Mutter gelebt. Georgina wird als moralische Figur beschrieben, die die jüngere Schwester immer als zu oberflächlich kritisiert hat. Deren Lebenskonzept als kinderlose, berufsorientierte, auf Äußerlichkeiten bedachte Frau hat Georgina nie billigen können. Als Familienfrau hat sie ein anderes Lebenskonzept gewählt, dem sie mit ihrem religiös motivierten Engagement im sozialen Bereich noch einen weiteren Sinn gibt.

Georginas Wertvorstellungen unterscheiden sich grundsätzlich von denen ihrer jüngeren Schwester Jane. Auch als Jane für die beiden Töchter Georginas große Verantwortung übernimmt, nähert sich Georgina nicht an ihre Schwester an. Der Kontakt, der sich jetzt herstellt, bleibt von seiten Georginas auf ihre Kinder beschränkt.

Für Georginas Töchter jedoch ist die Tante eine wichtige Bezugsperson, deren Unterstützung die Nichten gerne annehmen. Jane übernimmt eine mütterliche Position für die Töchter ihrer Schwester. Sie hegt die leise Hoffnung, dafür in der Achtung ihrer Schwester zu steigen. Doch weder die Freude, die Jane im Umgang mit Jill erlebt, noch die problematischen Situationen, denen sie sich im Kontakt zu Kate ausgesetzt fühlt, werden zwischen ihr und Georgina Thema.

Georgina und Jane verständigen sich nur wenige Male telefonisch über Kates Aufenthalt in London, und Jane glaubt zu spüren, daß Kate Georginas Unterstützung habe. Zu einer Verständigung zwischen den Schwestern, einem offenen Austausch über ihre persönlichen Probleme kommt es nicht. Die gegenseitige Teilhabe am Leben der anderen geschieht wortlos, heimlich, anonym – aber sie geschieht.

Jill und Kate

Lessing stellt der aufgeschlossenen, properen Jill die schmuddelig-bedürftige Kate gegenüber.

Kate, das ›Krümelmonster‹, lebt faul in den Tag hinein. Sie wünscht sich zwar eine Existenz wie die ihrer Schwester Jill, möchte das aber erreichen, ohne etwas dafür zu tun.

Für Jill, die lange Zeit kaum Kontakt zu ihrer jüngeren Schwester hatte, ist es problematisch, daß Kate sich bei der Tante einnistet und damit auch in ihre Lebensbereiche eindringt. Jill wünscht sich, Kate möge wieder verschwinden. Sie fühlt sich von der Jüngeren existenziell bedroht, schon die Idee einer Annäherung bringt sie in Panik. Von Kindheit an, so erzählt Jill es der Tante, habe Kate ihr alles genommen. Sie fürchtet, Kate nie wieder loszuwerden, wenn diese erst einmal in ihre Wohnung eindringen würde. Jane ist verwundert über die Verwirrungen, die das Auftauchen Kates in Jill auslöst.

Doch nicht nur Angst, sondern auch Scham empfindet Jill, wenn sie sich mit ihrer Schwester auseinandersetzen soll. Kate ist träge, unsensibel und fordernd. Kate taucht einfach auf, ohne zu fragen. Jill ärgert sich über Kates Zugriff auf die geliebte Tante, und sie sucht mit aller Kraft zu verhindern, daß Kate mit ihrem Freund Mark zusammentrifft. Die tiefen Ängste der Kindheit scheinen in Jill jetzt wieder zu erwachen. Ängste davor, die jüngere Schwester könne ihr wieder alles streitig machen, ihr alles wegnehmen.

So ängstlich und verzweifelt Jill sich bemüht, Distanz zu Kate zu halten, so unbeschwert geht Kate daran, den Kontakt zur älteren Schwester zu aktivieren. Als Jane ihre Wohnung für ein Wochenende alleine beansprucht, soll Kate zurück zu ihren Eltern. Kate will viel lieber zu ihrer Schwester. Obwohl es kurz zuvor einen Streit zwischen Jill und Kate gegeben hat, scheint Kate alles wieder vergessen zu haben.

»›Ich gehe einfach zu Jill‹, verkündete sie. Keine Spur mehr von Kränkung und Schmerz, sie war ganz Erwartung und schwatzte fröhlich über Jills Wohnung und Jills Freund und wie sie früher zu Hause dieses und jenes mit Jill angestellt hatte.«[18]

Während Kate an alle Welt und damit auch an ihre große Schwester die Erwartung hat, daß man sie versorgen möge, versucht Jill krampfhaft, sich gegen Kates Vorstellungen zu wehren. Es fällt schwer, weil Kates Anliegen sie immer bei den Verantwortungsgefühlen treffen, die sie ohnehin der jüngeren Schwester gegenüber hat. Sie will diese Verantwortung nicht haben, wehrt sich allerdings nicht direkt dagegen. Mit Ausflüchten versucht Jill dem Zugriff der Jüngeren zu entgehen. Als Kate einmal spontan ihre Schwester besucht, erschrickt Jill und entzieht sich, indem sie Kate belügt. Sie gibt vor, in wenigen Minuten verabredet zu sein, und bringt so Kate dazu, wieder zu gehen. Kate hatte sich gewünscht, die Schwester würde sie zum Essen einladen. Weder Jills Schreck über den Besuch noch Kates Wunsch, gemeinsam zu essen, werden ausgetauscht. Kate ist danach völlig frustriert. Sie fühlt sich einsam und vertilgt Unmengen von Schokolade und Kartoffelchips auf den schönen Polstermöbeln ihrer Tante Jane.

Kate, die in ihrem Leben noch nichts erreicht hat als ein paar nicht bestandene Prüfungen, ist ohne Ehrgeiz und Disziplin, sie ist unbequem, langsam, faul, ungepflegt, bedürftig und im Grunde depressiv. Kate ist traurig und einsam. Sie ist das genaue Gegenbild ihrer leistungsfähigen, disziplinierten, schönen, klugen und angepaßten älteren Schwester, die bereits eine berufliche Position mit hohem gesellschaftlichen Ansehen bekleidet.

Jills Angst vor der Störung durch die Schwester setzt die Autorin Kates Angst vor dem Leben entgegen. Kate macht einen Selbstmordversuch, der zwar einerseits die Funktion hat, Aufmerksamkeit auf sich zu ziehen, gleichzeitig aber als Zeichen ihrer Schwäche zu verstehen ist. Doch auch damit erreicht Kate es nicht, ihrer Einsamkeit im Kontakt zu Jill und Jane zu entgehen. Es will Kate einfach nicht gelingen, aus der Rolle derjenigen, die die Unterstützung der anderen einklagt, auszusteigen. Ihr Zugriff bleibt zu fordernd, zu sehr eingesponnen in die eigenen Vorstellungen, die sie derart einnehmen, daß für die Bedürfnisse und Interessen der anderen kein Raum mehr bleibt. Kate stört fast immer. Jill fühlt sich von ihr gestört, und ihr Widerstand bleibt bestehen.

Auch Jane, die ihre beiden Nichten kennt und deren Verschiedenheiten sehr genau erlebt, kann hier nicht vermitteln. Jane ist befangen; zu sehr ist sie identifiziert mit der leistungsfähigen Jill, die das Ebenbild ihrer selbst ist, und zu stark sind ihre Gefühle von Abscheu, Ekel und Widerstand der nicht ›funktionierenden‹ Kate gegenüber.

Selbst betroffen von Kates Übergriffen und Forderungen, kann sie Jill die Angst davor nicht nehmen.

Jane ist irritiert über die Verschiedenheit ihrer Nichten. Ihre Vermittlungsversuche bleiben aufgrund ihrer Befangenheit zögerlich, so daß Jill ihre Angst vor Kates Grenzüberschreitungen nicht verliert und Kate von ihr nicht lernen kann, auch die Bedürfnisse ihrer Schwester zu sehen und anzuerkennen.

Jill und Kate lösen die herrschende Distanz nicht auf, sie können sich nicht aneinander annähern.

Schwesternpole

Mit Jane und Georgina und mit Jill und Kate beschreibt Lessing zwei Schwesternpaare, die auf den ersten Blick zwar sehr verschieden zu sein scheinen, die jedoch strukturell gleich sind.

In beiden Beziehungen kommt es nicht zu einer Annäherung, obwohl jeweils von seiten der jüngeren Schwestern mehr Nähe gewünscht wird.

Während Jane hofft, durch die Unterstützung ihrer Nichten im Ansehen ihrer älteren Schwester zu steigen, bleibt der Kontakt zu Georgina distanziert, erntet sie nicht die erhoffte Anerkennung. Und auch Kate, die naiv auf ihre große Schwester Jill zugeht, kann sich ihr nicht nähern, denn Jill fühlt sich nur belästigt.

In beiden Schwesternverhältnissen werden die Jüngeren von ihren älteren Schwestern als die oberflächlicheren betrachtet, die das falsche Lebenskonzept haben. Jane hat, als sie jung war, einen für die damalige Zeit ungewöhnlichen Lebensentwurf als Karrierefrau gewählt. Diese Entscheidung brachte ihr die negative Beurteilung der Schwester und die große Distanz zu ihr.

Auch Jill und Kate führen so wie Mutter und Tante sehr verschiedene Leben. Jill macht Karriere und Kate macht nichts, sie läßt sich versorgen und verlangt Unterstützung. Eine Generation nach Georgina und Jane haben sich die Vorstellungen von Frauenleben gewandelt. Auch hier ist Jill es, die Ältere, die sich für einen in ihrer Zeit konventionellen Lebensentwurf für Frauen entscheidet, während Kate ihre Existenz nicht plant und ohne Orientierung im Leben anderer herumtaumelt.

In beiden Beziehungen kann es aufgrund der extremen Unterschiedlichkeit der Orientierungen keine Annäherung geben.

In beiden Beziehungen betrachten die Erstgeborenen ihre nachgeborenen Schwestern als oberflächlich und egoistisch. Georgina sieht Jane so, weil diese keine Kinder hat und ihren Beruf in den Mittelpunkt ihrer Existenz stellt, und Jill sieht in Kates Leben nur die negativen Seiten, die Störung, die Belastung anderer und das Eindringen in ›ihre Bereiche‹.

Die Versuche der Jüngeren, in der Gunst der Schwestern zu steigen, können die Älteren nicht erkennen. Georgina sieht nicht, daß Jane sich redlich bemüht, die Töchter der Schwester gerecht zu versorgen und zu begleiten, und auch Jill kann Kates Wünsche nach Nähe nicht als liebevolle Versuche sehen, etwas Gemeinsames zu erreichen.

Lessing ordnet den jeweils Älteren Positionen zu, die näher an gesellschaftlichen Wertvorstellungen und damit gesellschaftlicher Anerkennung stehen. Die beiden Jüngeren repräsentieren Lebenskonzepte, die außerhalb herrschender Vorstellungen sind, für die es nur wenig oder keine Anerkennung gibt. Die Älteren werten die Lebensentwürfe der Jüngeren ab und halten sich so ihre Schwestern auf Distanz. Lessing überzieht die Darstellung der Jüngeren jedoch so, daß Identifikationsmöglichkeiten kaum gegeben sind. Wir mußten diese für uns, wie wir mit der Initialszene gezeigt haben, erst mühsam herstellen. Hieran zeigt sich, daß und wie Lessing Partei nimmt für die Erfolgreichen.

Schwesternfiguren in Deborah Moggachs Roman »Getrennte Wege«

In ihrem Roman »Getrennte Wege«[19] erzählt die Autorin Deborah Moggach die Geschichte der Schwestern Claire und Laura.

Die beiden jungen Frauen, Claire ist einundzwanzig und Laura neunzehn Jahre alt, sind die Töchter von Dan und Rosemarie Jenkins. In einer kleinen Stadt namens Harrow sind sie bei den Eltern mit der kleinen Schwester Holly aufgewachsen.

Alle drei Schwestern wohnen zu Beginn der Geschichte nicht mehr zu Hause. Claire lebt und arbeitet als Lehrerin in London. Laura ist nach Bristol in ein Studentenwohnheim gezogen, um dort ihr Psychologiestudium zu beginnen, und die zwölfjährige Holly ist in einem Internat.

Die Töchter erhalten eine qualifizierte Ausbildung, und die beiden älteren teilen sich ein vom Vater finanziertes Auto. Sie und ihre Beziehung zueinander stehen im Mittelpunkt der Geschichte.

Die Autorin erzählt die Geschehnisse, die sich im Leben von Claire und Laura innerhalb eines Jahres ereignen. Für beide Frauenfiguren verändert sich Entscheidendes im Laufe dieser Zeit.

Während Lauras Geschichte auf der Schwelle zum Erwachsensein beginnt, sie sich in einer fremden Umgebung erstmals allein zurechtfinden muß, steht Claire bereits im Berufsleben.

Laura wohnt zunächst im Studentenwohnheim, befreit sich aber bald aus der Enge und Kontrolliertheit, die sie dort empfindet. Sie sucht sich eine eigene Wohnung und macht in Bristol ihre ersten sexuellen Erfahrungen mit Männern.

Von ihrem Freund Mac wird sie schwanger.

Ohne ihn in ihre Entscheidung einzubeziehen, entschließt sie sich, die Schwangerschaft abzubrechen. Nach dem Abbruch besucht sie ihre Schwester Claire.

Claire lebt zunächst in einer Wohngemeinschaft mit zwei Frauen, dann lernt sie einen jungen Mann kennen, in den sie sich verliebt und den sie kurz darauf heiratet. Claire verläßt die Wohngemeinschaft, um mit ihrem Mann in ein Haus in einem Londoner Vorort zu ziehen.

Als Laura nach ihrem Schwangerschaftsabbruch ihre Schwester Claire erstmals dort besucht, um ihr alles zu erzählen, erfährt sie, daß Claire glaubt, schwanger zu sein.

Initialszene

Im Grunde hat Helga keine Lust, sich mit dem Buch zu beschäftigen; es scheint ihr, als hätten die beiden Schwesternfiguren keinen wirklichen Kontakt zueinander, als gäbe es weder besondere Spannungen zwischen ihnen noch Wünsche oder Hoffnungen, die sie aufeinander richten. Sich über bloßes tolerantes Nebeneinander der Schwestern auseinanderzusetzen, reizt Helga nicht. Sie fürchtet, daß sich das Berührungslose in der Beziehung der Schwesternfiguren bei Moggach in unserer Diskussion wiederereignen könnte. Sie findet außerdem die Figur der Erstgeborenen langweilig und spröde, mag sich nicht mit ihr befassen.

Auch Karin hat große Zweifel am Sinn dieses Arbeitsschrittes. Die literarische Qualität des Romanes überzeugt sie nicht. Zu platt die Darstellung der Figuren, zu schlecht die Sprache, und der Handlungsverlauf nicht spannend genug.

So beginnt unsere Initialszene mit der Überlegung, Moggachs Roman aus unserem Arbeitsplan zu streichen. Wir fragen uns, warum wir beide gerade jetzt, als wir eigentlich anfangen wollten, an dem Buch zu arbeiten, solche Widerstände dagegen entwickeln. Wir werten beide den Roman ab, jede auf ihre Weise, wir gehen grob damit um, wollen ihn plötzlich nicht mehr.

Da erinnert Helga sich daran, wie mit unserer Produktivität am Anfang unserer Forschungsarbeit zum Thema Schwestern umgegangen wurde. Ebenso, wie wir auf große Abwehr gestoßen sind als

Schwestern, die gemeinsam produktiv sein wollen, wehren wir jetzt die Schwesterndarstellung bei Moggach ab. Ist es doch eine Schwesternbeziehung, die nicht tragisch endet, die ein produktives Miteinander darstellt. Es erschreckt uns jetzt, daß wir Gründe gefunden haben, den Roman auszusortieren. Unter dieser Abwehr haben sich für uns beide sehr verschiedene Inhalte verborgen.

Für Karin war die Vorstellung befremdend, mit Moggachs Figur der Zweitgeborenen identifiziert zu sein. Diese Frauenfigur unterscheidet sich als literarisches Modell vollkommen von den anderen Zweitgeborenen. Laura stirbt nicht, sie wird nicht wahnsinnig, sie ist weder lebensuntüchtig noch fristet sie ihr Dasein im Untergrund. Sie ist eine Figur, die neugierig und aufgeweckt ihr Leben aktiv gestaltet.

Für Helga sieht es anders aus. Nichts an der geordneten Existenz dieser Erstgeborenen scheint ihr eine Diskussion mit Karin wert. Während es für Karin schwer ist, sich mit einer Frauengestalt zu beschäftigen, die einen ganz anderen Frauentypus darstellt als die anderen Jüngeren, hat Helga Mühe, die Ordnung im Leben der Erstgeborenen nicht als Langeweile zu verstehen, die ihr die Freude an den gelungenen Begebenheiten in deren Existenz nimmt.

Zuerst der ganze Roman, dann die einzelnen Figuren waren es, gegen die wir uns gewehrt haben. Was wollten wir vermeiden? Waren wir nicht eigentlich beide ganz froh gewesen, in Moggachs Roman eine andere Art der Schwesternschaft zu finden?

Jetzt, wo wir unsere vielschichtigen Widerstände sehen, stellen wir fest, daß es schwierig ist, über das Gelungene zwischen Schwestern zu sprechen. Es fällt uns schwer zu sehen, daß die Moggachschen Schwestern sich verstehen und sich trotz ihrer verschiedenen Lebensentwürfe mögen. Auch für uns ist es nicht einfach, das eingefahrene Gleis der gegensätzlichen Schwestern zu verlassen, neue Wege zu gehen und uns auf literarisch dargestellte Kooperation und liebevolle gegenseitige Anerkennung von Schwestern einzulassen.

Während Karin in der Auseinandersetzung um die Figuren langsam ihre Freude darüber fühlen kann, daß Moggach ein Modell zur Verfügung stellt, das nicht tragisch endet, dessen Zukunft im Gegenteil anregend wirkt, hadert Helga noch sehr mit der Figur Claire. Zu sauber, zu trocken, zu wenig widersprüchlich wirkt sie auf sie.

Karin, die Claire längst nicht so uninteressant findet, weiß immer *wieder Gegenargumente gegen Helgas Abwertungen. Argumente, denen Helga zögernd zustimmt.*

Es wird uns jetzt klar, wie kompliziert es ist, uns mit einem Schwesternpaar zu beschäftigen, das im Grunde kaum Probleme hat, das in der Lage ist, Konflikte zu bewältigen und eine befriedigende Beziehung zueinander zu haben.

Interpretation

Claire, bürgerlich und sicher

Claire, die ältere der beiden Schwestern, wird als hübsche junge Frau mit glatten, braunen Haaren beschrieben. Sie hat ein schmales Gesicht und ein stets gepflegtes Äußeres. Sie arbeitet in London als Lehrerin und wohnt mit zwei sehr unterschiedlichen Frauen zusammen. Yvonne ist träge, dick und ständig mit Diäten beschäftigt, Nikki gutaussehend und meist mit Männern unterwegs. Die beiden Frauen verstehen sich oft nicht, und Claire ist es dann, die im Konfliktfall vermittelt. Zwischen den Fronten zu stehen ist ihr vertraut. Schon als Kind griff sie häufig zu Hause schlichtend und vermittelnd ein, wenn es zwischen den Eltern und Laura Probleme gab. So fällt es ihr nicht schwer, jetzt im Konfliktfall zwischen den Freundinnen einzugreifen, es bereitet ihr sogar Freude:

»Die Dinge wieder in Ordnung zu bringen, war für sie merkwürdigerweise eine befriedigende Aufgabe.«[20]

Claire wünscht sich ein normales bürgerliches Leben. Sie möchte gerne heiraten und Kinder bekommen. Am Anfang der Geschichte hegt sie noch Zweifel, ob sich ihre Vorstellungen realisieren lassen. Ihr ist nicht klar, ob sie einen Mann finden kann, der sie mag. Nur an diesem Punkt ist Claire unsicher, doch diese Unsicherheit währt nicht lange, denn auf einer Party lernt sie Geoff kennen.

Gleich am Tag darauf begleitet er Claire und die kleine Holly zu einem Picknick. Claire und Geoff verlieben sich ineinander, und Claire führt ihren neuen Freund in ihre Familie ein. Geoff läßt sich leicht integrieren, er gefällt den Eltern, und schon nach kurzer Zeit macht Geoff Claire einen Heiratsantrag. Claire ist glücklich darüber, sie nimmt den Antrag an. Mit Geoff kann sie sich ihre Zukunft gut vorstellen.

So glatt und problemlos, wie offenbar ihre Kindheit und Jugend verlaufen sind, scheint sich auch ihr Erwachsenendasein zu entwickeln. Alles geht nach Plan und ohne besondere Widersprüche, so wie früher:

»Sie war aufgewachsen, ohne große Umstände zu machen, und hatte ihr Heim so folgerichtig verlassen wie eine Frucht vom Baum fällt. Ohne Trauma, ohne Komplexe, ohne sich gegen Verwicklungen zu wehren und diese dann genauestens zu analysieren.«[21]

Claire heiratet Geoff und zieht mit ihm in ein schönes kleines Häuschen in einem Londoner Vorort. Nichts von dem, was Claire tut, liegt außerhalb bürgerlicher Normen. Sie scheint sehr zufrieden mit ihrem Leben als junge Ehefrau in ihren eigenen vier Wänden. Alles klappt ohne Probleme und nimmt seinen gewöhnlichen Gang. Kaum ist Claire verheiratet, kann sie auch schon sagen, daß sie schwanger ist.

Für Claire Jenkins konstruiert die Autorin eine unspektakuläre und unproblematische Existenz. Sie, die sich schon als Kind und Jugendliche ohne Schwierigkeiten entwickelt hat, ist auch als Erwachsene leicht in der Lage, ihre Phantasien von einem glücklichen Leben zu realisieren. Claires Wünsche für die Zukunft sind nicht schwer zu verwirklichen, alles bleibt im Rahmen bürgerlicher Normalität. In diesem Rahmen konnte sich Claire zu einer selbstbewußten Persönlichkeit entwickeln. Ihr Ziel ist es jetzt, ein ruhiges Leben an der Seite ihres Mannes zu führen und Kinder zu bekommen.

Abweichendes, Unkonventionelles, Aufregendes und Größenphantasien, die nur schwer umzusetzen wären, gehören nicht zu ihren Vorstellungen von persönlichem Glück.

Laura – widersprüchlich und neugierig

Laura ist neunzehn Jahre alt und wird als besonders attraktive Frau beschrieben. Mit ihrer mit blonden Strähnen durchwirkten ›wilden Mähne‹ und ihrer hübschen Figur zieht sie die Blicke anderer an. Laura ist eine ›Schönheit‹ mit einem schmalen ebenmäßigen Gesicht. Doch nicht nur ihr Aussehen scheint etwas besonderes, ihre gesamte Ausstrahlung beschreibt die Autorin als ungewöhnlich.

»Und Laura hatte eine Lebendigkeit an sich, eine Gewandtheit in all ihren Bewegungen, eine natürliche Anmut, die bezauberte. Oft genug war ein fast andächtiges Schweigen entstanden, sobald Laura den Raum verlassen hatte.«[22]

Dem stehen aber auch andere Eigenarten dieser literarischen Figur gegenüber. Laura kaut an den Nägeln, kleidet sich oft nachlässig und unordentlich, und schlampig ist sie außerdem.

Zu Beginn der Geschichte ist Laura gerade erst von zu Hause ausgezogen, um in einer fremden Stadt ihr Psychologie-Studium zu beginnen. Zum ersten Mal lebt sie allein. Sie wohnt in einem Studentenwohnheim, fühlt sich aber dort nicht recht wohl. Da wird sie zwar versorgt, muß sich aber auch an gewisse Regeln halten. Die meisten anderen Studenten, die dort mit ihr zusammen wohnen, findet sie uninteressant. Sie entschließt sich auszuziehen und sucht sich eine eigene Wohnung. Dies und vieles andere mehr tut sie gegen den Willen und die Wünsche ihrer Eltern, die sie in dem ›netten‹ Studentenwohnheim gut versorgt wissen. Laura kümmert sich nicht um die Wünsche der Eltern, sie zieht ihre Konsequenzen.

Laura ist eigenwillig und unbeirrbar, wenn es darum geht, ihre Vorstellungen von Freiheit und Erwachsenenleben zu realisieren. Oft macht sie bei der Durchsetzung ihrer Ideen schmerzliche Erfahrungen. So gehören Gefühle der Einsamkeit und Unzufriedenheit ebenso zu ihrem neuen Leben als Studentin wie die ständige skeptische Betrachtung ihrer eigenen Fähigkeiten. Laura befaßt sich intensiv mit sich selbst, sie denkt viel über sich nach und findet über die Inhalte ihres Studiums auch genügend Stoff für ihre kritischen Analysen.

Neugierig auf das Leben in der Selbständigkeit, ist sie immer auf der Suche nach interessanten Leuten, Neuem und Fremdem. Die braven Studenten im Wohnheim interessieren sie weit weniger als all die, die dort nicht wohnen, die offenbar anders leben als die anderen. Zu denen sucht sie Nähe, auch wenn sie sich dabei auf unsicheres Terrain begibt, sie deren Verhaltensweisen noch nicht kennt. Auf gar keinen Fall will Laura ein bürgerliches Studentenleben führen, sie sucht das Abenteuer. Im Mittelpunkt ihrer Orientierung steht die Abkehr von allem, was den Anstrich von bürgerlich Normalem, Konventionellem und Geordnetem haben könnte.

Insbesondere ihre beiden Erfahrungen mit Männern wie John und Mac sind unter diesem Aspekt zu sehen. John, den sie im Café anspricht, weil er aufregend unkonventionell wirkt und offenbar ein Macher in der ›anderen‹ Studentenszene ist, will bei ihrem ersten Besuch bei ihm sofort mit ihr ins Bett. Völlig verwirrt geht Laura. Sie wehrt sich, sie will das nicht, schließlich hat sie noch nie mit einem Mann geschlafen. Laura flüchtet aus diesem Konflikt, ohne sich offensiv und selbstbewußt wehren zu können. Sie schämt sich für ihre Unsicherheit, ihre Unerfahrenheit, die John bemerkt.

Mit Mac, den sie beim Blutspenden kennenlernt, macht Laura dann schließlich ihre ersten sexuellen Erfahrungen. Sie schläft mit ihm in ihrer Wohnung, und Mac bleibt nach der gemeinsamen Nacht gleich bei ihr wohnen. Mac ist nach bürgerlichen Vorstellungen ein Verlierer-Typ. Er hat sein Studium abgebrochen und jobbt als Gärtner und Schaffner. Mac ist unzuverlässig, aber ausgeflippt. Mit ihm raucht Laura Marihuana und trinkt Alkohol. Oft kann sie nicht arbeiten, kann sich nicht konzentrieren, weil sie zu sehr mit anderen Dingen beschäftigt ist.

Es fällt ihr schwer, mit Mac über die gemeinsame Empfängnisverhütung zu sprechen, und schließlich wird sie schwanger. Ohne seine oder Claires Unterstützung entschließt sie sich zum Schwangerschaftsabbruch, den sie in einer anderen Stadt vornehmen läßt. Sie trampt dorthin und wird von dem Fahrer des Wagens, der sie mitnimmt, sexuell belästigt. Als er bemerkt, daß

Laura in einer psychisch völlig desolaten Verfassung ist, läßt er von ihr ab.

Laura, die immer wieder als Rebellin bezeichnet wird, steht auf der Schwelle zu einem unkonventionellen Erwachsenenleben. Mit Entschlossenheit überschreitet sie Grenzen und gerät darüber in Krisen und Gefahren, die in der ungewollten Schwangerschaft und der ›Beinahe-Vergewaltigung‹ gipfeln.

Trotz der schmerzlichen Erfahrungen, die sie macht, weil sie bestimmte Grenzen nicht einhält, ist Laura am Schluß der Geschichte immer noch sicher, daß sie eine bürgerliche Existenz in geordneten Verhältnissen nicht will. Sie ist fest entschlossen, ein Leben in Unabhängigkeit und Freiheit zu führen.

Die Beziehung zwischen Claire und Laura

Die spannenden Ereignisse in den Existenzen der Jenkins-Schwestern wirken sich auch auf deren Beziehung aus.

Für Claire und Laura ist es schwierig, nach Lauras Umzug getrennt zu leben. Im Elternhaus waren sie es gewohnt, einen alltäglichen und kontinuierlichen Kontakt zu haben. Jetzt, da Laura in Bristol und Claire in London leben, schreiben sie sich Briefe, besuchen sich, und ab und an treffen sie sich bei den Eltern. Beide bedauern, daß sie aufregende Erlebnisse nicht spontan und selbstverständlich austauschen können.

So wünscht sich Laura, sie könne mit Claire ihre Gefühle der Einsamkeit vertreiben, sie könne mit ihr über die unglückseligen Erfahrungen mit John und über ihre Scham reden.

Auch Claire leidet unter der Situation. Einerseits würde sie gerne die Aufregungen im Leben ihrer Schwester unmittelbarer miterleben, und andererseits hat sie auch den Wunsch, das Eigene mit Laura zu teilen. Nachdem sie ihren Freund kennengelernt hat, sehnt sie sich danach, sich mit Laura über ihn auszutauschen. Laura und Claire vermissen einander. Sie haben Sehnsucht nach schwesterlicher Gemeinsamkeit. Deshalb empfinden sie ihr erstes Zusammentreffen in Bristol dann auch als besonders lustvoll:

»Der Spaziergang war ein ungetrübtes Vergnügen. (...) Es machte ihnen Spaß, allein zu sein und über schwesterliche Dinge reden zu können, ohne jemand anderen damit zu langweilen; es machte Spaß, ziellos herumzuwandern und nicht auf interessante Sehenswürdigkeiten aufmerksam machen zu müssen. So etwas war nur mit einer Schwester möglich.«[23]

Beide Schwestern treffen lebensverändernde Entscheidungen. Die Veränderungen spiegeln sich konflikthaft in ihrem Verhältnis zueinander.

Lauras Leben als Studentin mit der Tendenz, sich eher an den Rand bürgerlicher Gewohnheiten und Lebensformen zu stellen, und Claires Liebesbeziehung zu Geoff, die sich genau in die entgegengesetzte Richtung entwickelt, trennen die Schwestern. Es entstehen Distanzen, die Claire und Laura mit Kraft zu überwinden suchen. So begleitet Claire ihre Schwester zu einer Studentenwohngemeinschaft, in der Drogen genommen werden. Dies ist für die ernste Claire eine Freizeitbeschäftigung, die ihr selbst fern ist, die sie aber mit Interesse betrachtet. Sie raucht kein Marihuana, hat aber nichts dagegen, daß Laura es tut. Sie erkundigt sich später lediglich, ob Laura auch ›high‹ sei.

Laura hingegen, die sich normalerweise vehement gegen bürgerliche Gepflogenheiten und Vorstellungen zur Wehr setzt, geht artig mit ihrem Freund und der ganzen Familie in ein feines Lokal, um dort zu essen, obwohl sie derartige Formen des ›spießigen Vergnügens‹ sonst eigentlich ablehnt. Daß sie dies tut, ist in erster Linie ein Zugeständnis an ihre Schwester.

Die größte Distanz und der schwierigste Konflikt zwischen Claire und Laura entstehen, als Claire sich entschließt, Geoff zu heiraten. Von diesem bedeutungsvollen Entschluß will Claire der Jüngeren in jedem Fall persönlich erzählen. Sie besucht Laura in Bristol und schafft es nach einigem Zögern, es Laura zu sagen. Für Laura entsteht eine problematische Situation. Sie weiß nicht, wie sie sich verhalten soll. Die Atmosphäre wird steif, und sie gratuliert ihrer Schwester formal zu ihrem Entschluß. Geoff, den sie in Wirklichkeit eher langweilig und fad findet, von dem sie glaubt, er habe es nicht verdient, mit ihrer tollen Schwester verheiratet zu sein, stattet sie mit dem Attribut ›sehr nett‹ aus.

Laura betritt den Boden formaler Höflichkeiten, ihre wahren Gefühle zeigt sie nicht:

»Plötzlich fühlte sich Laura alleingelassen. Auf einmal schienen sie und Claire meilenweit voneinander entfernt (...)«[24]

Laura fühlt sich einsam, sie ist nicht nur eifersüchtig auf Geoff, sie spürt jetzt auch, daß sich Claire eindeutig für ein anderes, bürgerliches Lebenskonzept entschieden hat. Laura offenbart ihre Gedanken nicht. Sie tut es ebensowenig wie Claire, als sie sich allein gefühlt hatte, nachdem klar war, daß Laura eine Beziehung zu Mac eingegangen war.

Laura und Claire mögen sich und interessieren sich füreinander, obgleich sie völlig verschiedene Lebensvorstellungen haben. Sie versuchen sich nicht gegenseitig von der Richtigkeit des jeweils anderen Konzepts zu überzeugen. Statt sich aneinander zu reiben, sich zu streiten über die ›richtige‹ und die ›falsche‹ Lebenshaltung, sind beide bemüht, die Lebensform der anderen zu akzeptieren.

Claire, die als die reifere von beiden charakterisiert wird, kann ihre Befürchtungen, daß manches von dem, was sie tut, von Laura als spießig und langweilig beurteilt werden könnte, äußern und sich damit aktiv der schwesterlichen Beurteilung stellen. Laura ist dazu nicht in der Lage. Sie zieht sich für eine Weile zurück, nachdem sie von Claires Heiratsplänen weiß.

Claire bemerkt die Distanz der Schwester und glaubt zunächst, daß Laura mit Mac nicht glücklich sei.

Behutsam und sensibel versucht Claire wieder Nähe zu Laura herzustellen, nachdem deren merkwürdige Laune bis hin zu dem gemeinsamen Essen der Familie in dem feinen Lokal angehalten hat. Laura weicht der Schwester aus und schiebt ihr Verhalten auf die ›feine Umgebung‹, in der sie sich nicht wohlgefühlt habe.

In Wahrheit allerdings hat Laura neben den Heiratsplänen der vertrauten Schwester auch noch ihre Angst vor einer ungewollten Schwangerschaft zu bewältigen.

Über beides spricht sie mit Claire nicht, weil sie glaubt, sie habe es statt mit ihrer Schwester jetzt nur noch mit einem Paar zu tun.

Die Krise ihrer ungewollten Schwangerschaft und des Abbruchs steht Laura ohne Claire durch. Nur für einen kurzen Moment hat sie daran gedacht, die Ältere als Unterstützerin in Anspruch zu nehmen, doch dann entscheidet sie sich dagegen.

Nach ihrer Abtreibung besucht Laura dann ihre Schwester in ihrem Reihenhäuschen, das mit genau der Ding-Dong-Klingel ausgestattet ist, die Laura erwartet hat. Dieses Zeichen bürgerlicher Ordnung stört sie allerdings weit weniger, als sie befürchtete.

Laura hat ihre Krise alleine gemeistert, und Claire ist verheiratet und lebt mit Geoff zusammen.

In einem langen Gespräch über die Ereignisse verständigen sich die Schwestern in liebevoll-vertrauter Weise. Laura wollte, so erklärt sie es der Älteren, auch einmal etwas alleine durchstehen, sie wollte erwachsen werden. Claire, die Laura gerne unterstützt hätte, nimmt Lauras Position an. Mit Lauras Besuch bei Claire ist die Distanz der konflikthaften Zeit aufgehoben, und eine neue Phase der schwesterlichen Beziehung unter anderen Vorzeichen beginnt.

Laura hat es jetzt, da sie sich auch selbst sicherer ist, nicht mehr nötig, die Ordnung bürgerlicher Lebensformen zu verdammen und sich radikal davon abzugrenzen. Sie kann Claires Bedürfnisse verstehen und ihre Vorstellungen besser akzeptieren.

Für sich selbst weiß Laura jetzt ganz sicher, daß sie ein derartiges Leben nicht führen will.

»Ihr Leben würde nicht in denselben Bahnen verlaufen wie das von Claire, soviel wußte sie. Aber sie konnte es jetzt wenigstens verstehen.«[25]

Auch Claire, die zunächst damit fertig werden muß, daß sich sensationell Verschiedenes in ihren schwesterlichen Existenzen abgespielt hat, fühlt sich Laura jetzt wieder näher.

»Das Gewicht der Ereignisse, ihr Schlagzeilencharakter – Schwester treibt ab, Schwester heiratet – war überwältigend.«[26]

Claire fühlt bald, daß die bekannte Vertrautheit und die selbstverständliche Nähe zwischen ihr und Laura wieder lebendig sind.

»In Lauras Gesellschaft verspürte sie nie das Bedürfnis zu summen, das wurde ihr deutlich, denn Laura war in ihrem Leben total akzeptiert, und das würde auch immer so bleiben. Wie lange, fragte sie sich, mag es wohl dauern, bis ich mich genauso an meinen Mann gewöhnt habe?«[27]

Mit diesem Bild selbstverständlicher Nähe zwischen den beiden Schwesternfiguren zeichnet die Autorin den Weg in eine dauerhafte Schwesterlichkeit, die auch in Zukunft, so läßt es sich denken, anhalten kann.

Moggach entwirft den Jenkins-Schwestern ein sehr freundliches Elternhaus. Vater und Mutter akzeptieren die Eigenarten ihrer verschiedenen Töchter und deren unterschiedliche Lebensentwürfe. Laura und Claire sind beide starke Persönlichkeiten, die die Autorin in ihrer Differenz stark sein läßt. Ihre Beziehung bleibt trotz der großen Veränderungen für beide im Verlauf der Geschichte stabil.

Mit Lauras Verständnis für das bürgerliche Lebenskonzept ihrer älteren Schwester einerseits und Claires Bewußtsein vom Vertrauen und der Nähe zwischen ihr und Laura andererseits entwickelt die Autorin das Fundament für eine dauerhafte Schwesternbeziehung, in die Unterschiede zu integrieren sind, ohne daß die Wünsche der einen oder anderen in der schwesterlichen Zweisamkeit verschwinden müßten. Schwesterlich solidarisches Miteinander der Jenkins-Schwestern ist eine Form der Beziehung, in der sich die Protagonistinnen mögen, trotz unterschiedlicher Vorstellungen.

Die brisanten Konflikte werden zwar nicht in der aktuellen Situation angesprochen und aufgeklärt, doch es ist trotzdem möglich, Distanzen, die sich hergestellt haben, nach einer gewissen Zeit wieder zu überwinden. Trotz mancher Ungereimtheiten in ihrer Beziehung können sich die Schwestern in Krisensituationen aufeinander beziehen und sich aufeinander verlassen.

Literarische Schwestern

Die Erstgeborenen

Von erstgeborenen Töchtern wird in der Literatur ein sich strukturell gleichendes Bild entworfen: sie sind alle ernster, strenger, verantwortungsvoller und zuverlässiger als ihre jüngeren Schwestern. Ihre Lebensentwürfe orientieren sich an herrschenden gesellschaftlichen Normen. Sie dominieren in spezifischer Weise ihre jüngeren Schwestern: in fünf von sieben Werken ist mehr Material über sie als über die Schwestern enthalten. In zwei von sieben Büchern sind sie zugleich Erzählerinnen und Hauptfiguren.

So steht Fanny, die Wissenschaftlerin, in »Bindungen« im Mittelpunkt des Geschehens. Sie berichtet aus ihrer Perspektive. Ihre erfolgreiche Karriere an der Universität betreibt sie mit großem Energieaufwand, doch der Verlust einer Stütze, des Professors, mit dem sie gut zusammenarbeiten konnte, führt sie in eine Krise. Fanny lebt in einer angesehenen gesellschaftlichen Position, sie zahlt dafür allerdings den Preis des fehlenden Liebes- und Privatlebens.

In den Filmen der Trotta sind die Erstgeborenen im Vergleich zu ihren jüngeren Schwestern diejenigen, die ihr Leben besser meistern können. Maria in »Schwestern« ist eine vernünftige Frau, die nach dem Tod des Vaters die Verantwortung für die jüngere Schwester übernimmt und selbst Karriere in einem großen Unternehmen macht. Sie ist ernst und weiß, was sie will. Ihre Stärke bezieht sie aus ihrer klaren Lebenshaltung. Solange ihre Schwester lebt, ist Maria darin nicht zu verunsichern, geben ihr Beruf und Verantwortung für die Schwester einen festen Rahmen. Diese Konstruktion bricht zusammen, nachdem Anna sich umgebracht und auch Miriam sie verlassen hat.

Für Juliane sind die Lebensinhalte zwar andere, darin aber ist sie ebenso konsequent wie Maria. Ihr Feld ist die Frauenbewegung und der Kampf um die Gleichberechtigung der Frau. Das ist ihr gesellschaftlicher Ort, an dem sie fest steht. Sie ist besonders diszipliniert und verantwortungsbewußt. Aber auch Julianes Sicherheit wird durch die gegenläufige Karriere der Schwester und deren Tod erschüttert.

Georgina in Lessings Roman erfüllt den mütterlichen Auftrag, Ehefrau und Mutter zu werden. Damit wird sie den gesellschaftlichen Erwartungen an eine Frau ihrer Zeit gerecht. Ebenso ihre Tochter Jill, die der Karriere der Tante erfolgreich nacheifert. Sowohl Jill als auch ihre Mutter gehen ihre Lebenswege konsequent. Georgina bekommt vier Kinder und führt ein glückliches Familienleben, und Jill erreicht mühelos ihre Ziele in Privatleben und Beruf. Wäre da nicht Kate, kein Schatten könnte die Konzepte von Georgina und Jill trüben. Aber es gibt Kate, und durch sie wird die hinter dem Erfolg versteckte Unfähigkeit und Angst deutlich.

Georgina ist mit ihrem Erziehungslatein am Ende und Jills Sicherheit schwindet im Angesicht der Schwester dahin, ja sie gerät in Panik.

Kassandra, die als Priesterin ein würdiges Amt in der trojanischen Gesellschaft einnimmt, ist eine starke Frau, die trotz größter Schwierigkeiten nicht von ihrer Überzeugung abweicht. Sie handelt immer streng nach dem, was sie für richtig hält, auch wenn sie darüber großen Schaden nimmt. Zwar leidend, aber in dem Bewußtsein, daß dies die Schattenseite ihrer Würde und gesellschaftlichen Anerkennung ist, verzichtet sie auf ein Leben an der Seite ihres Geliebten. Doch auch ihr Amt kann sie nicht davor schützen, in die Macht der kriegerischen Verhältnisse zu geraten und darin umzukommen. Im Gegensatz zu ihrer Schwester aber hat sie die Chance, vor ihrem Tod ihr Leben zu reflektieren.

Moggachs Entwurf der Erstgeborenen unterscheidet sich deutlich von den anderen.

Claire lebt zwar wie all die anderen Älteren das traditionelle Konzept, sie muß dafür aber keine großen Verluste hinnehmen. Sie kann sich innerhalb und außerhalb der Familie entfalten, sie hat keine Schwierigkeiten bei der Durchsetzung ihrer Vorstellungen, und auch der äußere Rahmen, den sie braucht, kann leicht zur Verfügung gestellt werden. Claire hat einen Beruf, der ihr Freude macht und einen Mann, den sie liebt.

Die älteren Schwestern entsprechen ausnahmslos gesellschaftlich akzeptierten Vorstellungen und Normen, sie unterscheiden sich darin, wie hoch der Preis ist, den sie dafür zahlen, der Verzicht, den sie auf anderen Ebenen leisten.

Maria und Juliane sind verantwortungsbewußt und diszipliniert, Lust und Leidenschaft haben in ihren Lebensentwürfen ebensowenig Platz wie in dem Georginas, die in ihrer Freizeit noch sozialen Aufgaben nachkommt. Und Jill, die ihrem Karrierewunsch strebsam nachgeht, wirkt verkrampft und angespannt. Kassandras Schicksal stimmt trotz ihrer gesellschaftlichen Rolle traurig, da sie wie Fanny als intellektuelle Frauengestalt auf Liebesglück und ein Dasein in Leichtigkeit verzichten muß.

Nur das Leben von Moggachs Claire steht nicht unter dem Stern des Verzichtes. Ihr gelingt es, beides, Pflichten und Freuden, in ihren Lebensentwurf zu integrieren.

Die Zweitgeborenen

Mit zwei Ermordeten, einer Selbstmörderin und einem versuchten Selbstmord, einer kränkelnden und nur zwei gesunden Schwestern ergibt sich für die Zweiten eine erschreckende Schicksalsbilanz: Polyxena wird den Griechen geopfert, Marianne stirbt im Gefängnis, Anna bringt sich um, Kate macht einen Selbstmordversuch, Malwine, die zunächst gesund ist, kränkelt am Schluß der Geschichte. Selbst Laura, die lebensbejahende Jüngere bei Moggach, ist gefährdet. Nur durch Zufall entgeht sie den gefährlichen Übergriffen des Autofahrers, der sie beim Trampen mitnimmt. Allein Jane bleibt unbeschadet.

Es sind die Jüngeren, die ein besonders tragisches Schicksal erleben, die sich mehr in Gefahr begeben, früh sterben, ihr Leben einsetzen oder gar selbst Hand an sich legen. Sie sind die Skeptikerinnen, leiden unter Selbstzweifeln und Weltschmerz.

Empfindsam und kreativ, sind sie schnell von ihren Phantasien überwältigt.

Wir wollen noch einmal genauer hinsehen, mit welchen Attributen und Eigenarten sie von den Autorinnen ausgestattet werden, die sie so verletzlich machen, die sie in Gefahr bringen.

Da ist zunächst die am detailliertesten untersuchte Figur Malwine. Sie ist Hausfrau, Mutter, Ehefrau und gleichzeitig Restaurateurin und Künstlerin. Doch letzteres erschließt sich uns nicht spontan aus dem Text, es muß mühsam an die Oberfläche befördert werden. Es bliebe sonst im Verborgenen, die Figur selbst trägt diese Anteile nicht aktiv nach außen, schmückt sich nicht damit. Nach anfänglichen Aktivitäten zieht sie sich zurück. Malwine wird krank, drückt nicht aus, was sie verletzt.

Die jüngeren Schwestern in den Filmen der Trotta, Anna, die Studentin, und Marianne, die im Untergrund lebt, sind beide gleichermaßen radikal in ihrer pessimistischen Weltanschauung. Anna, die in ihrer ungebremsten Phantasiewelt lebt, in der sie viele bedrohliche Vorstellungen plagen, ist von ihrer Schwester abhängig. Nur mit deren Hilfe kann sie die Realität bewältigen. Sie ist den äußeren Anforderungen nicht gewachsen, klammert sich fest an die Schwester und spürt, daß ihr der Zusammenbruch droht, wenn Maria sich abwendet. Nach einem Streit mit ihr zieht Anna die Konsequenz und bringt sich um. Auch sie hat keine Möglichkeit, ihre innere Panik, ihre Ängste vor der Bewältigung ihrer alltäglichen, realen Probleme zu vermitteln.

Marianne, die zunächst versucht hat, ein bürgerliches Leben zu führen, ist so unzufrieden mit dieser Existenz, daß sie ganz aussteigt. Sie kämpft mit Gewalt für die Durchsetzung ihrer politischen Ziele, wird kriminell und findet schließlich den Tod. Auch sie rückt nicht ab von ihren Vorstellungen, die keine Zwischentöne zulassen. Selbst im Gefängnis versucht sie noch, die Schwester zu überzeugen. Sie stellt sich außerhalb der Gesellschaft, die sie als gesamtes System bekämpft.

Polyxena unterliegt in der Konkurrenz um das Priesterinnenamt und gerät so immer mehr in den machtvollen Zugriff der Männer. Als besonders schöne Frau ist sie von Anfang an in Gefahr, als Objekt für die Ziele des anderen Geschlechts mißbraucht zu werden. Ihr Wunsch, sich vor dieser Bedrohung durch das Ehrenamt der Priesterin zu schützen und damit selbstverständlich auch gesellschaftliche Anerkennung zu genießen, läßt sich nicht erfüllen.

Nur für kurze Zeit kann sie ein Leben in lustvoller Leidenschaft führen, orientiert an Männern, die sie bald für ihre Zwekke mißbrauchen. Polyxena läßt es geschehen, setzt ihre Schönheit, ihren Körper ein, scheint an diesen Weg zu glauben. Für sie gibt es kein Zurück, sie treibt immer mehr hinein in die kriegerisch-männlichen Machenschaften. Sie wird zynisch. Die schöne Polyxena stirbt, verrückt geworden und mit Gewalt ihrer Attraktivität beraubt.

Die beiden Zweiten bei Lessing, Jane und Kate, ähneln sich darin, daß sie beide, jede in ihrer Zeit, unkonventionelle Lebenswege einschlagen. Jane hat sich in ihrer Jugend für ein berufsorientiertes Leben ohne Kinder entschieden, das heißt gegen den typischen Lebensentwurf einer Frau ihrer Generation. Wider die Erwartungen der Mutter ist sie diesen Weg konsequent gegangen. Sie hat letztlich damit Erfolg gehabt.

Sowenig wie früher ihre Tante entspricht Kate heute den an sie gestellten Erwartungen. Sie besteht ihre Prüfungen nicht, sie bleibt in Abhängigkeit von anderen, depressiv, traurig, ohne Ehrgeiz, faul und einsam. Kate ist völlig haltlos, ein Bild des Jammers. Ihr Selbstmordversuch ist die tragisch-hilflose und gewaltsame Aktion einer jungen Frau, die ihrer Rolle als Verliererin nicht entkommen kann.

Die schöne Laura in Moggachs Roman widersetzt sich an vielen Punkten dem insgesamt traurigen Bild Zweitgeborener in der Literatur. Laura hat eine besondere Ausstrahlung, wirkt erotisch und anziehend und ist klug. Aufgeweckt, neugierig und kritisch, bemüht sie sich sehr darum, ein selbständiges und selbstbestimmtes Leben zu führen. Sie will für sich verantwortlich sein, nicht abhängig leben. Laura ist rebellisch, bürgerliche, geordnete Verhältnisse langweilen sie, ihnen versucht sie mit Macht zu entgehen. Laura sträubt sich gegen all das, was ›normal‹ zu sein scheint. Ihr Widerstand ist allerdings nicht destruktiv, wendet sich nicht gegen andere oder gegen sich selbst. Sie experimentiert, ist auf der Suche nach einem aufregenden Leben außerhalb bürgerlicher Wertvorstellungen. Das bringt sie zwar in heikle Situationen und auch in Gefahren – sie nimmt Drogen, wird fast vergewaltigt, und ungewollt schwanger wird sie auch –, doch Laura ist stark genug, ihre Konflikte zu bewältigen. Obwohl Laura attraktiv ist wie Polyxena und sie so wie sie in Gefahr gerät, von Männern mißbraucht und vereinnahmt zu werden, kann sie sich aus eigener Kraft diesem Zugriff entziehen.

Das Bild von Jane, deren früher Widerstand gegen herrschende Normen von Frauenleben in ein erfolgreiches Berufsleben mündet, und die Darstellung von Laura, einer modernen Polyxena, die nicht stumm bleibt, die im Gegenteil ihre Wünsche und Ideen sehr gut zu formulieren weiß, hellen die dunkle Stimmung, die all die anderen Zweiten umgibt, ein wenig auf.

Beziehungsmuster

Trotz dieser Gegensätze zwischen Erst- und Zweitgeborener sind alle Figuren eng aufeinander bezogen. Die Brisanz dieses Aufeinander-Bezogenseins ist in allen Werken deutlich und ergibt sich aus der extremen Verschiedenheit der Frauenfiguren. Unterschiedliche Auffassungen haben und trotzdem so eng miteinander verwoben sein, die Position der anderen nicht teilen, aber dennoch für sie verantwortlich sein, leistungsfähig und diszipliniert einer Schwester verbunden sein, die all die eigenen Vorstellungen ablehnt – dies sind die Konfliktfelder, in denen die literarischen Schwesternpaaren stehen.

Die Autorinnen weisen den Älteren die Rolle der gesellschaftlich Angepaßten zu, während die Jüngeren zu all dem, was die Erstgeborenen verkörpern, in Opposition stehen. Auf diese Weise sind die Schwestern als Gegenbilder füreinander konzipiert, die sich nicht voneinander trennen können. Solange jede nur das eine Konzept verkörpern darf, stellt die andere die mangelnde Kehrseite der Lebensmedaille dar. Eine allein ist jeweils nur die Vertreterin eines Prinzips. Die literarischen Schwestern sind sich lebendige Gegenbilder, Abgrenzungsfiguren, die miteinander ringen. Zwischen den dargestellten Schwestern existiert eine enge Verbindung, die, selbst wenn sie nicht als kontinuierlicher Kontakt gelebt wird, in Form einer intensiven Auseinandersetzung einfließt.

In der uns vorliegenden Literatur konnten wir vier verschiedene Muster von Schwesternbeziehungen ausmachen.

Jill und Kate sind so gegensätzlich, daß kaum ein Kontakt möglich ist. Jill fühlt sich in ihrer Existenz durch das Auftreten von Kate bedroht. Jill will von Kate unbehelligt bleiben. Während sie sagen kann, daß sie den Kontakt zu Kate nicht will, und sich ärgerlich abwendet, bemerkt Kate nicht einmal, welches Verhältnis Jill zu ihr hat. Kate kann sich nicht in die Schwester einfühlen, sieht nicht, wie sie Jill stört. Jill und Kate sind blind füreinander.

Die Distanz zwischen den Schwestern Georgina und Jane ist ebenso groß wie zwischen Jill und Kate. Abwendung bei Jane, die das Leben der Schwester aus der Ferne betrachtet, und Abwertung bei Georgina dominieren das Verhältnis. Ausgesprochen werden auch hier die Gefühle füreinander nicht. Distanz und Abwertung bleiben bestehen.

Ein anderes Bild schwesterlicher Verknüpfung führt Trotta in ihren Filmen vor. Ihre Schwestern sind sich schicksalhaft nah, obwohl auch sie unterschiedlich in Charakter- und Lebensweg sind. In beiden Beziehungen stemmen sich die Persönlichkeitsmuster und die daran geknüpften Lebensformen gegeneinander. Alle vier Frauenfiguren ringen um den Wert und die Richtigkeit des eigenen Konzeptes, jede für sich besteht auf ihrem Standpunkt. Die Kämpfe um die Positionen sind hart. Alle vier wollen sich gegenseitig überzeugen, suchen nicht den Kompromiß, sondern fordern die Abwendung der jeweils anderen von ihrer Position. Es herrscht ein unerbittliches Kräftemessen, in dem die Prinzipien und Positionen der Jüngeren unterliegen. Trotz des brutalen Endes der Beziehungen durch den Tod der Zweiten entläßt Trotta ihre ZuschauerInnen nicht ohne Hoffnung. Beide Älteren beschäftigen sich danach intensiv mit ihren jüngeren Schwestern und deren Vorstellungen. Nachdem das andere Prinzip nicht mehr als reale Person existiert, die Akzeptanz ihrer Ziele nicht mehr die Aufgabe der eigenen Lebenshaltung und damit Identität bedeutet, ist eine Auseinandersetzung möglich.

Zwischen Kassandra und Polyxena sowie zwischen Fanny und Malwine werden Verständigungsversuche unternommen. Im Verhältnis der Schwestern Kassandra und Polyxena hat es Szenen der Annäherung gegeben, die an fehlender Einfühlung scheitern. Nach Polyxenas Tod und auf ihren eigenen Tod wartend setzt sich Kassandra reflektierend mit ihrer Schwesternbeziehung auseinander. Sie sieht jetzt ihre Mitverantwortung für das Schicksal der Schwester in der Konkurrenz um das Amt. Kassandra kann rückblickend wahrnehmen, daß und wie die Aufteilung zwischen ihr und Polyxena verlaufen ist, und warum eine Verständigung zu Lebzeiten nicht möglich war. Sie leidet darunter, daß eine Annäherung vor dem Tod nicht möglich war, sich ihre Lebensprinzipien zu sehr zu widersprechen schienen.

Was bei Wolf die ungleichzeitige Reflexion nur einer Schwester ist, wird bei Frischmuth zur Darstellung eines Kontaktes zwischen Fanny und Malwine nach einer längeren Zeit der Distanz. Die gemeinsame Zeit wird für die Schwestern zu einer Phase der Überprüfung ihrer Beziehung, an die besonders Malwine hoffnungsvoll herangeht. Doch auch hier bleiben die Mühen der Auseinandersetzung ohne den Erfolg der schwesterlichen Annäherung. Im Gegenteil, die Geschichte endet mit der Bestätigung der Distanz. Während Malwine über weite Strekken versucht, die Schwester von den eigenen Formen der Konfliktbewältigung zu überzeugen, bestätigt Fanny sich gerade, daß die Lebensform ihrer jüngeren Schwester nicht die ihre sein kann. Auch hier bleiben letztlich zwei Charakterbilder und Lebenskonzepte als miteinander unvereinbar stehen. Das Verdienst der Autorin ist allerdings die genaue Darstellung des Konfliktverlaufes. Sie zeigt, warum sich die Schwestern nicht verständigen können, wo genau die Verletzlichkeiten und Unzugänglichkeiten der beiden liegen. Ihren Figuren bleibt nur die Trennung, ihnen werden die Ursachen nicht bewußt.

Moggach geht einen Schritt weiter. Claire und Laura sind zwar genauso gegensätzlich wie die anderen, zwischen ihnen gibt es aber trotz der Unterschiede immer wieder Möglichkeiten der Verständigung. Während Laura die bürgerlichen Vorstellungen der Schwester akzeptieren kann, ist Claire in der Lage, die Abenteuerlust der anderen zu sehen, sie sogar mitzutragen. Die Schwestern überwinden den Konflikt, sich für sehr verschiedene Lebenskonzepte entschieden zu haben. Ihre Liebe zueinander bleibt bestehen, zerbricht nicht an der Orientierung an verschiedenen Wertvorstellungen.

Hier unterliegt kein Prinzip dem anderen – hier wird aber auch nicht versucht, sich gegenseitig von der Richtigkeit des anderen Konzeptes zu überzeugen.

Schluß

Wir haben auf unserer langen Forschungsreise wissenschaftliche, kulturelle und literarische Schwesternbilder und Schwesternbeziehungen durchquert. In jeder Phase der Auseinandersetzung mit dem Thema standen auch wir zur Diskussion. Kein Bild, kein Modell von Schwesternschaft, das nicht mit unserer Schwesternrealität abzugleichen gewesen wäre. Es standen also Überprüfungen im doppelten Sinne an: wir überprüften das Material, und dieses konfrontierte uns mit uns selbst und unserer Beziehung. Diese Art der Verschränkung von kulturellen Präsentationen und unserer Realität empfanden wir als besonders reizvoll und spannend.

Unsere gesamte Arbeit läßt sich im Rückblick als eine Aneinanderreihung von Arbeitsschritten sehen, deren Anfänge immer begleitet waren von hoffnungsvollen Wünschen, neue Inhalte zum Thema ›Schwestern‹ zu finden. Wir haben mit der Betrachtung der Ergebnisse traditioneller Geschwisterforschung begonnen. Hier suchten wir nach theoretischen Erklärungen von Konflikten zwischen Geschwistern, nach der Bedeutung schwesterlichen Seins für die Identität einer Frau und auch nach Elementen, die wir in unserer Schwesternrealität als bedeutsam beurteilten.

Unsere Fragen wurden jedoch von dieser Forschungsrichtung nur unzulänglich beantwortet. Hier werden Geschwisterverhältnisse in erster Linie als Rivalität und Machtgerangel verstanden. Die Positionen von erst- und zweitgeborenen Kindern und deren Charaktere erscheinen als festgelegt und aufgeteilt. Immer die gleichen Gegensatzpaare, immer die gleichen feindselig-konkurrenten Beziehungen langweilten uns, zumal keine Spuren unserer Phantasien von produktivem Miteinander zwischen Schwestern auszumachen waren. In der Geschwisterforschung fanden wir fast nur negative Formen geschwister- und schwesterlicher Existenzen. Die Kluft zwischen starken Erstgeborenen und schwachen Zweiten, das Gefälle zwischen Macht und Ohnmacht, zwischen intellektuell-erfolgsorientiert einerseits und gefühlsbetont-chaotisch andererseits waren Stereotypen, die uns hier begegneten. Stereotypen, die wir aus den Zuweisungen kannten, mit denen auch wir im Laufe unserer Entwicklung immer wieder konfrontiert worden sind und mit denen auch wir selbst in unserer eigenen Beziehung zu kämpfen hatten. Dabei wollten wir mit unserer Arbeit doch über diese einseitigen Schwesternmodelle Hinausweisendes entfalten.

Die empirischen Untersuchungen jedenfalls brachten uns kaum Hinweise auf Potenzen von Geschwistern im Miteinander, auf Möglichkeiten gleichberechtigten Umgangs oder gar der Kooperation. Sie warfen uns zurück auf Kampf und Rivalität. Mit unseren Ideen befanden wir uns offensichtlich im Widerspruch zur herrschenden Meinung in der wissenschaftlichen Forschung – mit unserer gelebten Praxis kamen wir dort nicht vor.

Der Blick auf die Arbeiten, die von seiten der Frauenforschung über Schwestern vorlagen, stimmte uns optimistisch, gab es hier doch auch Vorstellungen von schwesterlichen Beziehungen, in denen Nähe und Gemeinsamkeit nicht nur durchzogen waren von bitteren Positionskämpfen und qualvoller Konkurrenz. Hier fanden wir unsere These von Schwesternbeziehungen, in denen es ein produktives, befriedigendes, freundschaftliches und liebevolles Miteinander gibt und geben kann, bestätigt. Trotzdem machten uns auch ihre Ausführungen ärgerlich: die Forscherinnen sehen zwar die schwierigen Anteile in Schwesternverhältnissen, sie weisen auch darauf hin, wie fest die Strukturen sind, appellieren aber trotzdem in fast naiver Weise an Schwestern, diese Festschreibungen zu überwinden. Vorstellungen darüber, wie dies zu leisten sei, formulieren sie nicht. Andererseits weckte ihr ungenauer Umgang mit Begriffen, die zur theoretischen Erklärung von Schwesternmustern dienen sollen, unseren Unmut. Dadurch werden ihre Ergebnisse zu einer Sammlung von Plausibilitäten, die so oder auch ganz anders zu deuten sind.

Enttäuscht über die Klischees und stereotypen Darstellungsweisen der Geschwisterforscher und ärgerlich über die Appelle und Ungenauigkeiten der Schwesternforscherinnen, hielten wir fest an unserer Vorstellung, daß es ein gleichberechtigtes Miteinander von Schwestern gäbe, glaubten wir es, allen Unkenrufen zum Trotz, zu praktizieren. Aber ein theoretisches Konzept dazu fehlte nach wie vor.

So war es unser Interesse, einerseits eine Theorie der Schwesternschaft zu entwickeln, in der Schönes und Schwieriges zugleich erklärt werden könnte, und andererseits literarische Schwesternbilder nach über Klischees hinausweisenden Vorstellungen zu untersuchen.

In der Literatur, so glaubten wir, fänden wir hilfreiches Material, das wir zur Theoriebildung nutzen wollten. Wir haben dafür nur Werke von Autorinnen ausgewählt, die sich selbst der Frauenbewegung zuordnen beziehungsweise die sich in frauenbewegten Zusammenhängen großer Beliebtheit erfreuen. Sie schienen die Garantinnen für eine progressive Darstellung von Schwesternbildern zu sein. Aufgespürt haben wir zwar moderne Inhalte, Frauenfiguren, die sich mit aktuellen Problemen weiblicher Lebensentwürfe beschäftigen, als Schwestern aber sind sie einheitlich in altbekannte Muster aufgeteilt, stehen sich gegensätzlich gegenüber und wirken wie Illustrationen. Dies, obwohl sie doch literarische Figuren sind, die schillernd Neues verkörpern könnten. Utopien von Schwesternschaft könnten sich hier den empirischen Datensammlungen und Festlegungen entgegenstellen. Doch wir fanden auch in der Literatur nur immer wieder bekannte Modelle von Schwesternschaft in lediglich anderen Gewändern: Schwesterliches war aufgeteilt, abgetrennt in Tragisch-Konflikthaftem, aber untrennbar miteinander verwachsen, ohne die Chance einer erlösenden Distanzierung, oft nur mit der Gewalt des Todes auseinanderzubringen.

Alle Autorinnen, mit Ausnahme von Moggach, führen Schwesternverhältnisse vor, in denen Machtkämpfe und Unfähigkeit zur Verständigung herrschen. Trotz der Differenz, in der wir unsere Schwesternbeziehung zu denen der literarischen Figuren wußten, verstrickten wir uns, verwickelten uns in schwierige Identifikationsprozesse mit den Frauengestalten. Wir rutschten in vorgeführte Rollen von Erst- und Zweitgeborenen und waren in Gefahr, deren Konflikte zu wiederholen, uns in den vorgeführten Stereotypen zu verlieren. Manchmal drohte unser gesamtes Forschungsvorhaben unter der Last des Identifikationsdruckes zusammenzubrechen. Wir belebten Widersprüchliches zwischen den literarischen Schwestern wieder, Konflikte, die wir als reale Schwestern überwunden glaubten, flammten erneut auf, führten zu Streit, zu Mißverständnissen, zu Fehleinschätzungen und Projektionen. Dies alles gefährdete unseren schwesterlichen Aufbruch, und es kostete große Kraftanstrengung und die wiederholte Aktivierung unserer Erfahrungen von Gelungenem, um alledem standzuhalten.

Wir haben also unsere Beziehung als Medium der Analyse genutzt und mit der Diskrepanz gearbeitet, die zwischen unserer Schwesternbeziehung und denen lag, die uns in kulturellen Produkten begegneten. Dabei waren sowohl unser ideologiekritischer Blick als auch das methodische Programm für die Literaturinterpretation wichtige Instrumentarien, um Distanz herzustellen und den vorgeführten alten Mustern Widerstand leisten zu können.

Unsere gemeinsamen Vorerfahrungen, Konflikte lösen zu können, und unser Interesse, egalitäre Beziehungen finden und konstituieren zu wollen, waren das Maß, das wir an die uns begegnenden Schwesternmuster anlegten.

Damit ist es uns gelungen, literarische Schwesternfiguren in ihrer Funktion als Trägerinnen gesellschaftlicher Konfliktpotentiale zu erkennen. So wie das Frausein, die Weiblichkeit in unserer Kultur dazu genutzt werden, sie mit mannigfaltigen Vorstellungen und Bildern vom ›Wesen der Frau‹ auszustatten, werden auch Schwestern dazu benutzt oder auch mißbraucht. Schwestern und ihre Beziehungen zueinander werden als Metaphern gebraucht, sie werden zu Projektionsflächen für Vorstellungen von Frauenbeziehungen. Schwesterliche Realitäten, ihre Gefühle und Interessen werden dadurch nur rudimentär erfaßt, progressive schwesterliche Umgangsformen nur selten entworfen.

Schwesternbilder in der Öffentlichkeit, in kulturellen und literarischen Präsentationen eignen sich, Vorstellungen von gesellschaftlich existierenden Gegensätzen auszudrücken. Schwestern bieten sich als verschiedene Figuren eines gleichen Ursprungs dazu an, sich in Macht und Ohnmacht, in Leistung und Versagen, als lebendig und tot, als redegewandt und stumm, also als Symbolfiguren von widerstreitenden menschlichen Bewegungen vorführen zu lassen. Schwesternbilder werden benutzt, um Probleme, die allgemein existieren, mit denen einzelne ebenso zu ringen haben wie gesellschaftliche Gruppen, auf zwei Figuren aufzuteilen. Das, was in jedem einzelnen virulent ist, wird in der Gestaltung von Schwesternfiguren faßbar und in eine Beziehung zwischen Zweien verlagert. Mit dieser Darstellung von Schwestern werden zwei Figuren als Folien zur Verfügung gestellt, die eine glaubwürdige Aufteilung des Widerstreits ermöglichen. Die enge Verbundenheit qua Verwandtschaftsverhältnis zwingt zum Streit. Wir haben uns gefragt, ob die Aufteilung auf Schwestern, die ja ein hohes Maß an biologischer Gemeinsamkeit teilen, nicht auch dem latenten Wunsch entspricht, das ewig Widerstreitende möge zu vereinbaren sein.[28]

Es hat uns sehr erschreckt, mit welcher Gleichförmigkeit sowohl die theoretischen Auseinandersetzungen der Geschwisterforschung als auch die Literatur, selbst Literatur von Frauen, immer wieder die gleichen Modelle und Festschreibungen für Schwestern in erster und zweiter Position vorlegt. Noch mehr aber hat es uns erschreckt, wie intensiv und fest wir diesen Festlegungen und Beziehungskonflikten immer wieder auf den Leim gegangen sind, wie wir sie in all ihren Spielarten zu wiederholen in der Lage waren. Hätte man uns dies zu Beginn unserer Forschungen prophezeit, wir hätten es nicht geglaubt, hätten zu versichern gewußt, daß wir hierarchisches Miteinander, Machtspiele und allerlei unangenehme Schwesterlichkeiten längst abgelegt haben zugunsten eines gleichberechtigten Miteinanders. Sicher hätten wir unser Experiment Schwesternschaft mit dem Wissen um die schwierigen Konflikte, die sich in dieser waghalsigen Forschungsreise durch die Höhen und Tiefen des schwesterlichen Mit- und Gegeneinanders ereignen sollten, nicht so freudig begonnen.

Wir haben Theorie und Literatur durchquert und immer wieder konservative Modelle ausfindig gemacht, die Machtgerangel und Konkurrenz als naturgegeben erscheinen lassen. Sie forderten unseren Widerstand heraus. Ihn zu füllen war um so schwieriger, als wir ihre Bilder Erst- und Zweitgeborener eben auch in uns trugen. Wir hatten querzudenken, die eigenen Erfahrungen ebenso ernstzunehmen wie die theoretischen Muster, in denen Schwesterlich-Konstruktives aufzuschimmern schien. In der Theorie galt es, die Schwester in der Dreierbeziehung ›Mutter und zwei Töchter‹ als bedeutsames Objekt zu etablieren.

Auf diesen schwierigen Wegen gaben wir eines nie auf: die Idee der Gleichheit im Sinne von gegenseitiger Anerkennung und deren Bedeutung in der gemeinsamen Arbeit. Diese Idee stärkte uns im Widerstand gegen die hierarchischen Bilder, die Ungleichheiten, die uns mit großer Wucht entgegenkamen. Von Beginn dieser Arbeit an waren wir von der Idee überzeugt und von dem Wunsch geleitet, daß wir schwesterlich-konstruktiv und liebevoll miteinander arbeiten können, daß es möglich ist, Konflikte gemeinsam zu bewältigen, ohne daß eine ihre Lebensvorstellungen aufgeben oder völlig verändern müßte. Das wollten wir auch vorführen. Die Macht der konservativen Muster in uns hatten wir uns immer wieder einzugestehen und waren so auch in einem steten Prozeß der Desillusionierung, in dem wir alte Muster in uns immer wieder in neuen Formen finden sollten. Wir hatten uns den konservativen Modellen ebenso zu stellen wie den zarten Spuren konstruktiver Schwesterlichkeit.

Mit unserer Theorie haben wir mit neuen Begrifflichkeiten wie dem der ›horizontalen Identifikation‹ diesen Spuren in uns Namen gegeben. Mit der Aufdeckung unserer Arbeitsprozesse haben wir den Versuch unternommen, konflikthafte Geschehnisse, die aber auch zu neuen Erkenntnissen führten, offenzulegen, nachvollziehbar zu machen. In diesen Prozessen hat jede von uns für sich und für die andere Gegenbilder entwerfen müssen und können. Das hat unsere Schwesternschaft verändert. Wir sind nicht mehr die Schwestern, die wir zu Beginn der Arbeit waren. Wir sind jetzt sicherer in dem Bewußtsein, daß wir als Erst- und Zweitgeborene immer wieder Gefahr laufen, einem Klischee von Macht und Ohnmacht zu entsprechen. Aber wir sind nicht mehr so leicht darauf festzulegen, weil wir die anderen Seiten in uns kennengelernt haben, weil wir die Gegenbilder unserer Beziehung sicherer beschreiben können.

Anmerkungen

Teil I: Schwesternbilder

1 Ruth Klappenbach/Wolfgang Steinitz (Hrsg.), Wörterbuch der deutschen Gegenwartssprache, Band V, Berlin 1976, S. 3351
2 Ebd.
3 Der große Brockhaus, 10. Band, Wiesbaden 1956, S. 579
4 Handwörterbuch der deutschen Gegenwartssprache in zwei Bänden, Berlin 1984, S. 1034
5 EMMA, Das Magazin von Frauen für Frauen, Nr. 4 April 1989, S. 20
6 Libreria delle donne di Milano, Wie weibliche Freiheit entsteht. Eine politische Praxis, Berlin 1988, S. 9
7 Vgl. hierzu: Birgit Craimon-Daibler u.a., Schwesternstreit, Von den heimlichen und unheimlichen Auseinandersetzungen zwischen Frauen, Reinbek 1983
8 Dies., ebd., S. 13
9 Während in der Männersozialisation das kämpferische Spiel immer schon integriert ist und in Institutionen wie Burschenschaften gelebt wird, fehlt dies in der Frauensozialisation unserer Kultur völlig.
10 Imme de Haen, Aber die Jüngste war die Allerschönste, Frankfurt 1983
11 Wir fragen uns, ob die Lust der Mütter, ihre Söhne in solcher Weise gleich herauszuputzen, genauso groß ist. Allem Anschein nach taucht dieses Phänomen bei Jungen seltener auf. Wir sind allerdings nicht sicher, ob dies nicht daran liegt, daß die Mädchenkleidung oft auffälliger ist.
12 In dem Film ›Johanna d'Arc of Mongolia‹ von Ulrike Ottinger treten sie als Blaskapelle auf. Uns drängt sich hier der Gedanke an die neuen Gen- und Reproduktionstechnologien auf. Wird es möglich, Schwesterngruppen zu klonen, bleibt den Maskenbildnern viel Arbeit erspart.
13 Bettina Schroeter-Kleist, Liebende verstehen es, Funktionen und Rollen von Zeit zu Zeit durcheinanderzubringen, FRANKFURTER RUNDSCHAU 2.1.1988, S. ZB 5
14 Gerhard Krug, ›Übrigens, sie ist charmant im Bett‹ in STERN, Heft 46 19, S. 206
15 Auflösung zu Tratschke, ZEIT Magazin Heft 7 1985
16 Ingrid Rieskamp, Freuds treue Perle, Stern, Heft 35 1985
17 D. H. Lawrence, Liebende Frauen, Reinbek 1967
18 Personalien im Stern, Heft 43 1985. Die Filme sind Interiors und Hannah und ihre Schwestern.
19 Walter Unger, Schlammschlacht um eine Blondine, STERN Nr. 19 1985, S. 67
20 Ulrich Schreiber, Götterdämmerung auf dem Boulevard, FR 13. Juli 1988
21 Alf Mayer, Eins, Zwei, Drei, Viele, in: Pflasterstrand Nr. 220 1985, S. 75
22 SPIEGEL, Nr. 33 1983, S. 3
23 Ursula von Kardoff, Gewitztes Fräulein, ein Leben lang, in: ZEIT Magazin Nr. 45 1983, S. 34. Sabine Berloge/Frauke Meyer-Gosau, Nur wenn ich singe, werde ich geliebt, in: EMMA Heft 12 1984, S. 16. Carmen Korn, Dolle Minna auf Männerfang, in: STERN S. 148

24 Gabriele Venzky, Die Heimkehr der Tochter, in: ZEIT Nr. 18 vom 25.4.1986
25 SPIEGEL Nr. 29 1985, S. 148
26 TV Hören und Sehen vom 24.5.1985, S. 4
27 STERN Nr. 36 1985, S. 15
28 BILDWOCHE Nr. 5 1986, S. 4
29 Paul Kruntorad, Zwei Schwestern, in: FRANKFURTER RUNDSCHAU vom 22.3.1989, S. 18
30 FR vom 7.5.1989, Fernsehankündigung
31 Wolfram Schütte, Wiederfinden, Wut, Wahnwitz, in: FR vom 20.5.1989
32 Barbara Vine, Und die im Dunkeln sieht man doch, Zürich 1988
33 Cramon-Daiber, a.a.O., S. 60
34 Ebd., S. 47
35 Folgende Darstellung versteht sich als Überblick, so daß wir auf die Angabe von Literaturhinweisen hier verzichten. Diese finden sich im Zusammenhang mit der Darstellung der inhaltlichen Ergebnisse zu Schwestern in diesem Kapitel.
36 Der wichtigste Vertreter dieser Forschungsrichtung ist Walter Toman, der seine Ergebnisse in dem Buch Familienkonstellationen, München 1987 zusammenfaßt. Andere Geschwisterforscher, wie Lucille Forer/Henry Still, Erstes, zweites, drittes Kind ..., Köln 1979, beziehen sich zum Teil auf ihn.
37 Ebd., S. 140
38 Ebd., S. 246
39 Ebd., S. 253
40 De Haen, a.a.O., S. 88
41 Elizabeth Fishel, Schwestern. Liebe und Rivalität innerhalb und außerhalb der Familie, Frankfurt 1980 [Sisters. Love and Rivalry Inside the Family and Beyond. New York 1979]
42 Brigid McConville, Schwestern zwischen Haß und Liebe, München 1987 [Sisters. Love and Conflict within the Lifelong Bond. London 1985]
43 Fishel, a.a.O., S. 12
44 De Haen, a.a.O., S. 9
45 McConville, a.a.O., S. 14
46 Fishel, a.a.O., S. 18 f.
47 Hintergrund dieser Zusammenfassung sind folgende Textstellen: De Haen, a.a.O., S. 99 f.; McConville, a.a.O., S. 152-155, S. 184 und 186; Fishel, a.a.O., S. 33, S. 146, S. 167 ff.
48 De Haen, a.a.O., S. 273 f.
49 McConville, a.a.O., S. 268
50 Wilhelm hat in gleicher Weise über Brüder gearbeitet. Gerhard Wilhelm, Unter Brüdern, Zur Emanzipation des Mannes, Frankfurt 1982
51 Adler, Menschenkenntnis, Leipzig 1928, S. 120
52 Ders., Der Sinn des Lebens, Frankfurt 1973, S. 140
53 Ebd., S. 121
54 Ebd., S. 142
55 Ebd., S. 141
56 Ebd. und ders., Menschenkenntnis, a.a.O., S. 121
57 Sigmund Freud, Gesammelte Werke, Band XI, Frankfurt 1966, Vorlesungen

zur Einführung in die Psychoanalyse, XIII. Vorlesung: Archaische Züge und Infantilismus des Traumes, S. 208 f.

58 Ders., Ges. Werke, Band XV, Frankfurt 1967, Neue Folge der Vorlesungen zur Einführung in die Psychoanalyse, darin: XXXIII. Vorlesung. Die Weiblichkeit, S. 131

59 Ders., Ges. Werke, Band II/III, Frankfurt 1961, Die Traumdeutung, S. 257

60 Ebd., S. 259

61 Ebd., S. 257

62 Ders., Ges. Werke, Band VII, Frankfurt 1966, Werke aus den Jahren 1906-1909, darin: Analyse der Phobie eines fünfjährigen Knaben, S. 248

63 Ders., Ges. Werke, Band VII, a.a.O., darin: Über infantile Sexualtheorien, S. 174 f.

64 Ders., Ges. Werke, Band V, Frankfurt 1968, darin: Die infantile Sexualforschung, S. 95

65 Lucille K. Forer/Henry Still, Erstes, zweites, drittes Kind..., Reinbek 1982, S. 21

66 Ebd., S. 73

67 Ebd., S. 53

68 Ebd., S. 23 f.

69 Ebd., S. 22

70 Ebd., S. 54

71 Ebd., S. 127

72 Ebd., S. 24 f.

73 Ebd., S. 75

74 Ebd., S. 54

75 Ebd., S. 55

76 Ebd., S. 142

77 Vgl. ebd., S. 17 und S. 23

78 Ebd., S. 161

79 Ebd., S. 162

80 Ebd.

81 Ebd., S. 163

82 Ebd., S. 23

83 Ebd.

84 De Haen, a.a.O., S. 27. Siehe auch Elena Belotti, Was geschieht mit kleinen Mädchen? München 1975

85 De Haen, ebd., S. 29

86 Ebd., S. 21

87 Ebd., S. 103

88 Ebd., S. 99 f.

89 McConville, a.a.O., S. 184

90 Ebd., S. 188

91 Ebd., S. 189 f.

92 Ebd., S. 60 ff.

93 Fishel, S. 60

94 Ebd.

95 Ebd., S. 65

96 Margaret Hennig, Family Dynamics and the Successful Woman Executive, in: Ruth B. Kundsin (Hrsg.), Women and Success: The Anatomy of Achievement, zitiert in: Fishel, a.a.O., S. 59

97 Ebd., S. 40
98 S. Freud, Die Traumdeutung, in: Ges. Werke, Band II/III, a.a.O., S. 255 f.
99 S. Freud, Die Traumdeutung, a.a.O., S. 259
100 S. Freud, Über infantile Sexualtheorien, a.a.O., S. 175
101 S. Freud, Die Traumdeutung, a.a.O., S. 257 ff.
102 S. Freud, Die Traumdeutung, a.a.O., S. 256
103 Alfred Adler, Der Sinn des Lebens, a.a.O., S. 143
104 Ebd.
105 Ders., Menschenkenntnis, a.a.O., S. 117 ff.; vgl. ders., Der Sinn des Lebens, a.a.O., S. 125 ff.
106 Forer/Still, a.a.O., S. 24
107 Toman, a.a.O., S. 23 ff.
108 Ebd., S. 24
109 Ebd.
110 Ebd., S. 23
111 Forer/Still, a.a.O., S. 59
112 Toman, a.a.O., S. 23
113 Ebd.
114 Vgl. ebd.
115 Forer/Still, a.a.O., S. 26
116 Toman, a.a.O., S. 165
117 De Haen, a.a.O., S. 110
118 Ebd., S. 115
119 Ebd., S. 117
120 Ebd., S. 114
121 Ebd., S. 117
122 Ebd., S. 119
123 McConville, a.a.O., S. 196
124 Ebd., S. 184
125 Ebd. S. 196
126 Ebd., S. 196
127 Ebd., S. 188
128 Ebd., S. 194
129 Ebd., S. 197
130 Ebd., S. 193
131 Ebd., S. 194
132 Ebd., S. 34
133 Ebd., S. 34
134 Ebd., S. 41
135 Ebd., S. 42

Teil II: Schwestern forschen über Schwestern

1 Sigrid Metz-Göckel, Die zwei (un)geliebten Schwestern. Zum Verhältnis von Frauenbewegung und Frauenforschung im Diskurs der neuen sozialen Bewegung, in: Ursula Beer (Hrsg.), Klasse Geschlecht, Feministische Gesellschaftsanalyse und Wissenschaftskritik, Bielefeld 1987, S. 26
2 Karin Völkel, Fraueninformationsblatt, Extra 7, Freie Universität Berlin,

Zentraleinrichtung zur Förderung von Frauenstudien und Frauenforschung (Hrsg.) Berlin, 1984, S. 2

3 Metz-Göckel, a.a.O., S. 30

4 Maya Nadig, Der feministische Umgang mit der Realität und die feministische Forschung. Zehn Thesen, in: K. Brede u.a. (Hrsg.), Befreiung zum Widerstand, Frankfurt 1987, S. 165

5 Ebd., S. 164

6 Ebd., S. 166

7 Ebd.

8 Ebd.

9 Frauen, Frauenjahrbuch 1976, ›Protokoll der Entstehung eines Frauenverlages: Amazonen‹, hrsg. von der Jahrbuchgruppe des Münchner Frauenzentrums, S. 122

10 Ebd.

11 Helge Pross, Vorwort zu: Ursula Erler, Die neue Sophie oder Der Beginn einer längst fälligen Gattung der Literatur, Starnberg 1973, S. 9

12 Ebd., S. 14

13 Verena Stefan, Häutungen, Berlin 1975; Margot Schröder, Der Schlachter empfiehlt noch immer Herz, München 1976; Maria Erlenberger, Hunger nach Wahnsinn, Hamburg 1977

14 Sigrid Schmid-Bortenschlager, Die unbewußte Schrift der Frauen, in: Inge Stephan, Carl Pietzcker (Hrsg.), Frauensprache–Frauenliteratur, Akten des VII. Internationalen Germanistenkongresses Göttingen 1985, Tübingen 1986, S. 127

15 Helge Pross, a.a.O., S. 9

16 Schmid-Bortenschlager, a.a.O., S. 127

17 Ebd.

18 Hier ist interessant, daß zu dieser Zeit neben den anderen Werken von Virginia Woolf auch ihr Roman »Ein Zimmer für sich allein« neu aufgelegt wurde. Woolf setzt sich darin mit der Notwendigkeit eigener Räume für die Entwicklung geistiger und kreativer Arbeit auseinander. Vgl.: Virginia Woolf, »Ein Zimmer für sich allein«, Berlin 1978

19 Beate Schöpp-Schilling, Produktions- und Rezeptionsbedingungen amerikanischer Schriftstellerinnen, Neue Ansätze einer feministischen Literaturkritik, in: Gruppe Berliner Dozentinnen (Hrsg.), Frauen und Wissenschaft, Berlin 1977, S. 245

20 Schöpp-Schilling, a.a.O., S. 245

21 Dies wurde auch auf dem VII. Germanistenkongreß in Göttingen 1985 deutlich. Nur drei Referate beschäftigten sich mit der Analyse von zeitgenössischen Autorinnen.

22 Ellen Joeres, Die Nebensächlichen: Selbstbehauptung durch Protest in den Schriften deutscher Schriftstellerinnen des 19. Jahrhunderts., in: Stephan/Pietzcker, a.a.O., S. 68 ff.

23 Germanistinnengruppe der J. W. Goethe Universität, »Die Wahnsinns-Idee aus unserem Frauenseminar«, in: Frankfurter Frauenreferat (Hrsg.), Frauen Info Januar 1978, S. 7

24 Ebd., S. 6

25 Sigrid Weigel, Das Weibliche als Metapher des Metonymischen, in: Stephan/Pietzcker a.a.O., S. 109

26 Sigrid Schmid-Bortenschlager, Abschlußbericht über das 9. Forum: Frauensprache–Frauenliteratur? in: Stephan/Pietzcker, a.a.O., S. 134
27 Ebd.
28 Sigrid Weigel, Das Weibliche, a.a.O., S. 109
29 Sigrid Weigel, Das Weibliche, a.a.O., S.114
30 Ebd., S. 115
31 Luce Irigaray, Das Geschlecht, das nicht eins ist, Berlin 1979, S. 139
32 Ebd.
33 Ebd., S. 140
34 Ebd., S. 128
35 Ebd., S. 165
36 Ebd., S. 89; siehe auch: Sigrid Weigel, a.a.O., S. 115
37 L. Irigaray, Das Geschlecht, a a.O, S. 79 f.
38 Die Ergebnisse dieser Arbeit sind enthalten in: L. Irigaray, Speculum, Spiegel des anderen Geschlechts, Frankfurt a. M. 1980
39 Manchmal wird die Durchquerung herrschender Diskurse auch als Frau-Sprechen bezeichnet. S. Weigel, a.a.O., S. 112
40 Irigaray, Das Geschlecht –, a.a.O., S. 141
41 Ebd., S. 142
42 Ebd., S. 142 f.
43 Ebd., S. 141
44 Ebd.
45 S. Weigel, a.a.O., S. 116
46 L. Irigaray, Das Geschlecht, a.a.O., S. 165
47 Ebd., S. 130
48 Alfred Lorenzer (Hrsg.), Tiefenhermeneutische Kulturanalyse, Frankfurt a. M. 1986
49 Projektgruppe »Textinterpretation und Unterrichtspraxis«, Projektarbeit als Lernprozeß, Frankfurt a. M. 1974
50 Projektgruppe, a.a.O., S. 348
51 Ebd.
52 Ebd.
53 Ebd., S. 350
54 Ebd.
55 Ebd., S. 355
56 Ebd., S. 364
57 Ebd., S. 356
58 Lorenzer, a.a.O., S. 27
59 Projektgruppe, a.a.O., S. 356
60 Projektgruppe, a.a.O., S. 352
61 Ebd., S. 353
62 Ebd., S. 357
63 Ebd., S. 365 f.
64 Lorenzer, a.a.O., S. 92
65 Ebd., S. 87
66 Ebd., S. 88
67 Ebd., S. 64
68 Ebd., S. 62
69 Ebd., S. 86

70 Ebd., S. 62
71 Ebd., S. 63
72 Ebd., S. 86
73 Ebd., S. 86
74 Siehe dazu Kapitel I und IV.
75 J. Laplanche/J. B. Pontialis, Das Vokabular der Psychoanalyse, Frankfurt 1975, S. 164
76 S. Freud, Die Disposition zur Zwangsneurose, 1913, G. W. VIII, S. 445, zit. nach Laplanche/Pontialis, a.a.O., S. 165
77 Maya Nadig, a.a.O., S. 169
78 Hermann Argelander, Gruppenprozesse. Wege zur Anwendung der Psychoanalyse in Behandlung, Lehre und Forschung, Hamburg 1972
79 H. Argelander, a.a.O., S. 119 und S. 138 f.
80 Ausgelöst wurde sie durch die Erzählung »Bindungen« von Barbara Frischmuth, Salzburg/Wien 1980. Szene und Interpretation siehe Kapitel III.
81 Barbara Frischmuth, Bindungen, München 1983; Doris Lessing, Die Liebesgeschichte der Jane Somers, Stuttgart 1986; Deborah Moggach, Getrennte Wege, Reinbek 1986; Margarethe von Trotta, Schwestern – oder die Balance des Glücks‹, Frankfurt 1979; dies., Die bleierne Zeit, Frankfurt 1983; Christa Wolf, Kassandra, Darmstadt/Neuwied 1983
82 Brückner, Margit, Ariadne im Liebeslabyrinth, in: Susanne Heenen (Hrsg.): Frauenstrategien, Frankfurt 1984, S. 12

Teil III: Ein Weg zu neuen Wahrnehmungen

1 Barbara Frischmuth, a.a.O., S. 31
2 Ebd., S. 71
3 Ebd., S. 51
4 Ebd., S. 40
5 Ebd., S. 26
6 Ebd., S. 41
7 Ebd., S. 42
8 Ebd., S. 43
9 Ebd., S. 44
10 Ebd., S. 44
11 Ebd., S. 67
12 Ebd., S. 21
13 Ebd., S. 115
14 Ebd., S. 28
15 Ebd., S. 72 f.
16 Ebd., S. 50 f.
17 Ebd., S. 100
18 Ebd., S. 112
19 Ebd., S. 7
20 Ebd., S. 71
21 Ebd., S. 57
22 Ebd., S. 51
23 Ebd., S. 19

24 Ebd., S. 100
25 Ebd., S. 33
26 Ebd., S. 57
27 Ebd., S. 51
28 Ebd., S. 53
29 Ebd., S. 18
30 Ebd., S. 69
31 Ebd., S. 42
32 Ebd., S. 41
33 Ebd., S. 69
34 Ebd., S. 65
35 Ebd., S. 40
36 Ebd., S. 12
37 Ebd., S. 13
38 Ebd., S. 10
39 Ebd., S. 11
40 Ebd., S. 69
41 Ebd., S. 46
42 Ebd., S. 69
43 Ebd., S. 45
44 Ebd., S. 29
45 Ebd., S. 32 f.
46 Ebd., S. 33
47 Ebd., S. 35 f.
48 Ebd., S. 56 f.
49 Ebd., S. 80
50 Ebd., S. 81
51 Ebd., S. 82
52 Ebd., S. 83
53 Ebd., S. 83
54 Ebd., S. 10
55 Ebd., S. 12
56 Ebd., S. 91
57 Ebd., S. 95 f.
58 Ebd., S. 99
59 Ebd., S. 102
60 Ebd., S. 109
61 Ebd., S. 116
62 Ebd., S. 122
63 Ebd., S. 11
64 Ebd., S. 8
65 Ebd., S. 11
66 Ebd., S. 16
67 Ebd., S. 15
68 Ebd., S. 45
69 Ebd.
70 Ebd., S. 44 f.
71 Ebd., S. 2
72 Ebd., S. 40

73 Ebd., S. 20
74 Ebd., S. 25
75 Ebd., S. 41
76 Ebd.
77 Ebd., S. 29
78 Ebd., S. 28
79 Ebd., S. 46
80 Ebd., S. 11
81 Ebd., S. 18
82 Ebd., S. 20
83 Ebd., S. 84
84 Ebd.
85 Ebd., S. 11
86 Ebd., S. 26
87 Ebd.
88 Ebd., S. 11
89 Ebd., S. 25
90 Ebd., S. 66
91 Ebd., S. 45 f.
92 Ebd., S. 29
93 Ebd., S. 28
94 Ebd., S. 40
95 Ebd., S. 25
96 Ebd., S. 26
97 Ebd., S. 41
98 Ebd., S. 43
99 Ebd., S. 44
100 Ebd., S. 83
101 Ebd., S. 78
102 Ebd.
103 Ebd., S. 79
104 Ebd.
105 Ebd.
106 Ebd., S. 117
107 Ebd.
108 Jessica Benjamin liefert eine theoretische Grundlage zum Verständnis der Schwierigkeiten, diesen Wechsel zu vollziehen. Sie analysiert das Paradox der Anerkennung. J. Benjamin, Die Fesseln der Liebe – Psychoanalyse Feminismus und das Problem der Macht, Frankfurt a. M. 1990

Teil IV: Theorie der Schwesternschaft

1 Vgl. Stavros Mentzos, Neurotische Konfliktverarbeitung, München 1982, S. 63 und S. 99
2 Vgl. ebd., S. 200
3 Monika Jaeckel, Spaltung zwischen Frauen in: Cramen-Daiber, a.a.O., S. 17 ff.
4 Vgl. ebd., S. 21

5 Ebd., S. 20
6 Ebd., S. 24
7 Vgl. Mentzos, a.a.O., S. 94
8 Vgl. ebd., S. 123
9 In das Wörterbuch der Psychoanalyse ist der Begriff noch nicht aufgenommen. J. Laplanche/J.B. Pontalis, Das Vokabular der Psychoanalyse, Band I und II, Frankfurt 1972
10 Vgl. Mentzos, a.a.O., S. 41
11 Vgl. ebd., S. 123 f.
12 Ebd., S. 124
13 Vgl. ebd., S. 126
14 Vgl. ebd., S. 127
15 Vgl. ebd., S. 128
16 Ebd., S. 130
17 Ebd., S. 43
18 Ebd., S. 44 f.
19 Ebd., S. 47
20 Ebd., S. 143, darin zitiert H. Kohut/E. Wolf, Die Störungen des Selbst und ihre Behandlung, in: Psychologie des 20. Jahrhunderts, Band X, München 1980, S. 668
21 Vgl. ebd., S. 56
22 Vgl. ebd., S. 203
23 Ebd., S. 204
24 Vgl. ebd., S. 202 f.
25 Vgl. ebd., S. 206-226
26 Vgl. Marina Gambaroff, Utopie der Treue, Reinbek 1984
27 Die Schwierigkeit, diese Art des nahen und gleichen Miteinanders auch und gerade über die Geschlechtergrenzen hinweg auszubalancieren, analysiert Jessica Benjamin sehr überzeugend.
28 L. Eichenbaum/S. Orbach, Bitter und süß, Frauenfreundschaft – Frauenfeindschaft, Düsseldorf/Wien/New York 1987. Die genaue Analyse dieses Ansatzes halten wir auch deshalb für wichtig, weil die Autorinnen noch andere Bücher veröffentlicht haben, die weite Verbreitung finden: dies., Feministische Psychotherapie, München 1985; S. Orbach, Hungerstreik, Düsseldorf, 1987
29 Eichenbaum/Orbach, a.a.O., S. 57/58
30 Ebd., S. 62
31 Vgl. ebd., S.63
32 Ebd., S. 70
33 Vgl. ebd., S. 89
34 Vgl. ebd., S. 60
35 Ebd., S. 62
36 Ebd., S. 63
37 Ebd., S. 63
38 Ebd., S. 63
39 Vgl. ebd., S. 71
40 Ebd., S. 72
41 Vgl. ebd., S. 67
42 Ebd.

43 Vgl. Libreria delle donne di Milano, a.a.O., S. 17 ff.
44 Vgl. Marina Gambaroff, Utopie der Treue, a.a.O., S. 81
45 Ebd., S. 87
46 Ebd.
47 In diesen Diskussionen kommen die Mütter, die sich über die gewonnene Autonomie der Töchter freuen, immer zu kurz. Bleiben hier die theoretisierenden Töchter der Phantasie verhaftet, die Mütter seien so sehr auf sie angewiesen?
48 Vgl. Mentzos, a.a.O., S. 263
49 Ebd.
50 Ebd.
51 Vgl. dazu auch Stavros Mentzos, Interpersonale und institutionalisierte Abwehr, Frankfurt 1977
52 Vgl. McConville, a.a.O., S. 60 ff. und S. 219 ff.
53 Vgl. ebd., S. 60
54 Ebd., S. 61
55 Ebd., S. 62
56 Ebd., S. 64
57 Vgl. ebd., S. 66
58 Ebd., S. 72
59 Ebd., S. 71
60 Vgl. ebd., S. 219
61 Ebd., S. 226
62 Vgl. ebd., S. 227
63 Vgl. ebd., S. 225
64 Ebd., S.238
65 Ebd.
66 Ebd., S. 236
67 Ebd., S. 230
68 Ebd., S. 241
69 Dies gilt natürlich auch für alle anderen Geschwisterkonstellationen.
70 Vgl. Michael Rotmann, Über die Bedeutung des Vaters in der ›Wiederannäherungsphase‹ in: Psyche XXXII. Jg., Heft 12 1978, S. 1124
71 Lore Schacht zeigt in einer klinischen Studie zur Behandlung eines kleinen Jungen die Bedeutung, die die ältere Schwester in einer bestimmten Entwicklungsphase für ihn hatte. Lore Schacht, »Nicht wahr, meine Schwester ist großzügig!« in: Barenther, Herbert (Hrsg.), Forschen und Heilen, Frankfurt 1989, S. 476 ff.
72 Cramon-Daiber, a.a.O., S. 7
73 Mentzos, a.a.O., S. 256 f.

Teil V: Spielarten schwesterlichen Seins

1 Den 1988 von Margarete von Trotta produzierten Film »Fürchten und lieben« berücksichtigen wir in unseren Betrachtungen nicht. Hier geht es um die Geschichte von drei Schwestern.
2 Willi Bär und Hans Jürgen Weber (Hrsg.), »Schwestern oder die Balance des Glücks« Ein Film von Margarete von Trotta, Frankfurt 1979

3 Hans Jürgen Weber, Ingeborg Weber (Hrsg.), »Die bleierne Zeit«, Ein Film von Margarethe von Trotta, Frankfurt a. M. 1981
4 Christa Wolf, Kassandra, Darmstadt/Neuwied 1983
5 Ebd., S. 124
6 Ebd., S. 129
7 Ebd., S. 150 f.
8 Ebd., S. 30
9 Ebd., S. 30
10 Ebd., S. 110
11 Ebd.
12 Ebd., S. 124
13 Doris Lessing, Die Liebesgeschichte der Jane Somers, Stuttgart 1986
14 Ebd., S. 23
15 Ebd., S. 22
16 Ebd., S. 54
17 Ebd., S. 73
18 Ebd., S. 52
19 Deborah Moggach, Getrennte Wege, Die Geschichte zweier Schwestern, Reinbek 1986
20 Ebd., S. 35
21 Ebd., S. 51
22 Ebd., S. 39
23 Ebd., S. 40 f.
24 Ebd., S. 212
25 Ebd., S. 274
26 Ebd., S. 273
27 Ebd., S. 275
28 Wie endlos sich diese Muster fortsetzen, zeigen drei aktuelle Beispiele, die wir nicht mehr in der Arbeit berücksichtigt haben: 1. »Sweetie«, ein Film von Jane Campion, Australien 1989; 2. Die Neuauflage des 1933 erstmals erschienen Romans »Die Schwestern Kleh« von Gina Kaus, Frankfurt/Berlin 1989; 3. »Unsterblichkeit«, Milan Kundera, Wien 1990.

Literatur

Theorie

Adler, Alfred, Der Sinn des Lebens, Frankfurt 1973
Adler, Alfred, Menschenkenntnis, Leipzig 1928
Argelander, Hermann, Gruppenprozesse – Wege zur Anwendung der Psychoanalyse in Behandlung, Lehre und Forschung, Hamburg 1972
Bareuter, Herbert (Hrsg.), Forschen und Heilen, Frankfurt 1989
Beer, Ursula (Hrsg.), Klasse Geschlecht, Feministische Gesellschaftsanalyse und Wissenschaftskritik, Bielefeld 1987

Belotti, Elena, Was geschieht mit kleinen Mädchen?, München 1975
Brede, Karola u.a. (Hrsg.), Befreiung zum Widerstand, Frankfurt 1987
Cramon-Daiber, Birgit/Jaeckel, Monika/Köster, Barbara/Menge, Hildegard, Wolf-Graaf/Anke, Schwesternstreit, Von den heimlichen und unheimlichen Auseinandersetzungen zwischen Frauen, Frankfurt 1983
De Haen, Imme, Aber die Jüngste war die Allerschönste, Schwesternerfahrungen und weibliche Rolle, Frankfurt 1983
Eichenbaum, Luise/Orbach, Susie, Bitter und süß – Frauenfreundschaft/Frauenfeindschaft, Düsseldorf/Wien/New York, 1987
Eichenbaum, Luise/Orbach, Susie, Feministische Psychotherapie, München 1984
Erler, Ursula, Die neue Sophie oder der Beginn einer längst fälligen Gattung der Literatur, Starnberg 1973
Fishel, Elizabeth, Schwestern, Liebe und Rivalität innerhalb und außerhalb der Familie, Frankfurt 1980
Forer, Lucille/Still, Henry, Erstes, zweites, drittes Kind ..., Köln 1979
Freie Universität Berlin, Zentraleinrichtung zur Förderung von Frauenstudien und Frauenforschung (Hrsg.), Fraueninformationsblatt, Extra 7, Berlin 1984
Freud, Sigmund, Die Traumdeutung, in: Ges. Werke Band II/III, Frankfurt 1961
Freud, Sigmund, Die infantile Sexualforschung, in: Ges. Werke Band V, Frankfurt 1968
Freud, Sigmund, Über infantile Sexualtheorien, in: Ges. Werke Band VII, Frankfurt 1966
Freud, Sigmund, Analyse der Phobie eines fünfjährigen Knaben, in: Ges. Werke Band VII, Frankfurt 1966
Freud, Sigmund, Vorlesung: Archaische Züge und Infantilismus des Traumes, in: Ges. Werke Band XI, Frankfurt 1966
Freud, Sigmund, Vorlesung: Die Weiblichkeit, in: Ges. Werke, Band XV, Frankfurt 1967
Gambaroff, Marina, Utopie der Treue, Reinbek 1984
Gruppe Berliner Dozentinnen (Hrsg.), Frauen und Wissenschaft, Berlin 1977
Heenen, Susanne (Hrsg.), Frauenstrategien, Frankfurt 1984
Huber, Michaela/Rehling, Inge, Dein ist mein halbes Herz, Was Freundinnen einander bedeuten, Frankfurt 1989
Irigaray, Luce, Das Geschlecht, das nicht eins ist, Berlin 1979
Irigaray, Luce, Speculum, Frankfurt 1980
Kristeva, Julia, Die Revolution der poetischen Sprache, Frankfurt 1978
Libreria delle donne di Milano, Wie weibliche Freiheit entsteht – Eine neue politische Praxis, Berlin 1988
Lorenzer, Alfred (Hrsg.), Tiefenhermeneutische Kulturanalyse, Frankfurt 1986
McConville, Brigid, Schwestern zwischen Haß und Liebe, München 1987
Mentzos, Stavros, Interpersonale und institutionalisierte Abwehr, Frankfurt 1977
Mentzos, Stavros, Neurotische Konfliktverarbeitung, Einführung in die psychoanalytische Neurosenlehre unter Berücksichtigung neuer Perspektiven, Frankfurt 1984
Mentzos, Stavros, Neurotische Konfliktverarbeitung, Einführung in die psychoanalytische Neurosenlehre unter Berücksichtigung neuer Perspektiven, München 1982
Orbach, Susie, Hungerstreik, Düsseldorf/Wien/New York 1987

Projektgruppe ›Textinterpretation und Unterrichtspraxis‹, Projektarbeit als Lernprozeß, Frankfurt 1974
Raymond, Janice G., Frauenfreundschaft, München 1986
Richter-Schröder, Karin, Frauenliteratur und weibliche Identität, Theoretische Ansätze zu einer weiblichen Ästhetik und zur Entwicklung der neuen deutschen Frauenliteratur, Frankfurt 1986
Rotmann, Michael, Über die Bedeutung des Vaters in der ›Wiederannäherungsphase‹ in: Psyche XXXII. Jg., Heft 12, 1978
Schöne, Albrecht (Hrsg.), Frauensprache – Frauenliteratur? Für und wider eine Psychoanalyse literarischer Werke, Akten des VII. Internationalen Germanistenkongresses, Göttingen 1985
Stephan, Inge/Pietzcker, Carl (Hrsg.), Frauensprache – Frauenliteratur, Akten des VII. Internationalen Germanistenkongresses Göttingen 1985, Tübingen 1986
Toman, Walter, Familienkonstellationen, München 1987
Weigel, Sigrid, Die Stimme der Medusa, Schreibweisen in der Gegenwartsliteratur von Frauen, Dülmen-Hiddingsel 1987
Wilhelm, Gerhard, Unter Brüdern, Zur Emanzipation des Mannes, Frankfurt 1982

Belletristik

Austen, Jane, Stolz und Vorurteil, Frankfurt 1982
Beig, Maria, Rabenkrächzen, Sigmaringen 1983
Beig, Maria, Minder oder Zwei Schwestern, Sigmaringen 1986
Bieler, Manfred, Der Mädchenkrieg, Hamburg 1983
Buck, Pearl S., Die beiden Schwestern, München 1981
Brown, Rita Mae, Jacke wie Hose, Reinbek 1987
Brown, Rita Mae, Bingo, Reinbek 1990
Cookson, Caterine, Die andere Schwester, Ulm 1985
Erlenberger, Maria, Hunger nach Wahnsinn, Reinbek 1977
Frischmuth, Barbara, Bindungen, Salzburg/Wien 1980
Groult, Benoite und Groult, Flora, Juliette und Marianne, München 1988
Kaus, Gina, Die Schwestern Kleh, Frankfurt, Berlin 1989
Kerschbaumer, Marie-Thérèse, Schwestern, Olten 1982
Kolb, Annette, Die Schaukel, Frankfurt 1982
Lawrence, D.H., Liebende Frauen, Reinbek 1967
Lessing, Doris, Die Liebesgeschichte der Jane Somers, Stuttgart 1986
Milett, Kate, Sita, Hamburg 1980
Moggach, Deborah, Getrennte Wege – Die Geschichte zweier Schwestern, Reinbek 1986
Nabl, Franz, Die Ortliebschen Frauen, Studie aus dem kleinbürgerlichen Leben, Frankfurt/Berlin/Wien 1981
Palazzeschi, Aldo, Die Schwestern Materassi, Frankfurt, Berlin, Wien 1980
Rinser, Luise, Mitte des Lebens, Frankfurt 1983
Schönthan, Gaby von, Zwei ungleiche Schwestern, München 1980
Schröder, Margot, Der Schlachter empfiehlt noch immer Herz, München 1976
Shange, Ntozake, Schwarze Schwestern, Reinbek 1984
Stefan, Verena, Häutungen, Berlin 1975

Vine, Barbara, Und die im Dunkeln sieht man doch, Zürich 1988
Wolf, Christa, Kassandra, Darmstadt/Neuwied 1983
Woolf, Virginia, Ein Zimmer für sich allein, Berlin 1978

Erzählungen

De Beauvoir, Simone, Marcelle, Chantal, Lisa, Hamburg 1984
Kersen, Paul, Die toten Schwestern, Berlin 1985
Strauß, Botho, Marlenes Schwester, Zwei Erzählungen, München 1980
Bronnen, Barbara (Hrsg.), Schwestern, Ein literarisches Lesebuch, Köln 1987
Born, Margarete (Hrsg.), Meine Schwester Elba, Frankfurt 1988
Fleißer, Maria Luise, Abenteuer aus dem Englischen Garten, Frankfurt 1969
Barnes, Djuna, Leidenschaft, Erzählungen, Berlin 1986

Theaterstücke und Filmbücher

Allen, Woody, Hanna und ihre Schwestern, Zürich 1986
Allen , Woody, Interiors, Zürich 1981
Bär, Willi/Weber, Hans Jürgen (Hrsg.), Schwestern oder die Balance des Glücks, Ein Film von Margarethe von Trotta, Frankfurt 1979
Bernhard, Thomas, Ritter, Dene, Voss, in: Stücke 4, Frankfurt 1988
Cechov, Anton, Drei Schwestern, Zürich 1981
Gellert, Christian F., Die zärtlichen Schwestern, Stuttgart 1985
Weber, Hans Jürgen/Weber, Ingeborg (Hrsg.), Die bleierne Zeit, Ein Film von Margarethe von Trotta, Frankfurt 1981

Biographien

Arndt, Karin, Wir haben unheimlich viel gestritten, Geschwister erzählen, München 1986
Lock, Birte; Paroll, Barbara und Susanne (Hrsg.), Weil wir nun mal Schwestern sind, Berlin 1990
Green, Martin, Else und Frieda, Die Richthofen Schwestern, München 1974
Pulver, Corinne, Meine Schwester Lilo Pulver, Frankfurt 1981
Pulver, Corinne, Lilo meine Schwester, Bern, München 1990
Pusch, Luise (Hrsg.), Schwestern berühmter Männer, Frankfurt 1985
Nutt, Harry und Wolfgang (Hrsg.), Brüderlein fein, Geschichten über ein schwieriges Verhältnis zwischen Männern, Reinbek 1991

Kinder- und Jugendliteratur

Kohlhagen, Norgard, Die Schöne und die Kluge, Schwestern oder Immer nur die Hälfte vom Glück, Hamburg 1987
Lindgren, Astrid, Madita, Hamburg 1971
Lindgren, Astrid, Madita und Pims, Hamburg 1976
Pascal, Francine, Ich bin die Jüngste, das sagt alles, Ulm 1984
Sprenger, Christiane, Liebe Schwester – blöde Kuh, Würzburg 1982
Haucke, Ursula, Ich hab geschielt und Papa war beleidigt, München 1984

Diverses

Das große Duden Lexikon, Band VII, Mannheim 1967

Der große Brockhaus, 10. Band, Wiesbaden 1956

Handwörterbuch der deutschen Gegenwartssprache in zwei Bänden, Berlin 1984

Klappenbach, Ruth/Steinitz, Wolfgang (Hrsg.), Wörterbuch der deutschen Gegenwartssprache, Band V, Berlin 1976

Laplanche, J./Pontialis, H.B., Das Vokabular der Psychoanalyse, Band I und II, Frankfurt 1975

Bildwoche Nr. 5 1986

EMMA, Das Magazin von Frauen für Frauen, Heft 12, 1984 und Heft 4, 1989

Frankfurter Frauenreferat (Hrsg.), Frauen Info, Januar 1978

Frankfurter Rundschau vom 2.1.1988, 13.7.1988, 22.3.1989, 7.5.1989, 20.5.1989

Jahrbuchgruppe des Münchner Frauenzentrums (Hrsg.), Frauen, Frauenjahrbuch 1976, München 1976

Pflasterstrand Nr. 220, 1985

STERN, Heft 19 1985, Heft 35, 1985, Heft 36, 1985, Heft 43, 1985

TV Hören und Sehen vom 24.5.1985

ZEIT Magazin Heft 45, 1983, Heft 7, 1985

ZEIT vom 25.4.1986